本书受国家社会科学基金"十三五"规划2019年度教育学一般课题"欧亚跨境高等教育合作模式及治理机制研究"（项目编号：BDA190073）赞助出版。

欧亚跨境教育
合作研究
（1991—2021）

杜岩岩　刘玉媚◎著

Research on Eurasian Cross-border
Education Cooperation
(1991-2021)

中国社会科学出版社

图书在版编目（CIP）数据

欧亚跨境教育合作研究：1991—2021 / 杜岩岩等著. —北京：中国社会
科学出版社，2024.4
ISBN 978 - 7 - 5227 - 2981 - 7

Ⅰ.①欧…　Ⅱ.①杜…　Ⅲ.①高等教育—国际合作—研究—欧洲、亚洲
Ⅳ.①G648.9

中国国家版本馆 CIP 数据核字（2024）第 035301 号

出 版 人	赵剑英
责任编辑	张　林
责任校对	刘　娟
责任印制	戴　宽

出　　版	中国社会科学出版社
社　　址	北京鼓楼西大街甲 158 号
邮　　编	100720
网　　址	http://www.csspw.cn
发 行 部	010 - 84083685
门 市 部	010 - 84029450
经　　销	新华书店及其他书店

印刷装订	三河市华骏印务包装有限公司
版　　次	2024 年 4 月第 1 版
印　　次	2024 年 4 月第 1 次印刷

开　　本	710×1000　1/16
印　　张	21.5
插　　页	2
字　　数	346 千字
定　　价	119.00 元

目　录

绪　论

一　研究缘起

（一）跨境教育合作是人才培养的重要途径，对于推动教育国际化发展意义重大

跨境教育合作作为高等教育国际化的重要实现形式，目前已经成为世界各国培养国家经济发展所需人才、实现高等教育健康、稳步和创新发展的必要之选。跨境教育是指国与国之间高等教育领域中任何形式的人员、项目、机构、学术等跨越国家司法边界和地理边界的流动。跨境教育合作与对外教育合作、国际教育合作、无边界教育等概念内涵接近，均意指"本国与他国"在教育领域开展的合作关系。无论对于教育发达国家，还是教育发展中国家，发展跨境教育合作对本国的教育以及各方利益相关者都会产生不同程度的积极影响。对于发达国家而言，发展跨境教育有利于减少本国优秀人才和资金的外流，吸引外国的优秀人才和资本，吸引优质的高等教育资源丰富本国的高等教育体系，同时，发展中国家通过吸引国际分校为本国的学生提供更多的学习机会，能够促进本国高等教育的发展。对于发达国家来说，发展跨境教育的积极意义则表现为，通过跨境教育合作输出本国高等教育资源，实现教育服务出口创汇，以此补贴本国高等教育的发展经费；通过跨境教育合作输出高等教育资源扩大国家软实力，进而提高本国的高等教育国际影响力，提升国际地位；此外，通过开展跨境教育合作为学生、教师、专家学者提供更多的国际交流机会，促进学术流动，提高学术水平。对于跨境教育合作过程中的利益主体学生而言，学生通过跨境流动能够享受国外的优质

教育资源，获得较高质量的国外高等教育文凭等。可以说，跨境教育合作是世界高等教育领域积极的、充满活力的、具有巨大发展潜力的重要组成部分。无论是扩大教育出口、促进高等教育自由竞争、追求经济收益，为学生、教师等参与者提供更多高等教育选择机会，或者是完善本国教育系统，跨境教育合作在促进人才培养、推进所在国教育国际化的发展、提升国家综合竞争力进程中扮演着重要角色。发展跨境教育合作，构建一个更加开放、合作的高等教育系统，是中国乃至世界各国实现教育质量共同提高、经济社会取得共同进步、建设高等教育发展共同体的时代要求。

（二）聚焦欧亚跨境教育研究是深化我国与欧亚国家跨境教育合作的现实需求

2013年9月，国家主席习近平在哈萨克斯坦提出共建"丝绸之路经济带"倡议。"丝绸之路经济带"建设海陆平衡，东西兼顾，南北并重，内外联通，是我国周边外交的优先方向，是我国面向未来的宏大战略和深邃的策略构想，也是实现"中国梦"的战略支撑和策略保障。欧亚是丝绸之路经济带建设辐射的重要地区：所涵盖的俄罗斯是丝绸之路经济带建设的重点国家，中亚是"丝绸之路"建设的核心区，包含白俄罗斯、吉尔吉斯斯坦、亚美尼亚、哈萨克斯坦等在内的欧亚经济联盟国家是"丝绸之路经济带"的主要对接对象。因此，推进与欧亚地区的多领域互惠合作是我国国家战略布局的重点。高等教育合作既是我国与欧亚国家共建"丝绸之路经济带"的重要组成部分，同时，又为"丝绸之路经济带"建设提供人才支撑。[1] 随着我国与欧亚国家的经贸、政治往来日益密切，急需了解欧亚历史、国情、风俗、语言等多领域的高水平国际人才，以推动合作深入开展。在此背景下，高等教育须以更加主动的姿态推动与欧亚国家的交流与合作，以增进中国与欧亚的民族理解互信、加强文化沟通，积极培养高水平国际化人才，全面推进丝绸之路经济带建设和

---

① 教育部关于印发《推进共建"一带一路"教育行动》的通知，［EB/OL］．（2016 – 07 – 15）［2021 – 08 – 01］．http：//www. moe. gov. cn/srcsite/A20/s7068/201608/t20160811_ 274679. html。

中国与欧亚国家战略对接显得尤为迫切。

近年来，我国与欧亚国家的高等教育合作和文化交流日益深化。根据教育部公布的数据显示，2018 年来华留学前十位生源国中有两个是欧亚国家，分别是俄罗斯（第六位）和哈萨克斯坦（第十位）。[①] 我国与欧亚国家签署了大量高等教育合作交流协议，在跨境学生流动、高等教育机构跨境合作办学以及高等教育体系学历学位互认等方面取得了一定的成效，同时在跨区域高等教育合作机制建设方面取得了初步进展。但是，目前从整体来看，我国与欧亚国家间跨境高等教育合作的整体水平仍滞后于国际跨境高等教育发展大趋势，并未能充分发挥地缘战略合作的巨大潜力。且存在合作办学项目以中国"引进来"为主，自然科学领域比重较大，合作模式较为单一、发展进程缓慢、缺乏有效合作机制等问题。在中俄全面战略伙伴关系保持高水平运行和"一带一盟"对接合作的大框架和背景下，中国与欧亚在高等教育领域有着众多的合作机遇，是我国与欧亚国家战略合作赋予的使命。聚焦欧亚跨境教育合作研究，回应国家战略诉求，发挥教育合作，促进民心相通，推动我国与欧亚在教育领域的深度合作已成为深化我国与欧亚国家战略合作的现实需求。

（三）探讨欧亚跨境教育合作政策与实践是提升跨境教育合作理论的迫切需要

聚焦和开展欧亚跨境教育研究有助于深化跨境教育的理论研究。目前，跨境教育理论研究体系的建立是教育领域一个崭新的课题。在跨境教育研究领域，尽管国内外研究者对跨境教育研究做出了种种努力和贡献，其研究成果为本研究提供了有益的借鉴和基础，但从国内外已有的研究成果来看，主要以介绍性和描述性研究为主，对跨境教育理论的深入探讨和分析的研究相对较少；理论资料和政策文献的研究相对较多，实证研究较少；针对跨境教育琐碎零散研究较多，系统性和综合性的研究相对较少。尤其是现有的研究对跨境教育的性质、发展历史、影响因素、约束条件、现状、特点等还缺乏认识，对国际组织制定发布的有关

---

① 中华人民共和国教育部：《2018 年来华留学统计》，（2019 - 04 - 12）［2021 - 07 - 01］．http：//www. moe. gov. cn/jyb_ xwfb/gzdt_ gzdt/s5987/201904/t20190412_ 377692. html。

跨境教育发展的规定与规则,世界不同国家推动发展跨境教育的政策与策略,以及各国高等教育机构之间在跨境教育的实践举措等,还缺乏全面、系统、深入的研究,建立跨境教育研究的理论体系迫在眉睫。开展欧亚跨境教育研究,从理论上深入探讨跨境教育以及跨境教育合作的概念、类型、模式、机制、趋势、成就与问题等,对于加深在全球化背景下跨境教育发展规律的认识,加深跨境教育内在特征属性的认识,具有一定的理论意义。同时,对我国跨境教育理论的建构和发展也有一定的建设性意义和价值,有助于进一步完善国际区域跨境教育理论研究体系。

(四) 立足欧亚区域视角能够丰富和补充我国对欧亚跨境教育合作研究的不足

近年来,跨境教育合作研究方兴未艾,相关研究既有宏观理论的思索,又有对特定区域跨境教育合作现状、特征、模式、治理以及跨境教育合作个案的分析。遗憾的是,学术界关于我国与世界主要区域(欧盟、东盟、亚太、北美)的跨境教育合作研究成果较为丰硕,但对欧亚地区以及区域内各国家之间日益深化的跨境教育合作却未给予高度重视,研究尚显薄弱。且从相关研究现状来看,大多数研究归属于综述性质或者纪实性质的研究,以细节呈现以及自我感性方面的认识或判断为主,缺乏对欧亚区域和国家跨境教育合作的全局性综合研究、跨学科的理论研究、国际视野比较研究以及自下而上的实证研究,对欧亚跨境教育合作的认识仍未达到客观、科学、深入、系统的程度。尤其是对欧亚跨境教育合作的历史进程、影响因素、模式机制和发展路径等,还缺乏全面系统研究。此外,由于研究方法限制,已有文献仅提出宏观合作理念或回答某些局部问题,缺少数据分析和实证调查支撑,难以深入揭示问题本质。在研究视角上,缺乏从大欧亚伙伴关系战略高度来系统审视欧亚跨境教育合作的新趋势和路径创新。基于已有研究,本研究将立足于"一带一路"和大欧亚伙伴关系战略发展需要,深入探讨1991—2021年30年间欧亚跨境教育合作的历史进程、结构特征、影响因素等相关问题,以进一步探索我国与欧亚跨境教育合作的现实路径。

二　研究意义

（一）理论意义

在知识经济迅速发展，高等教育战略地位日益凸显的国际形势下，开展跨境教育合作，既是我国高等教育高质量内涵式发展的现实需要，也是国际化的必然趋势。积极推进跨境教育合作，有助于进一步厘清跨境教育发展的特殊规律，丰富和发展跨境教育的发展理论；有助于建构我国跨境教育制度，推进科学决策跨境教育发展。同时，开展欧亚跨境高等教育合作研究，是对我国跨境高等教育国际化和区域化研究的深入和细化。目前，国际区域发展成为国家跨境教育发展的增长极，因此，国际区域如何实现合作互动，是跨境教育发展研究理应关注和重视的重要议题。

欧亚跨境教育合作具有独特的区域特色，其跨境教育发展的理论和实践经验比较丰富。关注和研究欧亚各国在欧亚跨境教育区域合作进程中所面对和解决相关问题所形成的理论经验，能够丰富跨境教育合作的理论，为国家和区域间跨境教育合作的发展提供新的思路，对我国跨境教育的深化改革、加速发展具有借鉴意义。本书将地缘政治理论、区域间主义治理理论等多学科的相关研究组成一个整体进行考察，从而形成新的观察视角、研究范式和研究结论。其独到学术价值体现在：首先，从地缘政治理论和相互依赖理论阐释区域跨境教育的功能和定位，有利于突破当前相关研究不能很好地反映区域机制的局限，有助于构筑中国本土化区域跨境教育理论；其次，通过数据分析与实证研究，突破以往比较教育国别和区域研究以文献分析和阐释为主，论证侧重描述的研究范式，采用社会网络分析方法以事实数据为依据阐释研究问题，得出研究结论，为我国欧亚跨境教育合作问题研究提供相对科学可靠的研究事实的同时，使跨境教育理论研究与实践更加有机结合；在研究中，引入劳瑞·德尔科（Laure Delcour）提出的结构性限制、精英偏好和区域认同三因素分析框架，深度分析欧亚跨境教育合作的影响因素。基于问题导向的治理理论审视我国与欧亚跨境教育合作的发展，进而对创新路径做出判断，并提出相关政策支持体系，其本身就是制度创新的过程，必将进一步丰富跨境教育合作理论的研究内容。

(二) 现实意义

在知识经济时代,高等教育作为为知识经济发展提供所需知识和技术的最主要领域,也将面临创新性的变革。建设高等教育强国,是目前我国教育未来发展的重要使命。然何以做强与国家"一带一路"倡议等强国战略相匹配、相协调、相适应的高等教育,不断提升我国高等教育国际化水平,是目前我国建设高等教育强国的核心目标任务和重要战略抉择。跨境高等教育区域合作,既是国际化和世界经济一体化的必然产物,同时也是世界各国、各地区高等教育发展战略的重要目标。学习借鉴国际高等教育区域合作的成功经验,探讨欧亚跨境教育区域合作的历史经验、运行模式、体制机制,紧紧围绕国家全局发展新思路、新举措、新模式,对从国际视野和国家视野双重维度,规划设计我国高等教育,推进我国与欧亚跨境教育区域合作与发展,做强与国家"一带一路"倡议相匹配、相协调、相适应的高等教育,探析我国与欧亚跨境教育合作的创新路径,推动我国高等教育强国建设,具有十分重要的现实意义。

有助于我国与欧亚及周边国家跨境教育合作的发展。欧亚跨境教育合作是欧亚高等教育在世界一体化和多元文化背景下应对全球化挑战,为促进人员流动,增强公民就业能力及实现欧亚区域整体发展而实施的重要手段。步入 21 世纪以来,伴随着知识经济的发展,高等教育与经济发展的联系日趋紧密,高等教育领域逐渐突破了民族和国家界限,在世界范围内相互影响、相互融合,在广泛的领域开展合作,呈现国际化和一体化的发展态势。在此背景下探讨欧亚跨境教育合作发展,有助于我国与欧亚及周边国家跨境教育合作的发展。目前,我国与欧亚国家跨境教育合作水平总体上滞后于国际跨境教育发展大趋势,更未充分发挥地缘战略合作的巨大潜力,这意味着在"一带一路"倡议和"大欧亚伙伴关系"倡议的大背景下必须拓展欧亚跨境教育合作的范围和深度。从目前沿线国家高等教育差异性及协调的复杂性来看,深入研究欧亚跨境教育合作的历史经验及实践智慧,同时,深入探索既符合国际规范又适宜我国国情、既能充分利用机遇又能适当规避风险的欧亚跨境教育发展思路和路径,对于深化和拓展欧亚跨境教育合作空间,提升我国高等教育

的国际影响力和竞争力，以及推动我国高等教育"走出去"战略的顶层
设计和决策布局具有重大决策参考价值。

三　相关文献综述

国外关于跨境教育的研究始于 20 世纪 80 年代。最早对跨境教育内涵
进行界定并被学界广泛引用的是加拿大学者简·奈特（J. Knight）提出的跨
境教育概念，奠定了跨境教育研究坚实的理论基础。21 世纪初期，国内学
者开始关注这一研究领域，随着"一带一路"倡议的提出和稳步推进，跨
境教育研究从边缘走向了中心。综观国内外已有相关研究，针对本研究的
内容和侧重点，本书从以下几方面梳理了跨境教育的学术史及研究动态。

（一）跨境教育基本理论问题的研究

学者们从跨境教育的内涵、目的、形式、性质、发展进程、意义、
成就、风险等多维视角对跨境教育理论进行探讨。一般认为，早在古希
腊时期和我国的春秋战国时期，跨境教育就已经以师生"游学""游教"
的方式开展。[①] 而跨境高等教育则伴随着于中世纪大学的产生而兴起发
展。进入现代社会，随着经济全球化和科学技术加速推进发展，以及知
识经济的到来，20 世纪 70 年代经济危机爆发后，教育国际化运动在世界
各国逐渐兴起，以英国为首的西方国家提出应该向外国学生实行全额收
费，借此改善本国高等教育的经济状况。部分西方国家的这一举动得到
了世界教育界的广泛效仿。随后，世界贸易组织在《服务贸易总协定》
（GATS）中肯定了教育的"可贸易性"和公共服务性，并且提出四种国
际教育服务贸易方式，即跨境交付、商业存在、自然人流动和境外消费，
从市场准入和国民待遇两个层面对其法律定位进行规约。[②] 而后，为进一
步推动教育服务贸易的发展，经合组织（OECD）、世贸组织（WTO）、
联合国教科文组织（UNESCO）等国际组织于 2002—2005 年连续举办三
届教育服务贸易论坛。在论坛上与会人员对教育服务贸易的概念的存在

---

① 李晓述：《跨境教育及其相关法律问题概述》，武汉大学出版社 2011 年版。

② 张民选：《跨境教育与质量保障的利益相关者分析》，《教育发展研究》2007 年第 23 期。

较大争论，学者们认为"贸易性"不能涵盖国际教育的所有动机，"教育服务贸易"的概念忽视了其知识发展、国际理解、能力建设、文化交流等内涵。在此期间，分别有学者提出用"跨国教育""无边界教育"等概念代替教育服务贸易，在第二届论坛上，加拿大学者简·奈特基于前期研究提出了"跨境教育"的概念，并获得广泛认可和关注。简·奈特认为，跨境教育是指教师、学生、项目、机构/办学者或课程材料在跨越国家司法管辖边界情况下开展的教育活动。[①] 并提出人员、项目和教育机构流动是跨境教育的三种主要形式。

近年来，我国学界逐渐关注跨境教育领域，高云、闫温乐、张民选(2006)[②] 从无边界教育对跨境教育的内涵、类型以及问题等进行解读。顾建新（2007）[③] 指出，跨境教育具有文化、经济、政治等意义。并将跨境教育的特征归纳为经济价值、模式创新和市场化倾向。国内外学者从利他主义（altruism）、文化霸权和利润获取等维度对跨境教育目的的认识各异。帕梅拉（Pamela）等认为，经济利益的获取、教育改革、学生学习与流动、教育资源获取、国际化合作等均为跨境教育的动力因素。[④] 就跨境教育驱动因素而言，输出国基本以获得经济效益为主，输入国则依然表现为强烈的能力建设取向。但近年来也出现了一些新的动向，当代跨境高等教育发展的驱动因素表现更加复杂多元，可以简要地从输出国和输入国两个维度来分析。安东尼·斯泰勒指出，跨境教育发展的动因主要源于教育发展不足。[⑤] 马万华（2005）[⑥]、刘晓亮等（2014）[⑦] 从教育

① Knight, J., GATS – Higher Education Implications, Opinions and Questions, First Glob – al Forum on International Quality Assurance, Accreditation and the Recognition of Qualifications in Higher Education: "Globalization and Higher Eiducation", UNESCO, 17 – 18 October, 2002.

② 高云、闫温乐、张民选：《从"教育服务贸易"到"跨境教育"——三次国际教育服务贸易论坛精要解析》，《全球教育展望》2006 年第 35 卷第 7 期。

③ 顾建新：《跨国教育的发展现状与政策建议》，《教育发展研究》2007 年第 Z1 期。

④ 王璐：《国外跨境教育研究十年》，《现代教育管理》2014 年第 12 期。

⑤ Antony Stella. Quality Assurance of Cross – border Higher Education [J]. Quality in Higher Education, 2006, 12 (3): 310 – 330.

⑥ 马万华：《跨国教育：不仅是高等教育国际化的新趋势》，《中国高等教育》2005 年第 21 期。

⑦ 刘晓亮、赵俊峰：《美国跨境教育问题研究——基于简·奈特的跨境教育理论框架视角》，《教育科学》2014 年第 30 卷第 4 期。

输出国和教育输入国的国家和院校两个层面，从经济利益、教育资源、高等教育质量和国际化等维度论述跨境教育的目的和意义。从个人层面来看，学生参加跨境教育合作目的主要是参与境外课程学习提升就业竞争力，而教师则是大多源于对专业领域的合作的需求。[1] 薛卫洋（2021）[2] 认为，经济因素仍然是传统西方高等教育发达国家开展跨境高等教育的主要驱动因素，但并非唯一考虑因素。避免故步自封以落后于世界高等教育的发展和追求国际化办学理念、拓宽学生的国际视野和国际体验、文化输出和政治影响等多维因素驱动高等教育发达国家高校涉足跨境高等教育。

对于教育输入国而言，跨境教育的驱动主要源于国家期望通过开展跨境教育合作积极引进域外优质的教育资源，进而提升本国高等教育水平、丰富本国教育供给，从而满足国内民众多样化的教育需求、减少教育外汇流失，基于国家经济发展战略目标的驱动下，国内高等教育难以提供有效智力支撑的现实等。学者赵俊峰（2009）[3] 从高等教育国际化视角审视跨境教育功能，表示跨境教育是高等教育国际化的重要手段。罗剑平（2009）[4] 对跨境教育的发展历程进行考察。陶美重、何雪茹（2021）[5] 对跨境教育意识形态风险进行分析和论述，并从政府和高校维度提出对策建议。

（二）从不同理论视角对欧亚跨境教育合作的研究

学者们从推拉理论、地缘政治理论、国际关系理论、治理理论等视角出发对欧亚跨境教育合作问题进行透视。在国内外关于跨境教育流动的动因研究中，以"推拉理论"（Push-Pull Theory）最为典型。"推拉理论"是社会学和人类学等领域研究社会人口迁移的重要理论之一。该

---

① 张民选：《跨境教育与质量保障的利益相关者分析》，《教育发展研究》2007 年第 23 期。

② 薛卫洋：《跨境高等教育发展的价值取向与中国应对》，《江苏第二师范学院学报》2021 年第 6 期。

③ 赵俊峰：《跨境教育——高等教育国际化的重要途径》，《外国教育研究》2009 年第 36 卷第 1 期。

④ 罗剑平：《"跨国高等教育"发展历程考察》，中南大学，硕士学位论文，2009 年。

⑤ 陶美重、何雪茹：《跨境教育中的意识形态风险浅析》，《大学》2021 年第 12 期。

理论最早源于 1880 年英国学者莱文斯坦（E. G. Ravenstein）出版的
《人口迁移之规律》一书。莱文斯坦在其著作中归纳了人口迁移的六大
规律，其中强调了经济因素在人口流动中的重要作用，并将影响人口迁
移的诸多因素归纳为"推力"，即原居地对人口的排斥力和"拉力"，
即移入地对人口所具有的吸引力。① 随后相关研究学者唐纳德·博格
（D. J. Bogue）②、李（K. H. Lee）③、康明斯（Cummings）④ 等对推拉理论
进行进一步完善与创新。近年来，随着知识经济推动下全球范围内的学
生流动的规模日益扩大，推拉理论被国内外学者广泛运用于分析学生国
际流动领域。国内外学者尝试借用推拉理论来阐释、分析影响学生国际
流动的来源国和接收国两方面的因素。不断有学者尝试建立推拉理论分
析模型对欧亚、亚洲等发展中国家学生向发达国家流动的影响因素进行
对比研究，亦或者是对来华留学生教育现实图景与发展趋势进行分析研
究（彭婵娟⑤，2021；安亚伦、段世飞⑥，2020；李向明、孙春柳、董宇
涵⑦，2017；李秀珍、马万华⑧，2013）。

近年来，不断有学者以地缘政治理论为视角分析欧亚跨境教育合
作的相关问题。学者们普遍认为欧亚国家地处欧亚大陆的交汇地带，
是东西方文明的重要枢纽，具有非常重要的地缘政治价值。而且，因

---

① Ravenstein, E. G. , The Laws of Migration, Journal of the Royal Statistical Society, 1889
(2): 241 – 305.

② Bogue, D. J. , Internal Migration. Hauser P, Duncan O. D. The Study of Population. Chicago:
University of Chicago Press, 1959, pp. 486 – 509.

③ Lee, K. H. and Tan, J. P. , International Flow of Third Level Lesser Developed Country
Students to Developed Countries: Determinants and Implications, Higher Education, 1984, 13 (6),
pp. 687 – 707.

④ Cummings, W. K. , Going Overseas Higher Education: the Asian Experience, Comparative
Education Review, 1984, 28 (2), pp. 241 – 257.

⑤ 彭婵娟：《全球留学生教育现实图景与发展趋势研究》，《比较教育研究》2021 年第
10 期。

⑥ 安亚伦、段世飞：《推拉理论在学生国际流动研究领域的发展与创新》，《北京师范大学
学报》（社会科学版）2020 年第 4 期。

⑦ 李向明、孙春柳、董宇涵：《研究生教育中外合作办学选择动因研究——推拉理论的拓
展与延伸》，《清华大学教育研究》2017 年第 3 期。

⑧ 李秀珍、马万华：《来华留学生就业流向的影响因素研究——基于推拉理论的分析视
角》，《教育学术月刊》2013 年第 1 期。

都曾属于苏联，地缘毗邻，各国在宗教传承等方面拥有相似性，彼此的认同感相对较强，在国家社会发展的多个方面拥有相对较高的相似度是影响其开展跨境教育合作的重要因素（庄腾腾、张志强、孔繁盛①，2019），但苏联解体后，包含哈萨克斯坦、乌兹别克斯坦等体现出来的"权力真空"使各国成为域外大国关注角逐的新地缘战略目标（杜岩岩、刘玉媚②，2020）。有学者指出从地域政治视角看，中亚地区是俄罗斯的"后院"和核心利益区，高等教育领域正是西方国家消解俄罗斯影响力的主要"战场"（秦海波、王瑞璇、李莉莉，等③；2020），俄罗斯出于外交政策战略方向调整、重塑本国高等教育强国需要以及全面应对中亚区域的文化安全挑战等动因，将教育外交作为对中亚国家公共外交的主要工具。俄罗斯对"后苏联空间"的教育服务出口具有强调文化联系、改善双边或多边关系、兼顾区域影响力等基本特征。④

　　作为一种研究视角，国际关系学对理解跨境教育合作具有不容忽视的意义和功能。诸多学者从国际关系理论出发分析跨境教育问题（张梦琦、刘宝存⑤，2019）。从国际关系理论出发，通过细致分析认为，以权力、制度、文化和能力任何单一理论为逻辑起点的高等教育国际合作，都在一定程度上无法完全满足新时代教育合作的现实发展需求。因此，认为在未来的国际合作中，我们可以将共同坚持多元平等、积极推进各国民主协调、促进合作理念的弥合以及实现国际合作互利互惠视为超越传统国际合作的出路，积极地努力建构以各国共荣、共建、共商、共享为核心的"思维"国际合作观，以进一步探索具有中国鲜明特色的高等

---

　　① 庄腾腾、张志强、孔繁盛：《中亚五国的高等教育现实：发展与挑战》，《教育学术月刊》2019 年第 7 期。

　　② 杜岩岩、刘玉媚：《俄美欧中亚跨境教育的战略构想及实施策略》，《教育科学》2020 年第 6 期。

　　③ 秦海波、王瑞璇、李莉莉，等：《俄罗斯对中亚国家的教育外交研究》，《新疆大学学报》（哲学·人文社会科学版）2020 年第 5 期。

　　④ 吴安娜、张子豪：《俄罗斯面向"后苏联空间"教育服务出口的特征及对华启示》，《西南大学学报》（社会科学版）2022 年第 4 期。

　　⑤ 张梦琦、刘宝存：《高等教育国际合作的理论困境与现实出路——推进"一带一路"建设的视角》，《国家教育行政学院学报》2019 年第 8 期。

教育合作新路径和新实践。

覃云云[①]根据制度主义理论学者强调"环境制约组织"[②]，组织研究不仅应该考虑其技术以及物理环境，同样也要囊括考虑其制度环境这一理论概念认为，大学作为文化传承的组织同时也是一种制度设计，而大学在的国家以及区域的历史、社会与文化环境，可以统称为制度环境。据此覃云云提出关怀跨境合作大学的制度移植问题，可以从应用组织社会学中的制度主义理论视角出发，重点观察合作大学与其外部环境的互动情况。同时指出，跨境合作大学其制度两难及困境主要体现在组织和社会环境之间的制度差距，具体体现在文化认知、国家政策法律以及社会规范层面，此外，对新制度主义理论对于制度环境造就和塑造组织特征的强调予以回应，进一步分析了跨境合作大学之所以产生制度两难的多重原因。

基于治理理论对跨境教育合作的研究。治理理论在教育领域的应用，时间并不是很长，从西方的政府治理开始，逐步为国际组织所采用，特别在多元主体治理的整体过程中，发挥了非常重要的价值作用，也萌发了丰富的治理实践成果和治理案例。俞可平、毛寿龙等将治理理论以及治理实践案例积极引入政治学领域，如俞可平出版的《全球化：全球治理》[③]，毛寿龙编著的《西方政府的治道变革》[④]，提出了新的理论，积极引入西方经典理论的代表人物，如詹姆斯·N.罗西瑙（J. N. Rosenau）、罗伯特·罗茨（R. Rhodes）、埃莉诺·奥斯特罗姆（Elinor Ostrom）等。近年来，随着治理理论的兴起，国内外的学者开始从治理理论视角出发，探讨跨境教育合作的治理理念、治理主体、资源投入以及利益分配等问题。高等教育作为一项实现公共利益的公共事业，同样也可以引入协同治理的理论概念进行治理。（刘鹏昊、孙阳春[⑤]，2016）随着全球化的逐

① 覃云云：《橘生淮北则为枳？——跨境合作大学的制度两难》，《清华大学教育研究》2020 年第 1 期。

② Chan, Wendy W. Y. International Cooperation in Higher Education: Theory and Practice [J]. ournal of Studies in International Education, 2004（8）：32 – 55.

③ 俞可平：《全球化：全球治理》，社会科学文献出版社 2003 年版，第 6 页。

④ 毛寿龙：《西方政府的治道变革》，中国人民大学出版社 1998 年版，第 10 页。

⑤ 刘鹏昊、孙阳春：《区域间高等教育合作的"碎片化"困境及出路》，《知识经济》2016 年第 17 期。

步深入发展，全球高等教育面临诸多前所未有的挑战和机遇，需要借助联合国教科文组织等国际组织的力量从国际宏观层面进行治理。（段世飞、马雪梅①，2019；孔令帅、张民选、陈铭霞②，2016）要树立开放包容的全球和区域教育治理观，贡献区域跨境教育治理体系的"中国方案"。（杜岩岩、刘玉媚③，2020）

（三）欧亚跨境教育合作动因与意义研究

对于欧亚区域内跨境教育合作的动因研究，国内外学者更多的是基于俄罗斯一国视角进行分析研究。王正青、王铖等学者在了解把握俄罗斯与中亚国家的教育交流与合作现实发展，俄罗斯对中亚的教育外交政策、实践路径和机制相关研究合作的基础上认为，苏联解体，各国独立之后俄罗斯为维系与中亚国家的传统关系，延续和保持在该地区的教育影响力，致力于在中亚地区构建具有相似教育价值观以及发展方式的教育共同体。（王正青、王铖④，2021）而俄罗斯面向"后苏联空间"的教育服务出口，俄罗斯联邦政府积极推行本国文化输出战略，关键目的在于维护其文化的区域影响力，以及为自身在俄语推广、教育合作与交流等领域争取更多的生存空间。与此同时，积极扩大文化影响力也同样顺应俄罗斯借助"软实力"领域间接发展公共外交的历史传统。（吴安娜、张子豪⑤，2022）俄罗斯学者马里诺森⑥（Мариносян Т. Э.）认为，与后苏联空间中独联体国家的关系是俄

---

① 段世飞、马雪梅：《高等教育的全球治理：国际组织推动高等教育国际化研究综述》，《现代教育管理》2019 年第 7 期。

② 孔令帅、张民选、陈铭霞：《联合国教科文组织全球高等教育治理的演变、角色与保障》，《教育研究》2016 年第 9 期。

③ 杜岩岩、刘玉媚：《俄美欧中亚跨境教育的战略构想及实施策略》，《教育科学》2020 年第 6 期。

④ 王正青、王铖：《建设教育共同体：俄罗斯强化与中亚国家教育合作的路径与机制》，《外国教育研究》2021 年第 2 期。

⑤ 吴安娜、张子豪：《俄罗斯面向"后苏联空间"教育服务出口的特征及对华启示》，《西南大学学报》（社会科学版）2022 年第 4 期。

⑥ Мариносян Т. Э. Межгосударственные образовательные связи как фактор укрепления гуманитарного сотрудничества между странами СНГ［J］. Проблемы современного образования，2012（4）：108－116.

罗斯外交政策优先的方向之一，而跨境教育合作是加强独联体国家人道主义合作的一个因素。

部分学者关注我国与欧亚跨境教育合作动因与意义研究。2013 年习近平主席提出的"一带一路"倡议和 2016 年俄罗斯总统普京提出的"大欧亚伙伴关系"倡议不谋而合，共同提出了欧亚合作新主张。欧亚地缘发展战略为中俄两国高等教育交流与合作创造新的历史机遇。（瞿振元[①]，2015；肖甦、王玥[②]，2020）长期以来，我国跨境教育国合作的主要对象是欧美等发达国家，从区域合作视角应加强与中东欧、欧亚地区合作。（李盛兵[③]，2017；曹国永[④]，2018；曲晶[⑤]，2018）我国与域外学者均将 2016 年由中国教育部发布的《推进共建"一带一路"教育行动》视为进一步推动区域教育开放和深度融合的重要契机。（斯米尔诺娃（Смирнова. Д. С.）[⑥]，2016；郑刚、刘金生[⑦]，2016；马克西姆采夫（Максимцев. И. А.）[⑧]，2018）俄罗斯研究者在有关"大欧亚伙伴关系"倡议的相关理论研究方面成果相对较为丰富。以俄罗斯学者萨维茨基（Савицкий. П. Н.）、古米廖夫（Гумилёв. Л. Н.）、杜金（Дугин. А. Г.）（2014）等为代表的欧亚主义思潮为"大欧亚伙伴关系"倡议的发展提供

---

① 瞿振元：《中国教育国际化要注重提高质量》，《高校教育管理》2015 年第 5 期。

② 肖甦、王玥：《21 世纪俄罗斯高校海外办学：动因、现状与特征》，《比较教育研究》2020 年第 4 期。

③ 李盛兵：《中国与"一带一路"国家的高等教育合作：区域的视角》，《华南师范大学学报》（社会科学版）2017 年第 1 期。

④ 曹国永：《"一带一路"视域下的轨道交通国际化人才培养》，《中国高等教育》2018 年第 7 期。

⑤ 曲晶：《"一带一路"战略下中俄高等教育国际交流与合作的动力研究》，《四川劳动保障》2018 年第 S1 期。

⑥ Смирнова Д. С. Анализ процесса евразийской интеграции в условиях глобализации и его влияние на российский рынок труда［J］. Проблемы формирования единого научного пространства. Сборник статей Международной научно - практической конференции，2016：137 – 142.

⑦ 郑刚、刘金生：《"一带一路"战略中教育交流与合作的困境及对策》，《比较教育研究》2016 年第 2 期。

⑧ Максимцев И. А.，Межевич Н. М. Экономическая интеграция в большой евразии：возможности и вызовы［J］. Известия санкт - петербургского государственного экономического университета，2018：7 – 10.

了直接的理论支持。① 卡拉干诺夫（Караганов. С）②（2017）提出，世界从多极走向两极的趋势开始出现。一极以美国为中心，另一极在欧亚。中国学者认为应适时提出"欧亚大合作"的新概念。（王海运③，2018；王晓泉④，2017）构建"欧亚全面伙伴关系"是俄罗斯试图尝试与中国共同推动欧亚地缘板块崛起、放眼区域视角改造欧亚地区秩序、在全球和区域层面逐步深化中俄战略协作的重大举措。（李自国⑤，2017；初冬梅、陈迎⑥，2017；笪志刚⑦，2019）深入分析已有研究可知，新形势下，尽管学界对欧亚国家间、我国与欧亚国家跨境教育合作的重要性已达成共识，但对其跨境教育合作的区域特征和影响因素等方面尚待进一步研究。

（四）欧亚跨境教育合作模式与机制选择研究

人员、项目和机构的跨境流动是跨境教育的三种传统形式。俄罗斯学者苏梦夏、徐向梅⑧（2015）提出，要建立统一的欧亚高等教育空间。哥拉西莫夫（Герасимов. Г. И）⑨（2018）认为，中俄应主导欧亚跨境教育合作，建立多边教育合作网络。郄海霞、刘宝存⑩（2018）提出，我国应该积极主

---

① 伍宇星：《欧亚主义历史哲学研究》，学苑出版社 2011 年版，第 4—8 页。

② Караганов С. От поворота на Восток к Большой Евразии［J］. XI Международный форум《Партнерство государства, бизнеса и гражданского общества при обеспечении международной информационной безопасности》，2017：6–18.

③ 王海运：《关于进一步深化中俄战略协作伙伴关系的思考》，《西伯利亚研究》2018 年第 4 期。

④ 王晓泉：《"欧亚全面伙伴关系"带来的历史性机遇与挑战》，《俄罗斯学刊》2017 年第 2 期。

⑤ 李自国：《大欧亚伙伴关系：重塑欧亚新秩序？》，《国际问题研究》2017 年第 1 期。

⑥ 初冬梅、陈迎：《变革我们的欧亚地区：中俄的作用和角色——以共同推动联合国〈2030 年可持续发展议程〉为着力点》，《当代世界》2017 年第 11 期。

⑦ 笪志刚：《以"一带一路"倡议扩容推动形成东北亚命运共同体》，《东北亚经济研究》2019 年第 2 期。

⑧ 苏梦夏、徐向梅：《欧亚高等教育一体化构想》，《欧亚经济》2016 年第 1 期。

⑨ Герасимов Г. И. Трансформации высшего образования в условиях глобализации и евроазиатской интеграции［J］. Наука, культура и образование на грани тысячелетий. 2018（7）：49–56.

⑩ 郄海霞、刘宝存：《"一带一路"教育共同体构建与区域教育治理模式创新》，《湖南师范大学教育科学学报》2018 年第 6 期。

动地与"一带一路"辐射的沿线国家共同制定教育合作新框架，创新区域教育治理模式，建立"合作式网络化"治理模式。同时，刘宝存、张惠①（2020），乔桂娟、杨冰依②（2021）基于我国跨境教育合作发展视角，提出我国应该进一步加强"一带一路"跨区域教育合作机制建设的总体布局和顶层设计，建立并完善跨区域教育合作机制的制度框架，循序渐进切实有效地推进"一带一路"跨区域教育合作机制建设。同时乔桂娟提出可以充分利用现有的合作机制，基于现实合作需要逐步搭建新的，能够为双边、多边跨区域教育合作服务的合作机制，在国家框架的基础上进一步构建"一带一路"教育共同体。薛卫洋③（2016）通过巴伦支海跨境大学产生背景和运作机制阐述了跨境教育新的模式。有部分学者从已有多边跨境教育合作组织典范上海合作组织大学着手，认为上海合作组织大学应加快机制化建设、积极推动双边或多边的教育合作交流。（郑刚④，2013；李雪⑤，2013；蔡文伯、侯立杰⑥，2015）辛越优、阚阅⑦（2018）提出，高等教育国际合作在布局和重点上应牢牢结合我国"一带一路"建设的经济走廊、重点国别以及重点合作领域。现阶段欧亚跨境教育应从提高联盟办学质量，解决人才跨国界流动、扩展双方信息资源与多渠道巩固合作机制。（李丹⑧，

① 刘宝存、张惠：《"一带一路"视域下跨区域教育合作机制研究》，《复旦教育论坛》2020 年第 5 期。

② 乔桂娟、杨冰依：《区域跨境高等教育合作：背景、特征与路径》，《黑龙江高教研究》2021 年第 9 期。

③ 薛卫洋：《区域跨境高等教育合作新模式的探析与借鉴——以巴伦支海跨境大学为例》，《比较教育研究》2016 年第 12 期。

④ 郑刚：《上海合作组织框架内开展教育合作与交流的思考》，《河北师范大学学报》（教育科学版）2013 年第 10 期。

⑤ 李雪：《教育国际合作新模式的探索实践——浅析上海合作组织大学》，《教育教学论坛》2013 年第 33 期。

⑥ 蔡文伯、侯立杰：《上海合作组织大学项目的发展历程与未来展望》，《兵团教育学院学报》2015 年第 2 期。

⑦ 辛越优、阚阅：《"一带一路"倡议下的高等教育合作：国家图像与推进战略》，《高等教育研究》2018 年第 5 期。

⑧ 李丹：《俄罗斯优化高等教育服务市场新举措解析》，《科教文汇》（中旬刊）2015 年第 2 期。

2015；郭强、赵风波①，2017；刘进、陈劲②，2018）有学者建议，我国在"一带一路"建设所辐射区域开展跨境教育活动时，应该站在国家战略高度充分地了解和认识跨境大学的价值及作用，与各国积极构建能为"一带一路"建设服务的跨境大学。（邓新、李琰③，2017；陈举④，2017）应积极推进国家间学位学历互认，同时要着重加强跨境教育质量保障；要多方汇聚筹集资源，不断拓展跨境办学实体来源；保障沟通和协调机制畅通，助力跨境高等教育务实合作。（薛卫洋⑤，2016；郭强、赵风波⑥，2017；邓新、李琰⑦，2017）学者王正青、王铖⑧（2021）从俄罗斯与中亚跨境教育合作角度着手，指出推动我国与中亚国家的跨境教育合作，可以从国际视角出发借鉴俄罗斯与中亚国家间强化教育合作的具体举措及合作机制，在逐步巩固我国与中亚国家已有跨境教育合作的基础上，顺应时代发展以及合作双方现实需求拓展教育合作领域。深入分析已有研究发现，尽管对欧亚跨境教育合作有所涉猎，但对欧亚跨境教育合作模式和机制创新方面尚缺乏系统深入的研究。

（五）欧亚跨境教育合作的路径与挑战研究

以俄罗斯为代表的域外国家学者和相关研究机构对欧亚跨境教育合作

---

① 郭强、赵风波：《"一带一路"战略下的中俄跨境高等教育》，《中国高教研究》2017年第7期。

② 刘进、陈劲：《改革开放40年：面向"一带一路"的高等教育国际化转向》，《河北师范大学学报》（教育科学版）2018年第5期。

③ 邓新、李琰：《中国赴中亚地区开办境外大学的政策与环境分析》，《新疆师范大学学报》（哲学社会科学版）2017年第6期。

④ 陈举：《"一带一路"战略下中国与哈萨克斯坦高等教育合作空间探究》，《教育探索》2017年第1期。

⑤ 薛卫洋：《境外大学海外分校发展的特点分析及经验借鉴》，《高校教育管理》2016年第4期。

⑥ 郭强、赵风波：《"一带一路"战略下的中俄跨境高等教育》，《中国高教研究》2017年第7期。

⑦ 邓新、李琰：《中国赴中亚地区开办境外大学的政策与环境分析》，《新疆师范大学学报》（哲学社会科学版）2017年第6期。

⑧ 王正青、王铖：《建设教育共同体：俄罗斯强化与中亚国家教育合作的路径与机制》，《外国教育研究》2021年第2期。

的路径与挑战的研究关注相对较多。普遍认为，欧亚国家教育一体化合作动力不足。欧亚开发银行一体化研究中心和国际研究机构"欧亚监测"联合实施的"教育一体化表"研究表明，独联体国家对教育的兴趣明显下降。且近年来，对于欧亚国家而言，独联体教育空间与欧盟和美国相比没有特别突出的竞争优势。根据 2015 年的研究数据，亚美尼亚（43%）、乌克兰和摩尔多瓦（38%）的受访者最常将欧盟国家列为受教育首选国家。此外，在亚美尼亚和摩尔多瓦，与去年相比有所增加。受访者回答中最受欢迎的欧盟国家是：英国、德国、法国、意大利。并且俄罗斯教育似乎只对中亚地区的居民具有竞争力。① 俄罗斯学者巴吉罗娃（Багирова. И. Х）（2014）在对欧亚国家的教育制度进行分析的基础上，指出，俄罗斯是独联体国家公民学术流动的区域中心。但在欧亚国家，没有支持学生进行国际学术交流计划，因此整个经济负担落在学生身上，部分由各国的国家预算承担，这在一定程度上阻碍了各国家间的跨境教育流动。② 独联体网络大学的开展，对于推动欧亚国家的合作具有重要的价值和作用，将成为未来欧亚国家间跨境教育合作的典范和重点。奥维佐娃（Овезова У. А）、瓦格纳（Вагнер М. Н. Л. ）③ 等学者认为，欧亚各国教育合作体制机制仍存在较大问题，合作模式较为单一，国家教育合作计划相对较少，且经济发展水平和技术手段制约，远程教育合作项目发展缓慢。

对于欧亚跨境教育合作的路径和挑战研究，相关研究主要集中于俄罗斯和哈萨克斯坦等国学者。我国学者更为关注我国与欧亚国家跨境教育合作的现状、挑战、路径创新等方面。针对目前欧亚跨境教育合作现

① Абдраимов Б. Ж. Межвузовское сотрудничество как ключевой фактор развития общего образовательного пространства：евразийское измерение［EB/OL］. （2014 – 03 – 01）［2022 – 09 – 03］. http：//www. ia – centr. ru/expert/4223/.

② Багирова И. Х. Интеграционные процессы в системе высшего профессионального образования на пространстве СНГ［J］. Вестник Российского университета дружбы народов. Серия：Экономика. 2014（4）：135 – 144.

③ Овезова У. А. ，Вагнер М. Н. Л. Сотрудничество стран снг и россии в области образования［J］. Теория и практика общественного развития. 2012（11）：181 – 183.

状，有学者认为，中国与俄罗斯等欧亚国家联合办学的教学管理具有突发性、烦琐性、冲突性等特征。（符巧静①，2014；宋鸽②，2019；兰昊、何晓涛、金玲③，2017）应拓宽专业口径，加强学科与应用之间的联系，建立国际化复合型教师队伍。（屈廖健、刘宝存④，2020；秦冠英、刘芳静⑤，2019；阿列菲耶夫⑥，2016；柳布斯卡娅⑦，2017；于晓丽⑧，2017）应构建通过培养目标、培养体系、培养过程和培养机制层层递进的合作培养模式。（柯雯靖、周雅琪⑨，2017；兰昊、何晓涛、金玲⑩，2017）但我国与欧亚跨境高等教育合作亦面临诸多困难和挑战。（张琀玙⑪，2019；郑刚、刘金生⑫，2016；阿列菲耶夫⑬，2016；柳布斯卡娅⑭，2017；于晓丽⑮，2017）如在跨境合作大学存在制度两难的困境之

①　符巧静：《试析中俄联合办学常规管理模式》，《管理观察》2014 年第 32 期。

②　宋鸽：《中俄联合办学理工科研究生培养模式初探》，《黑龙江教育》（高教研究与评估）2019 年第 9 期。

③　兰昊、何晓涛、金玲：《"一带一路"国家战略背景下中俄合作办学研究》，《洛阳师范学院学报》2017 年第 9 期。

④　屈廖健、刘宝存：《"一带一路"倡议下我国国别和区域研究人才培养的实践探索与发展路径》，《中国高教研究》2020 年第 4 期。

⑤　秦冠英、刘芳静：《海湾地区跨境高等教育发展状况及对中国教育"走出去"的启示》，《中国高教研究》2019 年第 8 期。

⑥　Арефьев А. Л. Тенденции экспорта российского образования в 2005 – 2015 гг［J］. Вестник российской академии наук，2016：902 – 908.

⑦　Любская К. А. Российско – китайский рынок образовательных услуг как площадка для установления долгосрочных деловых связей［J］. Проблемы дальнего востока. 2017：150 – 156.

⑧　于晓丽：《俄罗斯在华留学生境况调查结果分析》，《俄罗斯学刊》2017 年第 4 期。

⑨　柯雯靖、周雅琪：《"一带一路"环境下中国与独联体七国中外合作办学模式研究》，《海外华文教育》2017 年第 10 期。

⑩　兰昊、何晓涛、金玲：《"一带一路"国家战略背景下中俄合作办学研究》，《洛阳师范学院学报》2017 年第 9 期。

⑪　张琀玙：《"一带一路"背景下我国高等教育服务贸易的发展现状及启示》，《对外经贸实务》2019 年第 4 期。

⑫　郑刚、刘金生：《"一带一路"战略中教育交流与合作的困境及对策》，《比较教育研究》2016 年第 2 期。

⑬　Арефьев А. Л. Тенденции экспорта российского образования в 2005 – 2015 гг［J］. Вестник российской академии наук，2016：902 – 908.

⑭　Любская К. А. Российско – китайский рынок образовательных услуг как площадка для установления долгосрочных деловых связей［J］. Проблемы дальнего востока. 2017：150 – 156.

⑮　于晓丽：《俄罗斯在华留学生境况调查结果分析》，《俄罗斯学刊》2017 年第 4 期。

中，主要体现在组织与环境之间的制度差距，在实践中主要体现在文化认知、政策法律以及社会规范等层面。（覃云云①，2020）实现大学生交流专业的丰富性以及多样化、不断扩大教师和科研人员的交流合作以及共同创办联合大学和科研院所是实现中俄学术交流跨越升级的必由路径。（巴廖夫斯卡娅（Балёвская. Я. Д）②，2019；马克西姆采夫③，2020；斯米尔诺娃④，2016）我们可将坚持各国多元平等合作、促进合作理念弥合、积极推进民主协调议事以及实现合作互利互惠作为超越传统教育合作的出路，与合作国家积极建构共荣、共建、共商、共享的国际合作观探索具有中国鲜明特色的高等教育国际合作新思路和新实践。张梦琦、刘宝存⑤指出，需加强市场机制的作用，扩大社会参与，建议中俄两国携手参与全球教育治理。可致力于推动"一带一路"高等教育区域建设，倡导沿线各国学生跨境流动"求同"与"存异"共生新格局，协调好各方利益关切。张赫⑥认为，应从国家层面顶层设计及政策引导，按标准分区分类开展教育合作办学、瞄准国际企业的行业需求，强化复合型人才培养，完善合作办学机制，保障教育合作办学质量。也有学者指出，在国家战略层面上重视中国与俄罗斯跨境高等教育的同时，可以尝试设立中俄教育交流合作示范区，以打造中俄合作办学优质品牌，积极稳步地

---

① 覃云云：《橘生淮北则为枳？——跨境合作大学的制度两难》，《清华大学教育研究》2020 年第 1 期。

② Россия и Китай наращивают объемы сотрудничества в научно – образовательной сфере［EB/OL］.（2019 – 07 – 09）［2021 – 04 – 23］. http：//www. sib – science. info/ru/fano/rossiya – 08072019.

③ Ректоры российских и китайских вузов обсудили сотрудничество в условиях пандемии［EB/OL］.（2020 – 12 – 17）［2021 – 04 – 20］. https://news. myseldon. com/ru/news/index/242970982.

④ Смирнова Л. Н. Научно – образовательное сотрудничество – основа инновационной модели отношений России и Китая［EB/OL］.（2016 – 03 – 11）［2021 – 04 – 23］. https：//www. elibrary. ru/download/elibrary_ 30026344_ 36281716. pdf.

⑤ 张梦琦、刘宝存：《高等教育国际合作的理论困境与现实出路——推进"一带一路"建设的视角》，《国家教育行政学院学报》2019 年第 8 期。

⑥ 张赫：《"一带一路"背景下中国与俄语区国家教育合作现状及对策》，《北京联合大学学报》2020 年第 3 期。

引导我国高水平大学赴俄开展境外办学（郭强、赵风波①，2017）。刘筱②，阿依提拉·阿布都热依木、刘楠③、蔡芸、陈佳④、杜岩岩、刘玉媚⑤认为可以借助孔子学院、上海合作组织多边区域性平台，积极推动中哈、中俄、中国与中亚以及区域性教育交流与合作。深入分析已有研究可知，尽管中国与欧亚国家跨境教育合作的现实困境和实践路径已有丰富的研究，但对欧亚跨境教育合作模式与机制方面尚缺乏系统深入的研究。

（六）综合性评论

在全球化和区域一体化背景下，我国与欧亚国家必须充分利用自身优势来推动跨境教育合作业已成为中外学者共识。遗憾的是，学术界关于我国与欧盟、北美、亚太等世界主要区域的跨境教育合作研究成果较为丰富，但对欧亚地区以及区域内各国家之间渐次深化的地区合作却未给予高度重视。学者们主要关注我国与俄罗斯、吉尔吉斯斯坦、白俄罗斯、哈萨克斯坦等欧亚国家的合作，以及俄罗斯与白俄罗斯等高等教育水平较高国家间的跨境教育交流与合作，对欧亚区域内国家间的跨境教育合作研究尚显薄弱，尤其是对欧亚跨境教育合作的整体合作样态把控，合作影响因素、合作模式、治理机制等还缺乏全面系统研究。此外，由于研究方法限制，已有文献仅提出宏观合作理念或回答某些局部问题，缺少数据分析和实证调查支撑，难以深入揭示问题本质。在研究视角上，缺乏从大欧亚伙伴关系战略高度来系统审视欧亚跨境教育合作的新趋势和路径创新。但是，已有研究为本书提供了有益借鉴，也使我们认识到

---

① 郭强、赵风波：《"一带一路"战略下的中俄跨境高等教育》，《中国高教研究》2017 年第 7 期。

② 刘筱：《"一带一路"沿线国家学生跨境流动之"实"与"势"——基于 UNESCO（2008—2017 年）数据的实证分析》，《中国高教研究》2020 年第 4 期。

③ 阿依提拉·阿布都热依木、刘楠：《"一带一路"倡议下中国与哈萨克斯坦教育合作的政策对接与实践推进》，《比较教育研究》2019 年第 12 期。

④ 蔡芸、陈佳：《"一带一路"倡议下我国跨境高等教育发展路径研究》，《教育理论与实践》2019 年第 18 期。

⑤ 杜岩岩、刘玉媚：《俄美欧中亚跨境教育的战略构想及实施策略》，《教育科学》2020 年第 6 期。

未来深化研究方向所在。为此，本书将立足于大欧亚伙伴关系战略发展需要，深入探讨欧亚跨境教育合作的相关问题。

四　研究的思路与方法

（一）研究思路

针对研究的具体内容，本书将以解决"欧亚跨境教育合作的历史进程与阶段特征""欧亚跨境教育合作的关系研究""欧亚跨境教育合作的影响因素分析""欧亚跨境教育合作的挑战与趋势"以及"我国与欧亚跨境教育合作路径选择"几个核心问题为目标（如图0.1所示）。

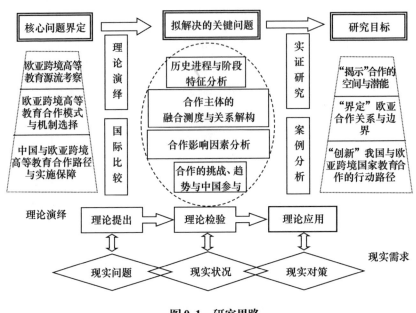

图0.1　研究思路

（二）研究方法

文献研究法。

文献研究法是指科学研究者根据研究目标，对研究相关文献进行查阅、收集、归纳、分析、整理，全面了解所要研究的问题，对事实形成科学认识，从而找出其本质属性的一种科研方法。首先，本书通过文献研究和文本分析，深入认识和分析推拉理论、地缘政治理论、区域间主义治理理论等研究理论和欧亚跨境教育合作之间的逻辑关系，厘清关键概念内涵特征，从而奠定本研究的基础和分析框架。其次，通过文献研究搜集并整理欧亚国家间跨境教育合作的相关政策法律文本，人员、项目和机构等流动信息数据，在对文献进行分析的基础上，梳理欧亚跨境教育合作的进程，了解掌握欧亚跨境教育合作发展样态和影响特征等。最后，在文献研究的基础上，全面了解我国与欧亚国家跨境教育合作的水平及动向，探究我国与欧亚跨境教育合作的优化路径。

比较分析法。

比较分析法是对某些教育现象在不同时期或不同地域的表现进行比较研究，揭示出事物的联系和差异，探究其内在规律，从而得出科学结论的研究方法。本书运用比较分析法，以欧亚跨境教育合作过程中的共时性与历时性为着眼点，同时依托历史路径依赖和战略互补等理念，来分析欧亚跨境教育合作演进历程，梳理出其中的内在差异及原因，为解析欧亚跨境教育合作问题提供指导。

历史研究法。

历史研究法是运用历史资料，对各种历史现象进行多维度的比较对照，深入探究其差异，归纳其形成成因，以及综合历史现象的发展变化规律的一种科学研究方法。本书以历史研究法为主，以考察欧亚跨境教育合作的历史演进为主线，收集、整理、分析相关史料，尽可能力求在复杂的历史事件和不同阶段的政策文本中厘清欧亚跨境教育合作的基本线索。揭示欧亚跨境教育合作的脉络和趋势，探析欧亚跨境教育合作的基本路径和特征，为本书的深入展开提供充分的实证基础、必要的历史语境以及解决研究问题的基本思路。

社会网络分析法。

社会网络分析法是 20 世纪中期由社会学家根据数学方法等逐步发展起来的一种定量分析方法。社会网络可理解为社会关系构成的网络结构，而网络分析则是对社会网络的关系结构及其属性加以分析的一套规范和方法，又被称为结构分析法（structural analysis）。主要分析不同社会单位（个体、群体或者社会）所构成的社会关系的结构及其属性，且能够揭示出更深层次的结构和规律。利用社会网络分析法等方法，对欧亚跨境教育合作主体间关系进行测度，通过定量研究方法对欧亚跨境教育主体按照紧密程度和空间结构特征进行差异化分类，为我国与欧亚跨境教育合作的路径选择提供现实依据。

五　创新之处

本书的主要特色在于：创造性地在欧亚地缘战略发展趋势视野内，把推拉理论、地缘理论、区域间主义治理等理论纳入统一的研究框架，旨在区域跨境教育合作理论研究和制度创新方面取得突破。具体而言，本研究的创新之处体现在三个方面：

创新点之一：基于跨境教育内涵的系统思考，诠释区域跨境教育的本质与机能，进而探讨区域跨境教育合作的本源性质，解析合作的目标与机理。在此基础上，把外部环境资源要素以及内部深层次合作路径创新等问题纳入跨境高等教育合作问题的研究框架。

创新点之二：通过跨学科和多种研究方法综合运用，尝试对欧亚跨境教育合作研究从以定性研究为主转向定性与定量分析的有机结合，例如，运用社会学中的社会网络分析法对欧亚跨境教育主体按照紧密程度和空间结构特征进行差异化分类。

创新点之三：以欧亚地缘战略趋势为视角研究中国—欧亚国家跨境教育合作，引入法国学者劳瑞·德尔科（Laure Delcour）根据功能主义理论、自由政府间主义和建构主义提出的结构性限制、精英偏好和区域认同三因素分析框架，结合国家、区域结构与国家能动性两方面解析欧亚跨境教育合作的影响因素。通过深入分析当前欧亚战略伙伴关系发展的新趋势，架构新时期中国与欧亚跨境高等教育合作的新机制，成为深化中国与欧亚跨境高等教育合作研究与探索的一个新视角。

第 一 章

欧亚跨境教育合作研究的理论
基础与分析框架

一　核心概念界定

（一）欧亚

19世纪80年代，奥地利社会活动家、地质学家爱德华·修斯（Eduard Suess）首次使用了"欧亚"（Евразия）这个地理术语①。随后，"欧亚"被世界部分国家的政界、商界和学界广泛接受并在多领域内使用。虽被广泛使用，但欧亚本身一直是具有较大争议的概念，无论是其所涵盖的地理区域范围，亦或者是这一概念的核心内涵在广泛讨论中并没有定论②。

"欧亚"是一个较为抽象的概念，虽然其起源较早，但作为对地理空间的指涉含义，却是在冷战结束后才逐渐流行起来的。冷战结束后各国在各类学术研究和部分政府文件中，一般需要指涉原苏联空间但却又不愿意直接表达使用"苏联"一词时，往往采用"欧亚"作为表达含义的折中方案。20世纪90年代以来，俄罗斯在推动原苏联加盟共和国的多边机制建设时，也广泛使用了"欧亚"作为代指该区域的核心概念。不可否定，欧亚概念的流行与后冷战时期俄罗斯对于自我身份认同的重新定

---

① Stefan Wiederkehr. Ⅱ. Zwischen den Beiden Weltkiegen：Die Eurasier in der Emigration // Die Eurasische Bewegung：Wissenschaft und Politik in der russischen Emigration der Zwischenkriegszeit und im postsowjetischen Russland. Böhlau Verlag Köln Weimar, 2007. T. 39. p. 36.

② 封帅：《世界历史中的欧亚空间——源起、建构与衰朽》，《俄罗斯研究》2019年第5期。

位和界定，也具有极为密切的关联。政治话语体系交叠更替的背后，体现出俄罗斯在全球范围内对于自身所处的地缘政治场域的重新认知。但无论如何，"欧亚"这一概念的使用和传播是典型的时代产物，欧亚概念的内涵与外延所具有模糊性和宽泛性，为其在实际的政治运作中提供了很多便利，政界、学界等对"欧亚"的使用和概念的诠释在不同的历史背景和话语体系中各不相同。例如，哈萨克斯坦总统纳扎尔巴耶夫（Назарбаев Н. А.）在 1994 年提出建立"欧亚联盟国家"的倡议；2001年俄罗斯、哈萨克斯坦、吉尔吉斯斯坦等部分独联体成员国成立的欧亚经济共同体；2006 年成立的欧亚发展银行；2011 年时任俄罗斯总理的普京在俄罗斯权威报刊《消息报》上发表署名文章《欧亚新的一体化计划：未来诞生于今天》，并正式提出欧亚联盟战略构想；2012 年俄罗斯、哈萨克斯坦和白俄罗斯三国成立负责三国一体化进程发展的超国家机构——欧亚经济委员会，并在 2015 年 1 月正式启动运行"欧亚经济联盟"；2016 年 6 月俄罗斯总统普京在圣彼得堡国际经济论坛上正式提出了"大欧亚伙伴关系"计划等。

学界关于"欧亚"基本内涵的争论经久不息，不同学者和学术流派对"欧亚"的表述和理解各异。其中涌现出较为代表性的表述包括俄罗斯古典欧亚主义思想家维尔纳茨基（Вернадский Г. В.）的"欧亚俄罗斯"或"俄罗斯—欧亚"[1]；莫斯科国际关系学院国际问题实用分析教研组主任沙克列伊纳（Шаклеина Т. А.）教授提出的"小欧亚"[2]；俄罗斯内政、经济和国际关系基本问题的权威性研究机构莫斯科卡耐基中心主任、主张俄罗斯要成为"新西方"的德米特里·特列宁（Тренин Д. В.）主张的"大欧亚"；俄罗斯青年学者维诺库罗夫（Винокуров Е.）和利布曼（Либман А.）在共同撰写的著作《欧亚大陆一体化》中首倡的"北—中央欧亚"（Северная и Центральная Евразия）；欧亚经济共同体

---

① Вернадский Г. В. Начертание русской истории [M]. СПб：Издательство《Лань》，2000：23.

② Л. Н. Шишелина. Россия и Европа：хрестоматия по русской геополитике [M]. Издательство《Наука》，2007：410 –411.

原秘书长、著名经济学家曼苏诺夫（Таир Мансуров）提出的"新欧亚"①；2015 年 6 月俄罗斯智库"瓦尔代"国际辩论俱乐部推出的一份有关欧亚一体化发展与中国丝绸之路经济带的分析报告中所指向和表述的"中央欧亚"②；中国军事战略学者戴旭提出的"大欧亚共同体"③，以及俄罗斯学术界常用的"后苏联空间"等。

虽然"欧亚"这一术语被广泛使用，但由于历史背景、政治思维、意识形态等不同的原因，其内涵、边界及历史演进并未形成广泛共识。但通过对政界、学界以及教育界关于"欧亚"这一术语的引用历史和论述内容来看，更多的主要是指冷战时期的苏联 12 个加盟共和国，这也与上述莫斯科国际关系学院国际问题实用分析教研组主任沙克列伊纳（Шаклеина Т. А.）教授所提出的"小欧亚"内涵相同。沙克列伊纳将"欧亚"界定为一系列毗邻国家的总和，这些国家之间不仅拥有共同边界，而且还拥有共同的历史发展与联系，它们同时还是独联体及其下属机构的成员国，抑或拥有紧密的合作关系。"小欧亚"国家包括俄罗斯、土库曼斯坦、白俄罗斯、哈萨克斯坦、乌克兰、吉尔吉斯斯坦、塔吉克斯坦、乌兹别克斯坦、亚美尼亚、阿塞拜疆、格鲁吉亚、摩尔多瓦。④ 事实上，沙克列伊纳教授眼中的"小欧亚"内涵与俄罗斯学术界常用的后苏联空间、古典欧亚主义的"俄罗斯—欧亚"是一脉相承的，其具体指称和内涵都大同小异，只是术语名称不同而已。

综上所述，本研究的"欧亚"即指冷战时期的苏联 12 个加盟共和国，具体是指俄罗斯、哈萨克斯坦、白俄罗斯、吉尔吉斯斯坦、乌克兰、塔吉克斯坦、乌兹别克斯坦、亚美尼亚、土库曼斯坦、阿塞拜疆、格鲁吉亚、摩尔多瓦。

---

① Таир Мансуров. Как рождается новая Евразия// Российская газета. №. 277. 30 ноября 2012. С. 17.

② K. Weisbrode, "Central Eurasia: Prize or Quicksand? Contenting Views of Instability", in Karabakh, Ferghana and Afghanistan, The International Institute for Strategic Studies, Adelphi Paper 338, Oxford University Press, New York, 2001, pp. 11 –12.

③ 戴旭：《用大欧亚共同体平衡 C 形包围》,《党政论坛》（干部文摘）2014 年第 9 期。

④ Татьяна Шаклеина. Современный мировой порядок: на пороге нового этапа развития? [EB/OL]. (2013 –04 –08)［2021 –07 –01］. http://www.perspektivy.info/book/sovremennyj_mirovoj_poradok_na_poroge_nov ogo_etapa_razvitija.

(二) 跨境教育

"跨境教育"作为一个得到国际社会普遍认同的新概念是在 2003 年 11 月第二届教育服务贸易国际论坛上提出来的。21 世纪初，对于教育的"可贸易性"世界各国一直存在较大分歧，加拿大学者简·奈特为此提出了"跨境教育"这一概念，以避免"教育服务贸易"可能引起的争议。"跨境教育"这一概念很快得到了学界的普遍认同，学者们开始采用"跨境教育"概念以替代"教育服务贸易"概念。简·奈特①(2002) 认为，跨境教育是指教师、学生、项目、机构/办学者或课程材料在跨越国家司法管辖边界情况下开展的教育活动。跨境教育是国际化的一部分，也是发展合作项目、学术交流项目和商业运作的重要组成部分。

2003 年 11 月，在经合组织 (OECD) 和挪威教育部共同举办召开的"第二届教育服务贸易论坛"国际会议上，对于跨境教育活动的内涵采用了新的界定方式。此次论坛中学者们反复强调和频繁使用"跨境教育"(cross-border Educa-tion) 的概念，以"跨境教育"的概念替代过于强调商业理念的"教育服务贸易"。论坛指出，教育服务贸易、教育国际化和跨境教育之间的内涵不能完全等同，并表示跨境教育活动发展历史悠久，是教育国际化的重要方面。教育服务贸易迅速发展并不断创新，为跨境教育注入了新的内涵理念，为人们提供了审视、理解和分析跨境教育的新视角。

基于此，为了区别相近概念，会议将"跨境教育"活动归纳为三种主要形式：

人员跨境流动，包括学生跨境学习和教师跨境进修。

项目跨境流动，主要指教育/培训课程/项目通过面授、远程/组合形式跨境提供，学分授予机构可能是输出国提供机构，或授权本地合作伙伴，或者两者兼有。包括特许经营、双联、双学位/联合学位、函授/远程提供等模式。

---

① Knight, J., GATS – Higher Education Implications, Opinions and Questions, First Glob – al Forum on International Quality Assurance, Accreditation and the Recognition of Qualifications in Higher Education: "Globalization and Higher Eiducation", UNESCO, 17 – 18 October, 2002.

机构跨境流动，主要指教育提供者以实体或虚拟形式跨越国境存在，为学生和其他具有需求的消费者提供教育/培训项目和/或服务。机构流动与项目流动的区分特征是随着机构的流动，学习者不一定要在学位授予机构所在国学习。包括在国外设立分校、独立机构、学习中心、虚拟大学、合作办学等。

该分类模式基本参照了加拿大学者简·奈特的跨境教育框架（如表1.1 所示），随后在经济合作与发展组织（OECD）（2004）正式出版物中引用，并对跨境教育进行分类（如表1.2 所示）。① 从此，"跨境教育"作为一个具有较高国际认可度的教育领域专业术语，被世界各国的学术界、贸易界等领域广泛使用。

表1.1　　　　　　　　　跨境教育的教育框架

类型	描述	安排	备注
1. 人员			
学生/受训者	–完全的学术项目 –学期/学年国外学习 –实习项目 –研究/田野工作	☑交换安排 ☑奖学金 ☑政府/公共/私人赞助 ☑自费	涉及基于学分的教育活动和项目
教师、讲师、学者、专家	–教学和/或研究目的 –技术援助/咨询 –学术/专业发展	☑自费或机构提供费用 ☑政府/公共/私人资助 ☑合同/服务费	
2. 提供者			
机构、提供者、组织、公司	–外国提供者承担项目的教学责任 –颁授外国学位、文凭 –提供者在接受国以实体或虚拟的方式存在	☑可能在接受国进行学术、财务方面的合作，但并不一定 ☐包括私立的、公立的、商业的或非商业的提供者	–分校 –特许 –在国外单独提供 –某种双联安排

---

① OECD, Intemationalisation and Trade in Higher Education-Opportunities and Chal-lenges, 2004.

续表

类型	描述	安排	备注
3. 项目			
基于学分/文凭的学术合作项目	−涉及接受国授予国内资格或双文凭/联合文凭 −课程与项目流动,但学生不流动	☑基于输出与接受院校的学术联系 ☑可以是商业的或非商业的	主要涉及校际联系;某种双联与授权安排
4. 项目与服务			
与教育相关的广泛的计划与服务	−不涉及授予文凭 −项目包括如研究、课程设计、专业发展、能力建设、技术援助与服务等	☑包括发展/援助计划,伙伴项目和商业合同	涉及各类高等教育机构、提供者、教育组织/公司

资料来源:Knight J. GATS, Trade and Higher Education Perspective 2003 - Where are we? [J]. observatory on borderless higher education, 2003。

表1.2　　　　　　　　　跨境教育活动的类型

类型	主要形式	案例	规模
1. 人员			
学生/受训者	学生流动	☑完全在国外完成国外学位学习 ☑获取国内学位或联合学位的学术伙伴合作的组成部分 ☑交换项目	可能是跨境教育中规模最大的部分
教师/培训者	学术/培训者流动	☑专业发展 ☑学术合作 ☑到海外分校任教	教育部门的传统,随着对专业人员流动的强调,规模会有所扩大

续表

类型	主要形式	案例	规模
2. 项目			
教育项目	教学合作 电子学习	☑与国外学校联合举办课程或项目 ☑电子学习项目 ☑出售/特许经营	教学合作占比较大；电子学习与特许经营规模不大，但发展迅速
3. 机构/教育服务提供者			
	国外分校 国外投资	☑开设国外分校 ☑收购国外教育机构或部分收购 ☑在国外建立教育供给机构	起步慢，但趋势是发展很快

资料来源：OECD Scretariat. Cross-Border Education：An Overview. OECD/Norway Forum on Trade in Educational Services，2 – 3 November，2003；顾建新：《跨国教育发展理念与策略》，学林出版社 2008 年版，第 62 页。

2005 年 10 月，联合国教科文组织（UNESCO）与经济合作与发展组织（OECD）在其联合颁布的《保障跨境高等教育办学质量的指导方针》中明确指出："跨境高等教育是指教师、学生、项目、机构/提供者、课程材料在跨越国家管辖边境的情形下进行的高等教育，跨境高等教育既可包括公立或私立部门开办的高等教育，也可包括营利或非营利院校开办的高等教育。"

我国学者强海燕认为：跨境高等教育是指国与国之间任何形式的高等教育人员、课程以及教育服务等内容与载体跨越国界的流动，包括一国高等教育机构与外国机构合作开设学位课程、高等教育机构在国外开设分支机构、互联网远程教育等。[1] 我国当代著名教育学家顾明远先生认

———————

[1]　强海燕：《东南亚教育改革与发展（2000—2010）》，广东高等教育出版社 2010 年版，第 210 页。

为，国际间教育合作是国家外交政策的重要方面，包括人员的跨境流动、项目资源的跨境流动、教育机构的跨境流动、课程内容的跨境流动等领域。① 学者张进清在其研究中将跨境高等教育定义为，国家与国家之间高等教育领域中的任何形式的人员、项目和机构等跨越国家司法边界和地理边界的流动。②

基于上述界定和理解，本研究中的"跨境教育"是指国家与国家间高等教育领域中教师、学生、项目、机构/办学者或课程材料在跨越国家司法管辖边界情况下开展的教育活动，主要包括公立部门开办的非营利高等教育。其中，人员跨境流动包括学生跨境学习和教师跨境交流进修。而项目跨境流动主要是指教育/培训课程/项目通过面授、远程/组合形式跨境提供，学分授予机构可能是输出国提供机构，或授权本地合作伙伴，或者两者兼有。包括双联、双学位/联合学位、函授/远程提供等模式。机构跨境流动主要指教育主体（提供者）以实体或虚拟形式跨越国境存在，为学生和其他消费者提供教育/培训项目和/或服务。主要包括在国外开设分校、建立独立机构、学习中心、国家间开展合作办学等。

（三）跨境教育合作

跨境教育合作是在"跨境教育"基础上衍生发展而来，属于"延展概念"。合作是指两个或两个以上行为体为实现某种目的而彼此相互配合的一种联合行动。《现代汉语词典》对合作的界定是："互相配合做某事或共同完成某项任务"③，跨境教育合作是在跨境教育概念的基础上融入合作的理念，跨境教育合作与对外教育合作、国际教育合作、无边界教育等相似概念内涵接近，均意指"本国与他国"在教育领域开展的合作关系。跨境教育合作更加侧重"跨境"理念，突出和彰显对外教育合作的"地缘政治"内涵，即主权国家间在"跨越国家管辖边境情况下"在教育相关领域及各层次开展合作互动。

---

① 顾明远、薛理银：《比较教育导论——教育与国家发展》，人民教育出版社 1996 年版，第 353 页。

② 张进清：《跨境高等教育研究》，学位论文，西南大学，2012 年。

③ 顾明远、薛理银：《比较教育导论 ——教育与国家发展》，人民教育出版社 1996 年版，第 353 页。

　　本研究的跨境教育合作是指跨境教育合作主体为满足各方在高等教育领域的实际或预期需求，通过人员、项目和机构跨越国家管辖边界情况下开展的互利共赢的教育活动。跨境教育合作是跨境教育的重要表现形式，而人员、项目和机构的流动是衡量跨境教育合作结构关系和地位的重要指标。

　　欧亚跨境教育合作是指欧亚国家为满足各方在高等教育领域的实际或预期需求，通过人员、项目和机构跨越国家管辖边界情境下开展的互利共赢的教育活动。从合作的范围来看，本研究的欧亚跨境教育合作包括欧亚区域内的多边合作、欧亚国家与国家之间的合作、国家与高等教育机构、高等教育机构与高等教育机构之间的合作；从合作的内容来看，主要涵盖高等教育领域。从合作的主体来看，本研究主要关注的是欧亚国家政府和高等教育机构的跨境教育合作。

（四）跨境教育治理

　　"治理"是政治社会学的概念，是指社会内部包括政府在内的多个行为体处理共同事务的总和。[①]"治理"在规范的意义上主要是指"人们对公私合作关系和较少的国家驱动行为之价值的关注，在分析意义上是指在全球化和公共政策的新自由主义取向的背景下日渐显著的公共行为分散化的本质"[②]。不同于以往政府实行的自上而下的等级管理方式，治理更为强调的是在共同目标驱动和引领下，社会多主体共同参与社会公共事务的决策中。维基百科（Weiss and Thakur，2007）概括性地将"全球治理"（global governance）定义为：正式和非正式制度、机制和关系的结合，以及国家、市场、公民及政府间或非政府组织间的联结过程；由此全球层次的集体利益得以形成，权利和义务得以确立，各种分歧得到调和。学者凯瑟琳·洛伊策（Kathrin Leuze）认为"治理"即"以非等级

---

　　① 全球治理委员会关于治理的定义是："各种各样的个人、团体处理其共同事务的总和。""这是一个持续的过程，这个过程包括授予公认的团体或权力机关强制执行的权力，以及达成得到人民或国体同意或者认为符合他们的利益的协议。"参见［瑞典］英瓦尔·卡尔松等主编《天涯成比邻——全球治理委员会的报告》，中国对外翻译出版公司 1995 年版，第 2 页。

　　② 卡伦·芒迪、申超：《全球治理与教育变革：跨国与国际教育政策过程研究的重要性》，《北京大学教育评论》2011 年第 1 期。

方式相互作用的各种行为体共同参与政策制定的过程和结果"。①

本书中的跨境教育治理主要是指社会各行为体（其中包括各国政府、国际政府间组织、非政府组织、高等教育机构等）通过谈判、联盟、协商等互动模式在地方、国家、区域、国际多个层级和范围上互动，参与教育事业的决策与管理，解决教育领域所面临或即将面临的问题，以达成各民族国家理念和方法上的某种趋同的过程和结果。跨境教育治理机制是指在跨境教育合作中各要素之间的结构关系和运行方式。跨境教育治理机制是保证跨境教育治理能顺利进行并取得预期结果的关键所在，跨境教育合作主体需通过治理机制确立明晰的跨境教育治理目标及原则，实行切实可行的权利、责任和利益分配，通过执行、监督和评价获得行为反馈，从而取得良好的教育治理结果。

二　理论基础

欧亚跨境教育合作是跨境教育在欧亚区域范围内发展的重要表现形式，聚焦欧亚跨境教育合作研究，既要注重从合作自身的理论范式出发，也要从地缘政治、国际关系、区域间理论等视角考量。欧亚是国际区域的有机组成部分，欧亚的跨境教育合作和治理与区域间合作和治理特征具有"同构性"，同时又因其自身区域特质而具有特殊性。推拉理论、地缘政治理论、国际合作理论、相互依赖理论、区域间主义（治理）理论的理论观点与欧亚跨境教育合作的研究具有较强的理论适切性，能够较好地把握欧亚跨境教育合作的内在逻辑。

（一）推拉理论

推拉理论是研究人口迁移的重要理论模型，它将人口迁移的主要原因归结于迁出地的推力与迁入地的拉力相互共同作用的结果。19 世纪末，英国地理学家莱温斯坦（E. G. Ravenstein）最早对人口迁移方面进

① Leuze K. , Martens K. , Rusconi A. New Arenas of Education Govemance-theimpact of international organizations and markets on education policy making［M］. New York：Palgrave Macmillan, 2007：8.

行研究，将影响人口迁移的主要因素归结为"推力"和"拉力"的相互作用。① 20 世纪 50 年代末，博格（Bogue D. J.）对雷文斯坦的人口迁移理论进行系统化，提出了推拉理论②，随后建立的推拉理论模型逐渐受到外界学者的广泛关注。康明斯（Cummings W. K.）③、麦克马洪（McMahon M. E.）④ 和阿特巴赫（Altbach P. G.）是较早将推拉理论应用于国家间学生跨境流动的学者。⑤ 推拉理论在解释学生跨境流动的动因时认为，学生留出国的推力和学生流入国的拉力，这两种力量相互作用，使学生间的跨境流动得以发生。

　　麦克马洪在对 18 个发展中国家学生流向问题进行考察后发现，影响人才输出国的推力因素主要包括：（1）人均国内生产总值水平的高低；（2）该国参与世界经济发展的情况；（3）该国政府对教育发展的重视程度；（4）该国民众在本土的受教育机会。麦克马洪将吸引学生向人才接收国流动的拉力因素主要归结为：（1）人才接收国的经济发展规模；（2）人才接收国与人才输出国的经济发展关系；（3）人才接收国对人才输出国在对外援助或社会文化联系时所产生的政治利益；（4）人才接收国对人才输出国的学生提供奖学金或其他方面的援助支持。⑥

　　阿特巴赫（Altbach P. G.）将影响学生进行跨境流动的主要因素归纳为八种推力因素和七种拉力因素。八种推力因素主要是：为本国学生出国留学提供奖学金名额、当地相对落后的教育水平、入学机会较少、政局不稳定、研究设备短缺、具有少数民族歧视现象、海外学位在当地劳动市场竞争力更强、传统教育形式有明显短板。七种拉力因素主要是：

---

　　① Ravenstein E. G. The Laws of Migration ［J］. Journal of the Royal Statistical Society，1889（2）：241 – 305.

　　② Bogue D. J. Internal Migration ［M］//HAUSER P，DUNCAN O D. The Study of Population. Chicago：University of Chicago Press，1959：486 – 509.

　　③ Cummings W. K. Going Overseas Higher Education：the Asian Experience ［J］. Comparative Education Review，1984，（2）：241 – 257.

　　④ Mcmahon M. E. Higher Education in a Eorld Market：An Historical Look at the Global Context of International Study ［J］. Higher Education，1992 （4）：465 – 482.

　　⑤ Altbach P. G. Comparative Higher Education：Knowledge，the University and Development ［M］. Hong Kong：The University of Hong Kong，1998：11 – 31，240.

　　⑥ 李梅：《高等教育国际市场：中国学生的全球流动》，上海教育出版社 2008 年版，第 6、297 页。

政府和高校为吸引留学生而提供高额的奖学金、当地先进的教育理念和教育质量、入学机会较多、政局相对稳定、研究设备充足、当地社会经济环境繁荣、能获得体验国外生活的机会。

我国学者郑晓辉对推拉理论做出了评价，他认为推拉理论仅仅关注的是教育输出国和教育接收国之间的政治、经济和教育因素，而忽视了社会和文化因素在推拉理论中的重要性。郑晓辉的研究结论认为影响中国学生出国留学的各方面因素分别包括经济因素（27%）、学生个人因素（15%）、社会因素（13%）、文化因素（9%）和政治因素（7%）。学者李梅在已有的推拉理论基础上，提出了内外因素互动模式，即学生的国际流动不仅受推力和拉力等外在因素作用，还受到学生个体的社会地位、经济情况、年龄、性别、学习能力、学习动机和人生理想抱负等内在因素的影响，外在因素可以影响学生的社会行为和选择方向，而取决定性作用的是学生个体的基本特征。基于此，本书采用传统的阿特巴赫（Altbach P. G.）推拉理论模型的八种推力因素与七种拉力因素分析欧亚跨境教育合作流动的相关问题。阿特巴赫在其著作《比较高等教育：知识、大学与发展》（*Comparative Higher Education：Knowledge，the University，and Development*）中，归纳总结了影响发展中国家学生跨境流动的八种推力因素：获得留学奖学金的可能、较差的教育设施、缺乏科研设备、缺乏科研设备、未能进入本国教育机构学习、不适宜的政治环境、国外学位在本国市场增值、种族歧视、认识到现存的传统教育的不足；七种拉力因素：提供给国际学生奖学金的可能、提供优质的教育、先进的科研设备、有可能被录取、适宜的政治环境、有机会获得国外生活体验。[1] 他认为当前国际留学市场正处于一个极度不平衡、不对等的状态。这种不平等现象主要体现在大量发展中国家的学生流向发达国家中，或者发达国家的学生流动到另外一个发达国家，极少有发达国家的学生流动到发展中国家的情况。因此，推拉理论模型，为本研究进一步分析欧亚国家间跨境教育流动影响因素提供了重要的理论参考。

---

① Altbach P. G. *Comparative Higher Education：Knowledge，the University and development*. Hong Kong：The University of Hong Kong，1998：240.

(二) 地缘政治理论

地缘政治 (geopolitics) 又被称为"地理政治学",是政治地理学说中的一种主要理论,通常把地理因素视为影响甚至决定一个国家政治行为的基本因素。主要是根据各地理要素和政治格局的地域形式,分析和预测世界或地区范围内的战略形势和有关国家的政治行为。[①] 地缘政治理论主要内容包括:(1) 国家所处的地理位置对国家安全、政治、经济和社会发展等具有决定性作用;(2) 地理因素在复杂的国际政治中对国家的相互关系产生重要的影响;(3) 地缘政治能够扩大国家权力的空间;(4) 技术的不断发展在一定程度上可以改变地缘环境。目前,有关地缘政治理论的研究大都以地理环境为基础,但过去对地缘政治理论的研究多以政治、历史、军事等方面作为研究的侧重点,而今后的研究更重视经济、社会、文化等方面的作用。

地缘政治学是一种开放的、不断发展的理论体系,随着社会生产力的发展和科学技术的进步,地缘政治学的发展也与时俱进,在不同的社会历史时期呈现不同的形态。地缘政治学在其发展过程中产生了多种学说和理论,其中对国家安全战略产生重要影响的有"陆权论""海权论""空权论"和"边缘地带论"等以西方为典型代表的传统地缘政治理论。近年来,随着全球化和科技信息化的深入发展,世界已然形成了一个地缘政治、地缘经济、地缘文化相互交融的新型体系。[②] 新地缘理论不断衍生和发展,认为以国家、一维、冲突为理念的西方传统地缘政治理论已变得陈旧和过时,逐渐被和平发展、合作共赢的新时代所需要的新地缘政治理论代替。全球化背景下的新地缘理论强调全球、多维与合作,着眼于追求国家和非国家行为主体在政治、经济、文化等多维空间中建立网络合作体系。[③] 地缘和平、地缘发展和地缘合作将成为未来全球化时代新地缘政治学的核心问题。

[①] 辞海编辑部:《辞海》,上海辞书出版社 1980 年版,第 324 页。

[②] 倪世雄等:《我国的地缘政治及其战略研究》,经济科学出版社 2015 年版,第 24 页。

[③] 科林·弗林特、张晓通:《"一带一路"与地缘政治理论创新》,《外交评论》2016 年第 3 期。

综上，地缘战略通常指一个国家利用其地缘关系及相关法则来谋取和维护自身利益的行为方法。国家应根据切身实际地缘政治环境制定相应的地缘战略，结合本国的历史、政治、经济和文化等方面的因素以维护自身的地缘政治利益。所以，不同的国家会根据自身不同的地缘位置和地缘特点，制定符合自身发展的地缘战略。有时即使是同一个国家，在不同的历史发展阶段，受到领土面积、国家实力以及邻国相对综合国力等因素的影响，其地缘战略也会随之而改变。传统的地缘政治理论和全球化时代的新地缘政治理论，为本研究探索欧亚国家跨境教育合作，以及我国参与欧亚跨境教育合作提供重要的理论基础。

（三）国际合作理论

随着世界文化大融合，各国文化方面的交流与合作也日益增多。教育逐渐成为国家间"外交政策中的第四维度"，这也就给跨境教育的合作带上了国际关系的烙印。作为一种新的研究视角，国际关系学对跨境教育合作的剖析具有重要的功能和意义。在西方国际关系理论中的现实主义、自由主义以及建构主义流派的国际合作理论思想对跨境教育合作方面的研究具有理论指导价值。

1. 新现实主义的国际合作论

新现实主义将理论基本出发点放在国际体系的无政府状态下，认为在无政府体系中，国家既作为主要行为体，又是理性行为体，而权力则是解析国际关系的关键。新现实主义认为，在国际政治关系中"弱肉强食"是世界法则的铁律，追求权力的最大化是每个国家发展的根本利益，虽然国家之间存在合作的可能，但这种合作通常是暂时缓解双方矛盾冲突的一种政治手段。现实主义理论的代表之一，美国著名国际关系理论家肯尼思·华尔兹（Kenneth Waltz）把国家间权力的分配作为自变量，国家的主体行为作为因变量，认为权力的分配在一定程度上决定了国家的国际行为。但国家首要关注的并非是权力最大化，而是该如何维持国家在国际体系中的地位。[1] 因此，国际合作虽然有实现的可能，但多数国

---

[1] 张梦琦、刘宝存：《高等教育国际合作的理论困境与现实出路——推进"一带一路"建设的视角》，《国家教育行政学院学报》2019 年第 8 期。

家出于利己需要，通常会将国际合作视为矛盾冲突的缓和期或者"大国维护均势的工具"。

霸权合作论是新现实主义通过"国内类比"法得出的结论，它认识到国际社会处于无政府状态之中，没有最高权威的管理，国际合作难以实现。但是，霸权合作理论流派借鉴国内中央权威干预国内市场的功能，认为国际社会如果存在一个起绝对主导作用的霸权国家，其功能相当于国内的中央权威，而且它也愿意为国际社会提供公共物品，则霸权之下的合作是可以实现的。简言之，合作也是以权力为出发点和目的，这种以权力为核心和基础的国际合作观，实际上是从物质层面对国际合作进行解读，强调权力结构，并以实现霸权为最终目标。

2. 新自由主义的国际合作理论

自由主义到目前为止还尚无完美的概念界定，但它具有一些共同的特点，如个人自由、机会平等。19 世纪以来，随着国家干预主义逐步抬头，传统自由主义理论在维持其强调个人自由权利至上核心不变的前提下进行了理论重构，形成新自由主义理论。对传统自由主义理论进行重构，在维持个人自由权利至上的前提下形成了新自由主义理论。其主要观点是：国际体系进程的基本特征是国际制度，通常在国际政治中，无政府状态是基本客观事实，而权力在国际政治中也同样重要，但国际制度可以在一定程度上缓解因为它们所产生的持续紧张局势。不仅如此，国际制度在某些方面会引导国家发现符合它们的共同利益，促进其国际合作——通过提高改变当前现状的成本促使一些理性国家不再考虑背叛而安于现在的合作局面，进而促进国家间的国际合作。新自由主义的国际合作理论方面较为有代表性的是"制度合作论"，它认为国际社会虽处于无政府状态但却是有序的，国家是理性的自私行为体，将自身的利益始终置于对外关系的首要地位，并需要用最小代价解决有关利益冲突；国际环境在一定程度上能够改变国家在追寻利益时的运作程序和行为体的认同感。因此，非物质性权力因素——国际制度对国家间的合作行为具有重要影响。

新制度主义理论的代表罗伯特·基欧汉与约瑟夫·奈曾在 1977 年出版的《权力与相互依赖》一书中，提出了"相互依赖"的概念，意指彼此相互依靠。他认为，伴随着经济全球化的发展趋势，国家间的国际合作行为会逐渐增多，一个国家的繁荣将会越来越依赖同其他国家在政治和经济方面的合作。良性的合作有利于实现国家的经济利益，维护国家的安全稳定，因此，国家的合作通常是互惠互利的。此外，新自由主义提出了"国际体制"与"合作"的概念，通常国际合作是指不同主权国家政府政策协调的过程，而国际体制则是国家合作的产物。简言之，新自由主义关注的问题不只是局限于狭窄的国家关系，而是更广泛的国家外的行为体以及更复杂多变的国际关系，通过国际组织和国际制度对国家的相互依赖关系进行管理，将国际合作看作国家能力的外力表现，对其持有"制度合作论"，即使在某些大国的霸权之下，只要国际制度依然存在，那么国际合作就具有实现的可能性。

3. 建构主义的国际合作论

以亚历山大·温特为代表的主流建构主义奉行整体主义的方法论，它吸收了新现实主义体系理论思想，强调国家结构和国际体系对国家行为体的作用和意义。[1] 建构主义从以下三方面对国际合作理论做出了阐述：第一，从整体主义方法论揭示了共有知识对国际行为体的意义。第二，认为无政府状态是国家造就的。第三，对国际合作理论从建构主义角度进行了全面阐释。因此，建构主义为国际合作理论的建立提供了充足的理论假设，它认为国家是国际社会的主要参与者，具有主体间性，而国际社会的无政府状态是国家造成的，且不是一成不变的。国家为了追寻切合自身的利益，所做出的一系列行动导致了国际社会的无政府状态，从而强化了国家的自私观念。在频繁的国际互动中，国家的身份角色也在不断变化，因而导致了它们的行动差异，造就了不同的无政府文化。以亚历山大·温特为代表的建构主义流派认为：在国际社会结构中，共有的文化是确立行为体身份的根本影响因素，所有的一切都是文化作用的使然，国际合作也是如此。[2] 除去物质层面对国家行为的影响，还有很大一部分源于观念对国家行为的影响，这种观念通常指共有文化，即由共同的文化价值观形成的，如习俗、习惯、规则、制度以及法律法规等，是对国家在国际社会体系中身份的一种认同，这种相同的认知有利

---

① 宋秀琚：《国际合作理论：批判与建构》，世界知识出版社 2006 年版，第 173 页。

② 宋秀琚：《国际合作理论：批判与建构》，世界知识出版社 2006 年版，第 175 页。

于国家间进行国际合作，对国家的发展起到了一定的促进作用。

从以上国际关系的合作理论分析中可以看出，尽管新现实主义、新自由主义、建构主义国际合作理论存在不同的理论假设和理论观点，对国际合作的认知存在一定的分歧和冲突，但是它们分别从不同的角度对国际合作的动因进行了探析。与新现实主义的霸权相比，自由主义则更加注重国际合作的制度结构。新现实主义从维护自身安全和相对较高的权势地位出发，论述了推动国际合作的国际环境压力因素。而构建主义则从观念层面出发，把国际合作的重点之一放在了共同的文化结构上，进一步提出了"文化合作论"。尽管不同的理论研究学派对国际合作的影响因素有着不同的阐释，甚至还存在很多分歧，但大都认为在国际合作中国家是理性的行为体，共同的利益驱使是开展合作的动因，各国在国际合作中的主要目的是追求国家利益最大化。虽然国家间共同的利益是推动国际合作的一大动力，但从整体来看合作是一个多方进行沟通和协调发展的过程，国家要想实现真正的合作，就需要克服在合作过程中遇到的困难阻碍，各方应合理运用国际制度，共同努力，共谋发展，以最终实现共同的国际合作。进行国际合作是国家间实现国家利益的方式和手段之一，但只有国家意识到进行国际合作重要性的时候，才可能同其他国家开展国际合作项目。同时，只有国家行为体认识到与其他国家进行国际合作可获得可观的利益并对合作的实现形式达成一致时，国际合作的先决条件才会形成。

本研究认为，推动国际合作或是跨境教育合作的动因，并不单是一种影响因素在起主导作用，而是多种因素形成的复杂体。当前，跨境教育合作环境正面临非传统安全威胁上升、全球经济增速放缓、民族和民粹主义泛滥等危机。若各国的合作脱离了本国的实际社会情况，只局限于本国的政治、经济和文化，就会出现合作吸引力不足等问题。因此，国家的合作应跳出传统跨境教育合作的理论局限，对多维理论观点进行综合考量，结合本国实际的多方面因素，以应对教育合作中的困难和挑战。新自由主义的国际合作理论（制度合作论）、新现实主义的国际合作理论（权利合作论）、建构主义的国际合作理论（文化合作论）为本研究深度剖析跨境教育合作的内在动因提供了重要的理论支撑和综合性的分析维度。

(四) 相互依赖理论

相互依赖理论发端于 20 世纪 60 年代，是国际关系处于一个相互依赖时代的理论，在 20 世纪 70 年代得到长足发展。相互依赖关系通常是指在利益上的一种相互关系，即如果其中一个国家的地位发生了变化，那么其他国家也势必受到这种变化的影响。① 相互依赖理论认为各个国家在经济发展的过程中，都不可能是彼此孤立的。任何国家都存在相互依赖关系，只不过依赖程度有所差异。相互依赖则意味着依赖是双向的传递和影响，而不是只作用于某一方。随着国际社会的发展，相互依赖的内容和程度也不断发生变化。②

相互依赖理论的主要内容为：（1）相互依赖是不同国家多种因素之间的相互影响关系。相互依赖的作用程度取决于对交流的限制，一般以各方的利益和付出的代价为衡量标准。（2）相互依赖不等同于利益均等，而是在各国合作中既有平等互利，也存在不平等的相互依赖。（3）相互依赖是一种合作过程，而不是最终目的。（4）相互依赖理论承认国家是国际关系主体的同时，认为非政府间的合作渠道众多，联系紧密，呈现多样化的发展特征。（5）伴随着经济全球化和世界一体化的发展，各国为谋求国家利益纷纷加入合作中。国际关系中的相互依赖与联系是全局性和总体性的大问题，并构成现代国际关系变化的新特点。

相互依赖理论源于自由主义学派，强调合作和合作的可能性。其哲学理念是坚信人是理性的动物，人与人之间的利益矛盾冲突虽不可避免，但不一定会导致纠纷。通过交往、互动、沟通以及建立合理的规章制度，可以实现合作。相互依赖理论认为，国际市场的自由开放和国际经济的繁荣发展可以有效减少国际冲突的发生，最终实现国际合作。当前，学术界已从单一的经济相互依存研究发展到如今包括政治、文化、经济、军事等多元化的相互依存研究，对相互依赖的内涵理解得越来越透彻全面。约瑟夫·奈（Joseph S. Nye）认为，可以从收益、根源、相对成本、

---

① 钟龙彪：《相互依赖理论的变迁及批判》，《天津行政学院学报》2009 年第 5 期。
② 储东涛：《区域经济学通论》，人民出版社 2003 年版，第 10 页。

对称性四个方面对相互依赖的情势加以分析。①在相互依赖的条件下，成本—收益机制、国内政治机制、跨国联盟机制、扩展外溢机制、公共问题机制、国际制度机制六种机制可以导向国家的合作。教育领域中的相互依赖意指以国家之间或不同国家行为体之间的相互影响为主要特征情形。随着经济全球化和国际化的发展，世界各国高等教育在发展过程中都不是也不可能是彼此孤立存在的，各国在教育领域中存在相互依赖关系，只不过依赖的程度有所差异，且呈现多样化特征。教育领域的相互依赖是双向传递和影响，且随着世界经济的迅速发展和科学技术的不断进步各国教育领域相互依赖的内容和程度在不断地发生变化。相互依赖理论为研究欧亚国家间的跨境教育合作提供了重要的理论支撑和分析维度。

（五）区域间主义治理理论

作为国际关系中新出现的一种国际多边合作理论和实践，区域间主义理论受到了大量中外学者的注意和研究。区域间主义的产生并不是近几年才出现的国际关系新现象，最早可以追溯到 19 世纪 60 年代的欧洲共同体与非洲国家达成的合作协议《雅温得协议》。冷战时期以欧盟为首的"集团对集团""集团对单一国家"的区域对话日渐成熟，直到冷战后，随着全球化和区域化以及新区域主义的兴起，区域间主义理论才在全球范围内快速发展。

1. 区域间主义治理的基本内涵

区域间主义治理作为区域主义尤其是后冷战时期新区域主义治理的重要延伸，主要是指来自两个或两个以上特定区域的各类行为体（国家、区域政府组织，或是社会和市场组织），尤其是国家行为体和区域组织行为体，它们通过区域间制度化的联系对所面临的政治、经济和社会文化等方面的共同问题进行管理，从而进一步推动国家、区域以及跨区域的稳定发展。当前，区域间主义治理俨然成为"多层次全球治理"体系中的一种独立治理模式。② 著名新区域主义研究专家赫特纳是较早对区域间

---

① 约瑟夫·奈：《理解国际冲突：理论与历史》，上海人民出版社 2002 年版。
② 郑先武：《区域间主义治理模式》，社会科学文献出版社 2014 年版，第 74 页。

主义进行定义的学者，认为区域间主义主要是指不同区域之间或者不同区域间的国家、集团之间较为正式的和制度化的关系。

赫特纳强调，对这一概念界定的核心标准是在区域内有较为强大的政治行为体角色，需要区域之间组织作为一种积极行为体相互联系，即区域作为一种制度化的整体，它拥有固定的决策结构和强大的行为能力或角色性。在赫特纳看来，区域行为体的角色性与其所在区域的区域性紧密地联系在一起。角色性作为区域性的一种重要功能，其发展程度随区域性水平的变化而变化，这就意味着区域性水平越高，区域行为体的角色性就会越强。从区域行为体的角色性出发以欧洲国家的社会经验性为支撑，将欧洲区域行为体的角色性由低到高可大致分为"区域社会空间""区域社会体系""区域国际社会""区域共同体""制度化的区域政体"五个层次。

赫特纳的这一观念引起了学者们的积极回应，在其理念基础上，从区域行为体的角色性视角对区域间主义的理念进行了具体论述：夏洛特·布雷瑟顿和约翰·沃格勒认为，"角色性"是指一种行为体对其内部发展机制和外部现实环境所展示出的自主性程度，即能够在复杂多变的国际关系中对未来发展目标进行合理规划并据此做出相应的正确决策，以从事带有目的性的活动。它建立在能力、机会和存在三种相互联系的观念之上。两位学者明确指出，由于角色性的核心是国际舞台上有一定影响的政治行为体，所以，它既适用于有角色性要求和能力的政府间组织、超国家组织和跨国公司等非政府组织，也适用于拥有这种要求的像美国这样的强国和欧盟这样的混合行为体。基于对角色性的这一理解，区域间主义概念的范畴就明显被拓宽。汉吉将区域间主义重新定义为来自两个或更多的国际区域的区域组织之间或者一组国家中间的制度化的关系。这样，区域间主义既包括区域组织/集团之间、区域组织/集团与一组国家之间"集团对集团"的制度化关系，也包括区域组织/集团与来自其他区域的第三国之间"集团对单一国家"的对话机制，如欧盟与美国的合作关系；还包括区域组织/集团和来自其他区域的区域组织/集团、国家之间跨区域的制度化建设，如亚太经济合作组织。（郑先武，2014）

与之相似的是，乔格·福斯特将区域间主义定义为至少两个区域合作机构之间政治上制度化的联系，或者包含至少两个区域大多数国家或地区的跨区域的多边制度建设；贝特等人将区域间主义定义为两个或更多的特定区域间互动的形势或进程，即"区域对区域"的制度化区域间关系。学者鲁兰德也对区域间主义提出了类似的定义。

郑先武以上述学者对区域主义的观点为理论基础，引入多元行为体的观点，认为区域间主义即来自两个或两个以上的特定国际区域或次区域的各种行为主体（包括国家和非国家）推动区域间制度化合作的各种思想、观念、计划及其实践进程。这一定义的出发点是基于不同国际区域之间的制度化关系。这种区域间的制度既可以是合作论坛和合作协定等较为正式的机制，也可以是类似一些联盟等实体化组织非正式的机制。因其行为主体的广泛性（单个或多个国家行为体，区域组织或集团，社会组织等非国家行为体），所以区域间主义的合作形式也是多样的，既可以是组织和集团之间的合作，也可以是单一或多个行为体与组织或集团之间的合作，更可以是多元行为体间的跨区域合作。

在前期学者研究的基础上，学者将国际关系理论主要流派（建构主义、新现实主义和自由制度主义等）的观点结合起来，采用"折中主义方法"，将区域间主义的功能细分为制衡与跟从、制度建设、合理化、议题设置、集体认同感建构和促进稳步发展六个方面，鲁兰德习惯于将前五种功能称为"主要功能"（major functions），从而形成了著名的区域间主义"五大功能说"。①

一是权利平衡。在复杂多变的国际关系中，权利平衡既是一种国家政策，也是一种国家体系。权力平衡作为一种政策时，通常被称为"权力制衡"，也就是通过制度规范的构建以改变权力的分配。权力平衡作为一种体系时，也就意味着国际权力的结构趋向处于相对均衡的位置。

二是制度建设。在区域间主义发展进程中制度建设处于绝对的核心位置，是区域持续运行且相互关联的基本原则。制度建设既有国际合作与对话协议、双边及多边合作伙伴关系协定等以官方为主导的契约性的正式制度，也有如元首会议、理事会议等"软制度"下的对话机制以及相关政府颁布的声明和行动计划书等非正式文件，也不断有如区域间联

① 郑先武：《区域间主义治理模式》，社会科学文献出版社2014年版，第74页。

合委员会、理事会等新的决策机制乃至正式的国际组织的产生。

三是合理化。在全球多边制度所承载内容逐渐增加以及区域成员利益日益多元的情况下，全球性多边合作机制的合法性不断受到侵蚀。因此，在全球多边机制和国家之间建立一层合理的区域间机制，使其在一定程度上发挥出"过滤网"的作用，尽可能推动先在小范围区域内达成初步共识，而后再逐层递进到上层决策机制，以促进全球多边机制发展的"提速增效"，尽量有效避免全球多边机制失灵情况的发生。

四是议题设置。议题设置是同合理化高度相关的重要功能，在小范围区域内提出相关议题并通过磋商达成初步共识，而后向上层机构递送。相关上层机构对提出的相关议题给予关注和重视，区域内实力较强的国家或集团组织可能会对议题起到一定的引导作用。

五是集体认同。集体认同通常被认为是行为体之间所产生的互动和联系。区域内国家或组织通过与域外进行互动，以强化本区域内各合作方的凝聚性和集体认同感，从而实现通过区域间主义推动区域发展的效果。

鲁兰德的区域主义观点被其他区域主义研究学者广泛接受，逐步被简化为权力平衡、制度建设、合理化、议题设置、集体认同建构"五种核心功能"。[①] 郑先武采用鲁兰德的"折中主义方法"，结合国际关系和区域主义相关理论，在吸纳借鉴国内外学者相关研究成果的基础上，对区域间主义治理的基础条件和可能实现路径提出了较为全面的看法。他认为区域间主义治理的"基础条件"主要包括区域间主义的权力平衡（balance of power）、认同强化（identitystrengthening）和利益共享（interestsharing）等功能；"可能路径"涉及区域间主义的制度建设（institutionbuilding）、规范扩散（norm diffusion）和议题设置（agendasetting）等功能。两者与区域间主义的核心行为体共同构成区域间主义治理的"综合分析框架"的核心组成部分。对区域间主义的重要功能的探讨虽然只是初步的并以实证性研究为主，但其重要成果为区域间主义实现全球治理提供了重要的知识基础和可能的学术路径。

---

① 郑先武：《区域间主义治理模式》，社会科学文献出版社 2014 年版，第 74 页。

2. 区域间主义治理的基础条件和可能路径

"全球治理"通常是指"管理跨越安全、人权、环境等各种议题领域的国家间关系的制度"，[①] 其主要包含国家部门、政府间和非政府间组织以及跨国组织等拥有相同目标的机构而从事的外部活动。[②] 而国际制度的建立和持续运行需要将权力、利益和认同作为稳步发展的共同基础。[③] 因此，权利、利益和认同等要素也就构成了全球教育治理中必要的核心基础，成为区域间发展所必需的权利（平衡）、利益（共享）和认同（强化）的支撑，并在之后的交流互动和平台互构中共同组成区域间主义治理的"基础条件"。

鉴于"全球治理"就是"建立国际制度和规范的集体行动，以处理有害的超国家、跨国家或国家问题的原因和后果"，区域间主义所具有的制度建设和规范扩散功能，就为之提供了一种可能路径。[④] 而议题设置则着重强调了区域间主义的功能对全球范围内国家、非国家间合作与交流的便利作用，从而进一步将区域间主义与多边层次的全球治理紧密联系起来。"制度建设""规范扩散""议题设置"三者共同组成了区域间主义治理最重要的可能路径。区域间主义治理理论为欧亚跨境教育合作治理方面的研究提供了重要的理论基础。

三　研究的分析框架

从已有文献来看，学者们采取推拉理论、地缘政治理论、治理理论等多元理论探究欧亚跨境教育合作相关问题，为进一步探究欧亚跨境教育合作提供了基础的分析框架。本研究基于推拉理论、地缘政治理论、国际合作论、相互依赖理论、区域间主义治理理论，从"欧亚跨境教育合作系统解构""欧亚跨境教育合作影响因素分析""我国与欧亚跨境教育合作治理"几个核心问题架构本研究的分析框架。

---

① 郑先武：《区域间主义治理模式》，社会科学文献出版社 2014 年版，第 75 页。

② Fred Halliday, "Global Governance: Prospects and Problems," Citizenship Studies, Vol. 4, No. 1 (2000), p. 19.

③ Andreas Hasenclever, Peter Mayer and Volker Rittberger, "Integrating Theories of International Regimes," Reviee of International Stadies, Vol. 26, No. 1 (2000), pp. 3 – 33.

④ 郑先武：《区域间主义治理模式》，社会科学文献出版社 2014 年版，第 86 页。

（一）欧亚跨境教育合作核心问题

1. 欧亚跨境教育合作系统解构

欧亚高等教育空间是不同高等教育国际合作子系统相互作用的复杂系统，具有"多向性"，包括国家间双边合作与欧亚区域内超国家的多边合作（合作主体在三个国家及以上的）子系统：国家间双边跨境教育合作关系子系统（国家间的合作，如俄罗斯—白俄罗斯联盟国家联盟）；独联体、上海合作组织一体化框架下的子系统；以欧亚经济联盟成员国合作发展为背景形成的子系统、"新丝绸之路"（"一带一路"）倡议框架内的新兴子系统。俄罗斯学者认为"一带一路"是在经济合作和意识形态构建"上海精神"的基础上将上述所有子系统联合起来的跨境教育合作系统。而不同的子系统共同构成欧亚跨境教育合作网络。这些子系统不仅包括独联体、上合组织和欧亚经济联盟框架下的子系统，还包括影响欧亚合作发展的欧盟子系统，主要通过执行博洛尼亚协定的规定（目前博洛尼亚进程包括俄罗斯、亚美尼亚、哈萨克斯坦、白俄罗斯），并实施伊拉斯谟＋学术流动计划（目前伊拉斯谟＋计划在欧亚空间的绝大多数国家/地区开展）。

欧亚跨境教育合作子系统具有以下特征：

· 要素的多样性。即包含诸多要素［区域间联盟（例如，俄罗斯—白俄罗斯联盟国、独联体、上海合作组织、欧亚经济联盟）；单一国家；国家和非国家机构；高等教育机构：学生、教师、研究人员等］。

· 要素主要目标的统一性（各国遵从在合作协议和合同文本中确定的发展高等教育领域合作的共同目标。例如，上海合作组织章程中概述目标）。

· 不同子系统各要素之间的关联性（各国家间高等教育领域的联合项目和计划具有关联。例如，独联体网络大学和上海合作组织大学的开设；实施双文凭、学术流动等计划）。

· 要素的完整性和统一性（创建或修订监管框架、制度和国家层面的合作条件，以发展共同的合作体系。例如，在签署关于相互承认教育文件的多边协议后，国家接纳外国公民的条件会相应发生变化）。

· 结构和层级性（参与者的结构清晰，各要素从属于合作系统内部

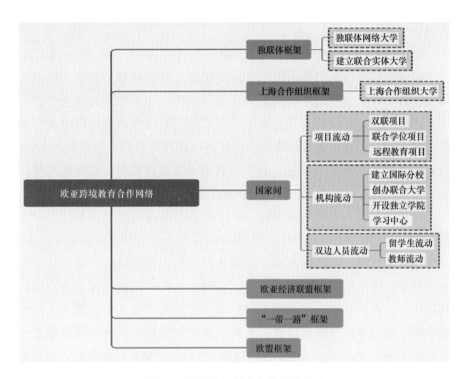

图 1.1 欧亚跨境教育合作系统架构

的管理，合作决策具有层级性和规范性）。

· 相对独立性（国家具有离开该系统和/或进入其他系统的权利，可以与不属于该系统的国家缔结双边协议）。

· 明确的管理特性（共同建立协调部门，负责协调系统参与者互动、制定文件、计划和合作计划、监督教育合作目标和实施过程。例如，独联体人道主义合作委员会）。

根据上述指标，我们将欧亚跨境教育合作整体划分为超国家层次即欧亚区域内多边（合作主体在三个国家及以上）的区域层面的跨境教育合作和国家间的双边合作两个层面进行解析。而超国家的欧亚区域层面的合作，就其合作程度来看，仅将独联体和上海合作组织内部的关系系统归类为功能齐全的系统。同时也是本研究重点研究的领域。国家间子系统是本研究的次重点。而欧亚经济联盟、"一带一路"子系统因合作刚刚起步，其合作仍处于探索阶段，暂不纳入本研究的重点研究范围。因本研究主要考察欧亚国家间的跨境教育合作，因此欧盟子系统也暂不纳入本研究的研究范围。

2. 欧亚跨境教育合作影响因素分析

对于后苏联空间中各国多边合作既积极又谨慎的微妙态度，国内外部分学者从政权生存的立场出发来诠释和解读，却不能充分说明它们对于不同机制参与程度的差异。是什么因素影响着欧亚国家间跨境教育合作？对于这一问题，法国巴黎政治学院高级研究员劳瑞·德尔科（Laure Delcour）根据功能主义理论、自由政府间主义和建构主义提出结构性限制、精英偏好、区域认同三因素分析框架①。

功能主义是关于国际组织的一种学说，它假设国际经济和社会合作的发展是最终解决政治冲突和消除战争的基本先决条件。功能主义认为，一体化就是要建立一种国家相互依赖的网状结构，以解决一系列社会和经济问题，进而消除国家的冲突与加强国际合作。功能性社会或经济机构适应了正在兴起的、已经变化了的或正在消失了的人们的需求。任何组织的结构都是由其自然的或需求的范围所决定的，组织结构是随着功能性需求的出现、改变和消失而发展的。② 相对于早期功能主义，新功能主义修正和发展了其中的一些理论。认为一体化的动因不在于功能性的需求或技术的变化，而在于各种政治力量（利益集团、政党、政府、国际机构）因追求其各自的利益而施加压力所产生的相互作用。虽然新功能主义仍强调功能领域合作对一体化的重要意义，但其对一体化的认识比早期功能主义更加政治化、国家化和制度化，即更加强调一体化作为一个政治过程，注重国家的作用、制度建构、意识形态和价值观念等政治因素。受功能主义和新功能主义理论启发，劳瑞·德尔科认为国家加入区域倡议（合作）受结构性限制。③ 结构性限制侧重考量各国所处的国

---

① Laure Delcour. Between the Eastern Partnership and Eurasian Integration：Explaining Post-Soviet Countries' Engagement in (Competing) Region-Building Projects [J]. Problems of Post-Communism, 2015 (6)：316 –327.

② 白云真、李开盛：《国际关系理论流派概论》，浙江人民出版社 2009 年版，第70—71 页。

③ Laure Delcour. Between the Eastern Partnership and Eurasian Integration：Explaining Post-Soviet Countries' Engagement in (Competing) Region-Building Projects [J]. Problems of Post-Communism, 2015 (6)：316 –327.

内外环境，包括国际、地区与国内三个层面。相较国际层面的结构而言，地区与国内结构的影响更为直接。而地区结构一般折射在地区合作机制内部的权力分配中，权力的分配平衡程度直接影响各国的参与度。[1] 国内结构则指各国政治、经济、社会文化等领域的相互依赖关系。

自由政府间主义是美国普林斯顿大学教授安德鲁·莫拉维切克（Andrew Moravcsik）在政府间主义的基础上进行修正和发展出的区域一体化理论。其核心思想认为，"一体化是一系列理性选择的产物，特别是经济利益、相对权力、可靠承诺三个因素在国内利益集团之间和欧盟层面的成员国之间博弈的结果。"[2] 受自由政府间主义理论影响，劳瑞·德尔科（Laure Delcour）认为建立在自由政府间主义理论基础上的精英偏好是指国家精英对这种限制的认知以及在决策中的价值倾向。[3]

建构主义的社会本体论（观念本体论）与传统理论的物质本体论（实在本体论）相对应。以现实主义为代表的等主流理论一般认为，世界是独立于人之外的物质事实，是一种客观实在。而社会本体论（观念本体论）则一般把世界视为实践活动的产物，是一种社会事实或社会类别，理解为一种观念的建构。在建构主义者的观念中，社会世界是一种主体间集体意义的世界。主体间意义并不是个体观念的集合或简单相加，而是作为集体知识或共同知识存在的，这种集体知识为所有具备从事社会实践资格的个体共同拥有。这种社会本体论反映在结构观中，则体现为社会结构或者是观念结构论。"传统主流理论中的物质结构指的是国际行为体之间的实力分配状况，而社会结构则指一种观念分配，是施动者之间的共有知识，其中包括信仰、规范和认识。"[4] 受建构主义理念影响，劳瑞·德尔科认为，区域认同是影响地区一体化合作的重要因素。建构主义理念下的区域认同强调观念因素，认为地区是通过社会化和基于思

---

① 初智勇：《俄罗斯对外结盟的目标形成及影响因素——基于权力结构、地缘关系、意识形态视角的分析》，《俄罗斯研究》2015 年第 3 期。

② 张茂明：《欧洲一体化理论中的政府间主义》，《欧洲》2001 年第 6 期。

③ Laure Delcour. Between the Eastern Partnership and Eurasian Integration：Explaining Post-Soviet Countries' Engagement in（Competing）Region-Building Projects［J］. Problems of Post-Communism, 2015（6）：316 – 327.

④ 白云真、李开盛：《国际关系理论流派概论》，浙江人民出版社 2009 年版，第 224—225 页。

想、规范和价值观的（区域）身份构建的。因此国家参与区域倡议（合作）源于共同的认同感。

从结构制约、精英偏好和区域认同的角度评估欧亚国家参与地区跨境教育合作，可实现结构与国家能动性两方面的结合，较为全面。欧亚各国所面临的地区结构大同小异，故各国国内结构、精英偏好和区域认同，在很大程度上决定了各国是否以及在多大程度上参与合作。劳瑞·德尔科提出的结构制约、精英偏好和区域认同"三因素"分析框架为本研究分析跨境教育合作的影响因素提供重要理论参考。

3. 区域间主义治理理论视野下的跨境教育合作治理

根据区域间主义治理理论，结合跨境教育合作治理的实践，从区域间主义治理主体、区域间主义治理结构和区域间主义治理机制三个维度出发分析欧亚跨境教育合作治理核心问题。

首先，区域间主义治理主体是推动区域间主义治理进行的核心行为体。国家行为体、国家间与全球性组织和非国家行为体在区域间主义治理进程中，共同构成"利益攸关者"互动的区域间协调关系，推动区域间主义的发展。在区域间跨境教育合作治理过程中，超国家政府组织、国家政府、高等教育机构、非政府组织、社会学术团体等非国家行为体共同参与，推动跨境教育合作开展。

其次，跨境教育合作治理结构。区域间治理的结构主要包括三种形式：共享的参与治理、领导组织治理以及区域行政组织治理。选择何种治理结构能够实现有效治理，主要取决于以下影响因素：信任、规模、目标一致性和区域能力需求。当信任在整个区域参与者（合作主体）之间广泛共享、合作规模较小、区域合作的目标一致性较高、对区域能力的需求较低时，共享的参与治理最为有效。当信任在区域参与主体之间表现为低密度的特征，整体参与者规模中等、区域间目标一致性中低以及区域间能力需求中等时，领导组织治理最为有效。而当信任在区域间参与者之间表现为中等密度的特征，区域间参与者规模较大，区域政体目标一致性中高以及区域能力需求较高时，区域间行政组织治理最为有效。结合我国跨境教育合作治理的实践，以及欧亚跨境教育合作的政策时态，在欧亚跨境教育治理结构中选择参与治理更贴合我国的实际情况。

最后，区域跨境教育合作的治理路径。鉴于"全球治理"就是"建立国际制度和规范的集体行动，以处理有害的超国家、跨国家或国家问题的原因和后果"①，区域间主义所具有的制度建设和规范扩散功能，就为之提供了一种可能路径；而议题设置强调区域间主义所产生的制度建设和规范扩散对全球层面的沟通和合作具有便利作用，从而将区域间主义与多边层次的全球治理联系起来。三者共同构成区域间主义治理的最重要的路径。

（二）欧亚跨境教育合作分析框架

本研究以地缘政治理论、推拉理论、区域间主义治理理论等相关理论为指导，综合采用文献研究法、比较分析法、历史研究法、社会网络分析法对研究主题进行探讨。"一带一路"与大欧亚伙伴关系战略对接的背景下，通过剖析深化我国与欧亚国家跨境高等教育合作的意义与价值展开本研究的研究讨论。

第一，在文献综述和理论基础部分运用文献研究法对学术界现有的文献进行细致的梳理、归纳和分析，使本研究在充分了解现有的研究成果的基础上全面地进行。

第二，综合采用历史研究法、文献研究法分析探寻 1991 年至 2021 年三十年间欧亚国家跨境高等教育合作的历史进程与阶段特征。基于合作的历史背景、政策文本、现实发展等将欧亚国家跨境高等教育合作划分为三个历史阶段，并分别探析不同阶段各国间跨境高等教育合作的制度机制、实施举措、合作成果等问题。

第三，在剖析欧亚国家跨境教育合作三十年历史演进、体制机制、实施举措及合作成果等问题的基础上，为了对欧亚国家跨境高等教育合作进行多方面解剖，从不同主体视角探寻多边合作。立足于区域视角，利用定量的研究方法——社会网络分析法，选取欧亚国家间跨境高等教育合作流动的关键指标，对欧亚国家跨境教育合作关系进行实证分析。测算欧亚国家之间跨境高等教育合作主体间的紧密程度，透视其关系特征并按照合作强弱关系对合作国别进行梯度布局和差异化分类。

第四，借鉴劳瑞·德尔科的"三因素"分析框架，对欧亚国家跨境

---

① 郑先武：《区域间主义治理模式》，社会科学文献出版社 2014 年版，第 86 页。

高等教育合作的影响因素进行分析。

　　第五，通过前期研究成果归纳欧亚国家跨境高等教育合作的挑战、趋势，在全面了解我国与欧亚国家跨境高等教育合作现实发展的基础上，对我国推动与欧亚跨境高等教育合作提出对策建议。(具体分析框架如图1.2)

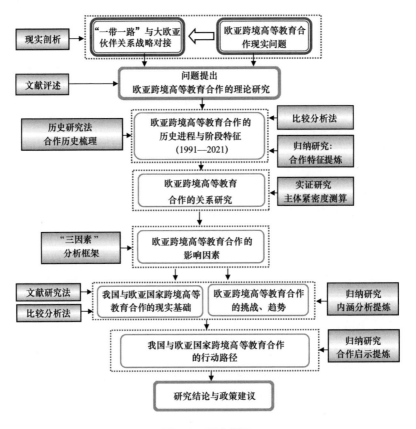

图1.2　研究框架

第二章

欧亚跨境教育合作的历史进程
与阶段特征

    1991 年，苏联解体，欧亚国家相继独立，原苏联统一教育空间也随之被瞬间割裂，欧亚各国相继建立了属于自己的独立教育体系。随着独立国家联合体的成立，欧亚各国在教育领域之间的关系也得以重塑，由苏联时期一国体制内"中央到地方"的垂直领导关系逐渐转变为以俄罗斯为主导的主权国家之间的横向合作关系。1996 年，俄罗斯提出在独联体框架下建立独联体统一教育空间的构想，并对未来实现这一目标进行了初步设计。这一构想的提出得到了独联体国家的支持和响应，并于 1997 年 1 月缔结了《形成独联体统一教育空间的构想》，为独联体框架下的欧亚跨境教育多边合作奠定了坚实基础，也标志着欧亚跨境教育合作迈向全面构建教育一体化空间的新征程。近年来，伴随着世界政治格局的风云变幻、经济全球化快速发展、区域一体化进程不断加快、高等教育市场化和教育服务贸易自由化以及现代信息技术的提升等，欧亚国家间人员交流日益密切，项目和机构合作稳步推进，独联体统一教育空间正在建构，跨境教育合作进程持续推进。

    欧亚国家跨境教育合作的顺利推进，离不开苏联时期各国共同的历史、地缘和文化联结以及基于历史发展而形成的相同的高等教育体系。追溯历史，苏联时期，各国隶属于苏维埃社会主义共和国联盟，各国都处于一个单一的国民经济综合体中，拥有统一的教育空间。这一时期几乎所有欧亚国家的学生都在苏维埃大学学习〔既有本国，也有俄罗斯苏维埃联邦社会主义共和国（РСФСР）的大学]①，只有少数人在合作交流项目和语言实习的框架内，去东欧的大学（属于苏联的一部分），西欧的大学以及亚洲和北美的大学（很少见）进修。② 苏联解体前，苏联大学中的外国学生人数达到 12.65 万人，占世界外国学生总数的 10.8%。20 世纪 80 年代，苏联留学生数量仅次于美国，位居世界第二，90 年代仅次于美国和法国，位居世界第三。③ 在 1992/1993 学年的美国各大学中，大约有 850 名来自苏联的留学生，其中包括来自俄罗斯苏维埃联邦社会主义共和国的 654 人。④ 苏联时期的高等教育曾被公认为是世界上最优秀的教育之一，得到了国际社会的普遍认可，吸引了来自世界不同国家和地区的学生到苏联大学进行学习和进修。如表 2.1 和表 2.2 所示，1950/1951—1990/1991 学年在苏联大学学习的外国学生人数和所占比重及在苏联大学学习的外国学生在全球外国学生队伍中的占比情况。

表 2.1　　1950/1951—1990/1991 学年在苏联大学学习的外国学生
人数动态及其在苏联大学所有学生中占比变化

学年	在苏联大学学习的外国学生人数（千人）	苏联大学在校生总数（千人）	外国学生占比（%）
1950/1951	5.9	1246.0	0.5
1960/1961	13.5	2396.1	0.6

---

① Больше всего в составе студентов вузов РСФСР было выходцев с Украины, Белоруссии, Армении и Грузии. См.: Состав студентов высших учебных заведений и учащихся средних специальных учебных заведений по национальностям союзных и автономных республик и автономных областей [3. С. 197].

② Возможность учиться за границей (в основном на старших курсах и, как правило, не более одного года) имели до начала 1980 – х гг. менее 0, 1% студентов и аспирантов высших учебных заведений СССР.

③ Иванова Т. Д. Учебные мигранты из стран снг на российском рынке образовательных услуг (по результатам социологического исследования) [J]. Научные труды: Институт народнохозяйственного прогнозирования РАН. 2010 (8): 627 – 643.

④ Арефьев А. Л., Арефьев П. А. Международная академическая мобильность на постсоветском пространстве [J]. СОТИС-социальные технологии, исследования, 2017 (4): 95 – 102.

续表

学年	在苏联大学学习的外国学生人数（千人）	苏联大学在校生总数（千人）	外国学生占比（%）
1970/1971	25.6	4580.6	0.6
1980/1981	88.3	5235.2	1.7
1990/1991	126.5	4853.0	2.6

数据来源：俄罗斯教育科学部. Экспорт российских образовательных услуг статистический сборник 2019 ［EB/OL］. https://docviewer.yandex.ru.

表 2.2　1950/1951—1990/1991 学年在苏联大学学习的外国学生在全球外国学生队伍中的占比变化

学年	世界留学生总数（千人）	在苏联大学学习的外国学生人数（千人）	在苏联大学学习的外国学生在全球外国学生队伍中的比例（%）
1950/1951	110.0	5.9	5.4
1960/1961	231.4	13.5	5.8
1970/1971	447.8	26.2	5.9
1980/1981	915.8	88.3	9.6
1990/1991	1168.1	126.5	10.8

数据来源：俄罗斯教育科学部. Экспорт российских образовательных услуг статистический сборник 2019 ［EB/OL］. https：//docviewer.yandex.ru.

从表2.1和表2.2可以看出，1950/1951—1990/1991学年在苏联大学学习的外国学生人数逐渐递增，1950/1951学年在苏联大学学习的外国学生人数为0.59万人，到1990/1991学年增长至12.65万人，外国留学生占比从1950/1951学年的0.5%跃升为1990/1991学年的2.6%。同时，在苏联大学学习的外国学生在全球外国学生队伍中的占比较大，且同样呈逐步增长态势，从1950/1951学年的5.4%提升至1990/1991学年的10.8%，说明苏联时期与外界的教育交流合作日益紧密，高等教育在世界领域的影响力逐渐扩大。

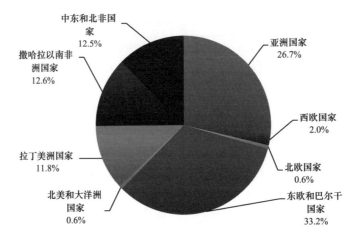

**图 2.1 1950/1951—1985/1986 学年在苏联大学接受教育的
外国学生所占比例，按世界主要国家和地区划分**

数据来源：俄罗斯教育科学部．Экспорт российских образовательных услуг статистический
сборник 2019 ［EB/OL］．https：//docviewer．yandex．ru．

　　苏联时期，作为世界超级大国之一的苏联拥有世界公认的高水平的
高等教育体系，吸引着来自亚洲国家、东欧和巴尔干国家、拉丁美洲国
家等世界主要区域和国家的学生，（如图 2.1）高等教育国际合作稳步发
展。此外，苏联时期在教师和专家学者学术流动方面也成绩斐然。自苏
联成立以来，一直在积极吸引外国学生到苏联的大学中学习。1960 年 2
月 5 日，根据苏联部长会议的一项法令，在莫斯科人民友谊大学培养来
自发展中国家的专家。同时推进教师和科学家的交流，当时这种交流在
世界高等教育领域中并不常见，但规模相当大。[①] 虽然当时未使用"学术
流动"一词，但当时苏联为发展中国家和社会主义阵营国家培养外国学
生和研究生，培养国家人才，对发展中国家的影响很大。不得不说，苏
联时期的学术流动政策非常成功，这对苏联与一些向苏联输送学生的国
家的关系产生了积极影响。苏联时期五十余年的统一教育空间历程，为

---

① Язанцев С. В.，Ростовская Т. К.，Скоробогатова В. И.，Безвербный В. А. Международная
академическая мобильность в россии：тенденции，виды，государственное стимулирование ［J］.
Экономика региона，2019（2）：420 – 435.

欧亚各国奠定了坚实的跨境教育合作基础。

1991年苏联解体以来，伴随着区域经济一体化的大力推进，欧亚各国间的关系得到迅速发展，纷纷建立了战略合作伙伴关系，逐渐形成了多方位、多层次的合作框架体系和发展机制，各国在多领域的务实合作中取得了较为丰硕的成果。特别是在科技、文化、教育，作为欧亚区域一体化建设重要支撑的优先领域，交流合作不断拓展、深化，呈现良好的发展前景。苏联解体三十年间，欧亚国家跨境高等教育合作经历了一个探索、建构与相互交融的过程。在此过程中，跨境教育合作特征不断演化，体现为以制定合作制度框架为核心、将构建独联体统一教育空间作为优先方向、注重体制机制深化与合作模式创新三个历史阶段。

一 初步建立合作关系：以制定合作 制度框架为核心（1991—1996）

1991年，随着苏联的解体原有的政治格局也被逐渐打破，由之前分别以苏联和美国为首的东西方两大阵营对抗转变为以美国为首的一超多强的新政治格局，形成了各国在政治、经济、社会文化等多领域合作与竞争的主流国际关系。解体后的俄罗斯虽然继承了前苏联大部分的遗产，拥有广阔的领土面积和强大的军事实力，但经济改革形势不容乐观，经济领域发展缓慢，综合国力和国际影响力也较苏联时期有所下降。为了维护自身的国家利益，提升在国际上的地位与影响力，以及对抗美国一家独大的超级霸主地位，俄罗斯迫切需要与其他国家之间加强交往与联系，通过同其他国家进行国际联盟与合作，改变目前的现状。而相对于苏联解体后相继独立的其他欧亚国家来说，基于本国的政治、经济和安全等方面考量，以及苏联时期传统上的经济联系、在生产分工体系、基础设施、能源出口体系、外债等方面较高的相互依赖程度，再加上独立初期的迷茫和共同的历史文化基础，欧亚各国普遍对维系苏联时期的政治格局表示基本认同。因此，在苏联解体后不久就迅速成立了地区性组织——独立国家联合体。俄罗斯作为苏联解体后的主要继承国，虽然综合实力和国际地位无法与苏联相提并论，但就军事实力、领土面积、人口数量和自然资源等方面而言，远是其他欧亚国家无法比拟的。俄罗斯虽自苏联解体的最初阶段，在对外关系上具有投入西方怀抱的倾向性，将欧亚其他国家看作沉重的"包袱"，但其自认为是后苏联空间的绝对领导者与空间安全的保障者，应对后苏联空间中的其他国家有政治主导和战略方向支配的权利。① 俄罗斯基于这种意识形态的认知以及在独联体中的领头作用，合作也就顺理成章地成为欧亚各国在多领域的重要主题。教育作为一个国家"软实力"的重要载体，有着不可估量的作用。随着欧亚国家合作的增多，高等教育领域的跨境交流与合作已逐渐成为欧亚各国加强区域联系，维系地缘政治纽带的重要方式。

（一）缔结双边及多边跨境教育合作协议

1. 初步建立国家间双边合作关系

苏联解体初期，欧亚国家逐步搭建跨境教育合作双边关系。1991 年，伴随着苏联大厦的倾覆，原本统一的苏联教育空间也被瞬间割裂开来，欧亚国家纷纷建立了各国独立的教育系统体系。随着独立国家联合体的成立，欧亚各国在教育领域的关系也得以重塑，逐步向以俄罗斯为主导的主权国家的横向合作关系转变。② 欧亚各国独立初期，欧亚国家双边合作关系迅速建立，政府间签署了大量有关教育合作方面的协议和文件，如 1993 年 3 月俄罗斯政府和乌克兰政府签署了《俄乌政府关于文化、教育、科技、信息、体育与旅游合作协议》，1994 年 3 月俄罗斯政府和哈萨克斯坦政府签署了《俄哈政府间关于文化、科学与教育合作协议》《俄哈政府间在培养和评定高级职称科研人员和科教干部方面合作协议》，1995 年 5 月俄罗斯政府和塔吉克斯坦政府签署了《俄塔政府间关于文化、科学、教育、信息、体育与旅游合作协议》等。此外，欧亚国家部门间也签署了教育领域合作的相关协议和文件，如在 1992 年 10 月和 1993 年 4 月俄罗斯和哈萨克斯坦相关部门分别签署了《俄罗斯联邦教育部和哈萨克斯坦教育部的教育合作协议》《俄罗斯联邦国家高等教育委员会和哈萨克斯坦教育部教育合作协议》等大量的双边教育合作协议，推动了双方

---

① 李新：《普京欧亚联盟设想：背景、目标及其可能性》，《现代国际关系》2011 年第 11 期。

② 刘淑华、姜炳军：《独联体统一教育空间的建构》，《比较教育研究》2014 年第 1 期。

跨境教育合作方面的实际进展。

苏联解体初期，由于欧亚各国内部分离与独立倾向严重，且都处于社会政治和经济转型的艰难历史时期，其国家大部分的财政收入多用于政治、军事、经济等领域，而对于教育领域的财政投入相对较少，因此，这一时期的教育合作在欧亚国家的关系中并没有被赋予优先性意义。且随着边界的陆续开放以及世界其他各国更加广泛教育机会的涌现，使得欧亚各国的年轻人开始调整自己的求学方向，前往欧洲、美洲以及一些亚洲和阿拉伯国家学习，欧亚国家之间跨境教育合作与交流相对较少。

2. 初步提出教育一体化构想

随着独联体区域一体化的推进，独联体框架下各国初步提出了教育一体化构想。真正意义上区域内的欧亚国家跨境教育合作起始于 1992 年 5 月。当时的白俄罗斯、俄罗斯、亚美尼亚、摩尔多瓦、哈萨克斯坦、吉尔吉斯斯坦、塔吉克斯坦、土库曼斯坦、乌兹别克斯坦、乌克兰 10 个国家的政府首脑签署了《教育领域合作协议》，协议中指出，参与国要保证所有居住在独联体领土上的公民享有平等的受教育权；关于学历、学位、职称等文件的承认问题，由参加国共同协商解决；参加国的科研和教学人员的国家认证机构可以对其他国家的公民进行认证等方面达成一致意见；参与国将促进教育机构在教育领域合作伙伴关系的维持和发展，以及在互相签署协议的条件下进行人员流动；等等。《教育领域合作协议》是独联体框架多边跨境教育合作的首个政策文本，标志着独联体框架下的多边跨境教育合作关系逐步建立。1996 年俄罗斯联邦政府与白俄罗斯共和国政府共同签署了《共同教育条约》，双方决定在自愿的基础上，两国建立一个高度一体化的政治、经济和文化的共同体，为提高两国人民的生活水平和人文发展创造平等的有利条件。同年，俄罗斯、哈萨克斯坦、白俄罗斯、吉尔吉斯斯坦四国签署了《关于深化经济和人文领域一体化的条约》，在区域政治经济一体化的驱动下，初步提出了教育一体化的初步构想，为进一步推动独联体框架下国家间多边的跨境教育合作奠定了坚实的基础。

(二)建立跨境教育合作机制

1991年以来,为推动跨境教育合作的深入开展,独联体框架下跨境教育合作的工作机制初步建立。在双边合作如火如荼地进行时,独联体框架下的欧亚国家的多边合作却推进缓慢,实质性的多边合作没有得到具体落实。1992年,独联体框架下白俄罗斯、亚美尼亚、哈萨克斯坦、吉尔吉斯斯坦、摩尔多瓦、土库曼斯坦、俄罗斯、塔吉克斯坦、乌兹别克斯坦、乌克兰10个国家的政府首脑签署了《教育领域合作协议》,该协议第11条规定:"为审议本协定的具体实施和国家间开展教育领域合作的其他问题,参与国认为应定期召开教育主管部门负责人会议。"① 并在此协议的基础上签署了《关于定期举办独联体成员国教育部长代表大会的塔什干协议》,同意成立独联体国家教育部长会议,从而进一步为推动建立独联体共同教育空间以及促进教育一体化的形成奠定了一定的法律基础,同时也为欧亚国家跨境教育合作的积极开展提供了必要的制度保障。② 1992年和1993年欧亚国家共同召开了两次独联体教育部长会议,经各方协商签署了"关于制定统一教育标准,建立文凭互相承认机制的决议"等协议文件。但欧亚各国在之后的四年时间,由于国家内部矛盾冲突不断,故约定的独联体教育部长会议没能如期召开,之前在会议上通过的相关协议文件也都形同虚设,未能得到具体落实。

在专门的教育领域工作机制尚未完全搭建前,独联体框架下的各组织部门在国家间跨境教育合作中发挥着重要作用,如独联。1991年12月8日,俄罗斯联邦总统鲍里斯·叶利钦、乌克兰总统列昂尼德·克拉夫丘克和白俄罗斯共和国最高委员会主席斯坦尼斯拉夫·舒什凯维奇在别洛韦日斯卡亚·普什恰签署了关于建立独联体——新的国际区域组织的相关协定,将总部设立在白俄罗斯共和国首都明斯克。同年12月21日,除

① Соглашениео сотрудничестве в области образования [EB/OL]. (1992-05-15)[2022-02-05]. https://lex.uz/docs/2601725.

② 王正青、王铖:《建设教育共同体:俄罗斯强化与中亚国家教育合作的路径与机制》,《外国教育研究》2021年第2期。

格鲁吉亚和波罗的海三国外的其他苏联加盟共和国都加入了独联体成员国。自此独联体国家为日后合作的顺利开展，开始建立共同的组织机构，其中代表之一就是独联体成员国议会间大会。1992 年 3 月 27 日，在哈萨克斯坦最大的城市阿拉木图，白俄罗斯共和国、俄罗斯联邦、亚美尼亚共和国、哈萨克斯坦共和国、吉尔吉斯斯坦共和国、塔吉克斯坦共和国和乌兹别克斯坦共和国共同签署了关于设立独联体成员国议会间大会的协定。该组织被设想为一个咨询机构，讨论各种政治和社会经济问题、议会合作的各个方面以及其他共同关心的问题。独联体成员国议会间大会的主要任务之一是制定推荐立法法案，用于成员国合作需共同遵守的法律法规。

1992 年 9 月 15 日，独联体成员国议会间大会第一次全体会议在吉尔吉斯斯坦首都比什凯克召开。此后，独联体成员国议会间大会已举行了五十三次全体会议，有来自与会国和其他国家的重要部门领导参加，会议通过了约 600 份不同的协议文件。1993 年至 1995 年，阿塞拜疆共和国、格鲁吉亚和摩尔多瓦共和国的立法机构签署加入了《关于建立独联体议会间大会协定》的议会。1995 年 5 月 26 日，独联体国家元首理事会在白俄罗斯首都明斯克举行的会议上，独联体国家元首共同签署了《独联体成员国议会间大会公约》，最终确定了独联体成员国议会间大会作为一个独立的国家间组织的重要合法地位。独联体成员国议会间大会作为独联体成员国间的国际机构，在推动欧亚国家多领域合作中发挥出重要作用。

在此期间，白俄罗斯、亚美尼亚、阿塞拜疆、格鲁吉亚、哈萨克斯坦、吉尔吉斯斯坦、摩尔多瓦、俄罗斯、塔吉克斯坦、乌兹别克斯坦、土库曼斯坦和乌克兰等国家根据《关于设立独联体成员国文化合作委员会的协定》于 1995 年 5 月建立了独联体文化合作委员会（Совет по культурному сотрудничеству，СНГ）。该委员会成立的目的是协调独联体成员国间文化领域的互动并解决遇到的相关问题；组织和执行由国家元首理事会、政府首脑理事会、外交部长理事会和独联体经济理事会通过的与理事会权限有关的协议决定；审议独联体成员国之间的教育文化合作问题；通过各国社会文化当局、区域和国家文化协会、文化和艺术工作者协会、高等教育机构等组织发展独联体成员国之间的跨文化与教育交流合作等相关工作。独联体文化合作委员会的建立，增强了各成员国之间的互动联系，推动了跨境教育合作在欧亚国家的开展。

（三）促进国家间人员和机构跨境流动

自 1991 年苏联解体至 1996 年，随着欧亚国家政治、经济等领域合作关系的逐步搭建，欧亚跨境教育合作与交流逐步开展，在跨境留学生、教师等人员流动，跨境项目流动以及跨境教育机构流动方面取得了一定的成效。

1. 国家间人员流动逐步启动

人员跨境流动，通常包括学生（被培训者）跨境学习和教师（培训者）跨境进修、学术合作、海外分校任教两个方面。人员跨境流动相当于世贸组织框架下的境外消费和自然人境外流动两种方式之和。[①] 学生（被培训者）通过去国外大学留学、参加交换项目或去国外进行调研等方式进行流动。学生跨境流动所需要的资金可以通过政府奖学金、院校间的互换协议、他人资助或自筹等方式获取。教师（培训者）通过参与教学科研活动、学术访问、参加研讨会和其他专业活动等方式进行流动。其资金来源主要是院校提供资金、自筹或他人资助经费支持。人员跨境流动是跨境教育实现的重要形式之一，在跨境教育中占有较大的份额。欧亚跨境教育合作的人员流动主要从学生跨境流动和教师跨境流动两方面进行考量。

（1）学生的跨境流动

欧亚国家在双边及多边合作协议框架下逐步开展跨境教育合作。学生的跨境流动是欧亚各国跨境教育合作实现的重要形式，同时也是欧亚跨境教育高等合作的最大组成部分。学生跨境流动除传统的留学方式外，还包括在本国高校中学习由其他国外大学提供的专业课程、在本国高校学习部分课程后再到其他国家的高校学习余下的专业课程等。自20 世纪 90 年代以来，欧亚国家跨境教育合作中学生跨境流动的形式越来越多样化，内容也越来越丰富。学生跨境流动目的并不唯一，主要包括为学习、访问和研究而进行的跨境流动。跨境流动期限也不固定，包

---

① 兰军：《跨境教育研究》，中国社会科学出版社 2012 年版，第 49 页。

括长期跨境流动和短期跨境流动两种类型。长期跨境流动是指流动期限超过一年的流动活动，大多是学生为在国外完成学业而长时间的停留；短期流动则指流动期限不超过一年的流动活动，如短期的学生交换项目、大学暑期夏令营等。学生跨境流动的资金来源主要分为自费和公费两种形式。学生自费跨境流动是指流动期间所有的花销全部由自己或者家庭提供支持；而学生公费跨境流动主要指流动期间所有的花销由国家政府、所在学校或他人资助等提供全部或部分资金支持。从留学生学位授予情况来看，可将学生跨境流动分为单一学位流动和多重学位流动。单一学位流动指学生在跨境流动后所取得的学历学位是由一个国家授予的，而多重学位流动后取得的学历学位多是由两个或两个以上国家共同授予的。

在双边及多边教育合作协议的推动下，欧亚国家间人员流动逐步开展。根据俄罗斯国家统计局数据显示（见图2.2），1991年苏联解体以来，从1992/1993学年开始至1996/1997学年，欧亚国家间留学生流动受到国家政权和国际关系负面影响较大。这期间俄罗斯国立和市立高等教育机构中学习的欧亚国家学生人数虽呈递减趋势，但仍存在互动合作。1996/1997学年，在俄罗斯国立和市立高等教育机构中学习的白俄罗斯、阿塞拜疆、亚美尼亚、格鲁吉亚、哈萨克斯坦、吉尔吉斯斯坦、摩尔多瓦、塔吉克斯坦、土库曼斯坦、乌兹别克斯坦和乌克兰等欧亚11个国家的学生人数达到3.25万人，其中，全日制学生人数为2.25万人。

在苏联解体后的最初几年，大多数俄罗斯的大学通常将欧亚国家留学生等同于来自俄罗斯远在国外的学生。一般，这些国家的外国留学生与俄罗斯本国的留学生享受同等待遇，以莫斯科国立大学为首的一些公立大学在招收欧亚及独联体其他国家的留学生方面积极做出回应。独联体的每个公民都可以在与俄罗斯公民同等条件下进入莫斯科国立大学学习，并获得奖学金和宿舍。莫斯科国立大学不仅早在1992年就宣布了这一原则，而且将其放在其大学章程和学术委员会的决定中。

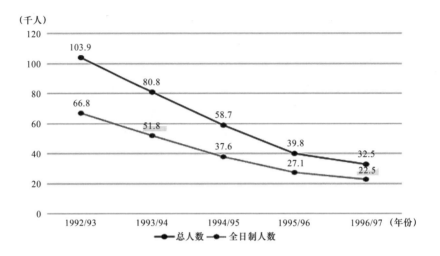

图2.2 1992/1993—1996/1997 学年在俄罗斯国立和市立高等教育机构中学习的欧亚国家学生人数

数据来源：Российский статистический ежегодник，1999［EB/OL］．https：//istmat. org/node/45390.

（2）教师的跨境流动

教师的跨境流动也是欧亚跨境教育合作中人员流动的主要形式之一。教师跨境流动是指在高等教育机构中从事教学、科研的教师、专家学者等，通常是由所任职的高等教育机构因科研项目要求、建立海外分校、自身职业发展需要等而被派往前往其他国家的高等教育机构从事非学历学习、科学研究以及教学等活动。自20世纪90年代以来，随着信息技术的快速发展，知识全球化的进程也在不断加速推进，欧亚各国需要更广泛的跨国别、跨高校的研究与合作，致使欧亚国家跨境教育合作不断增加。伴随而来的是各国家专家、学者国际交流的扩大，教师的跨境流动更为频繁。欧亚国家间跨境教育合作项目为教师和相关研究人员的长期或短期流动提供了重要平台。通过双边和多边教育领域合作协议欧亚各国的教师和研究人员可以到其他国家的高等教育机构进行学术访问和科研项目交流，学习国外先进的教育制度等。

2. 建立国家间合作办学机构和独立分校

苏联解体以来，国家间合作办学机构和独立分校创办发展，欧亚国家开始相继创建俄语民族（斯拉夫）大学。1992年，俄罗斯联邦和吉尔吉斯斯坦共和国签署了友好、合作和互助条约，作为独联体第一所联合高等教育机构，斯拉夫大学于1993年在比什凯克成立，为欧亚国家双重隶属大学奠定了坚实基础。随后，塔吉克斯坦的俄罗斯—塔吉克斯拉夫大学（1996），亚美尼亚的俄罗斯—亚美尼亚斯拉夫大学（1997）相继建立，合作办学机构初步发展。苏联解体初期，欧亚国家联合大学在各项活动中存在资金不足，图书资源短缺、技术水平落后、教育设备落后等困难。但是尽管存在这些严重问题，联合大学无疑在加强和发展欧亚及独联体成员国之间的跨境教育合作方面发挥了至关重要作用，在实践中实现了在欧亚各国形成共同教育空间的任务。在俄罗斯国立大学的倡议下，其代表处和分支机构相继在欧亚各国成立并注册。

总体而言，20世纪90年代初期，欧亚国家双边及在独联体框架下的多边跨境教育合作虽已启动，表现出积极态势，但仍停留在制度建设的初级阶段，国家间实质性的跨境教育合作并未取得显著的成效。独立初期，俄罗斯综合实力和区域影响力受到削弱，以及在转型阶段的自顾不暇，导致俄罗斯缺乏推动欧亚国家间及独联体区域内共同合作的力量。此外，欧亚国家间的转型升级差异和普遍矛盾约束，以及政治和经济领域重建任务的复杂性和艰巨性，使得欧亚国家很少有时间和能力顾及国家外部跨境教育合作问题。欧亚国家在20世纪90年代几乎所有的区域合作政策都具有即时反应和机会主义特征，缺乏一定的战略性。这也使得欧亚国家间跨境教育合作未能取得实质性的进展，主要还停留在制度建设的初级阶段以及次区域层面。尽管欧亚国家跨境教育合作领域的众多重要问题尚未解决，但国家机构在形成共同教育空间方面的工作取得了一定的积极成果，为欧亚国家进一步开展跨境教育合作奠定了坚实的基础。

二 打造教育共同体：将构建统一教育空间作为优先方向（1997—2006）

经过一段时间的平稳过渡，欧亚国家的政治局势逐渐趋向稳定，国家间共同签订了《集体安全条约》《经济联盟条约》等安全和经济领域的互助条约。从 20 世纪 90 年代中期起，欧亚国家按照不同的利益需求组建了"俄白联盟"等国家间合作组织。随着经济的快速发展，对高水平人才的市场需求不断加大，各国急需多领域的人才以加快国家建设。由于苏联的解体使得欧亚国家获得了主权，但也使它们共同经历了教育领域的严重创伤。因此，开展跨境高等教育合作成为各国人才培养的重要途径。在政治和经济一体化的推动下，教育领域的一体化逐渐得到欧亚国家的重视和发展。

由于独立初期欧亚各个国家内部独立和分离的倾向严重，各国政治、经济重建的任务复杂艰巨等诸多因素，使得新独立的主权国家主要忙于国家政治经济基本权力结构的重建，无暇顾及其他领域合作问题。1991—1996 年，欧亚国家间的教育领域合作虽在合作关系搭建、制定教育合作制度框架和教育发展目标等方面达成初步共识，但真正的国家间双边及多边的跨境高等教育合作进度缓慢，并未取得实质性的预期成效。为推进后欧亚国家间的跨境高等教育合作深入开展，1997 年 1 月 17 日，独联体成员国共同签署了《形成独联体统一教育空间的构想》。其中明确提出了构建独联体统一教育空间的章程、基本原则、合作方向以及具体实施过程。为确保该构想的顺利实施，在同年独联体国家又签署了《关于形成独联体统一教育空间的合作协议》，这也为各成员国在教育领域开展合作奠定了法律基础。在独联体成员国教育合作委员会的第 17 次大会上，独联体各成员国讨论了《关于完成〈形成独联体统一教育空间的构想〉的国家间计划》。并在这次大会上签署了关于以下内容的协议：教育领域信息互换；建立和运行高等教育机构分校的程序；教育活动许可和高等教育机构认定的协调工作；保证普通教育机构入学；高等教育机构相关资历证书的互认等。根据《形成独联体统一教育空间的构想》协议俄罗斯、白俄罗斯等独联体成员国共同签署《关于成立独联体成员国教育领域合作委员会协定》,进一步推动了独联体统一教育空间构想的具体实施。《形成独联体统一教育空间的构想》的签订标志着欧亚国家以共建"独联体统一教育空间"为目标的区域性教育合作真正拉开序幕。

(一) 建立统一空间教育一体化制度

1. 形成统一的教育政策原则

1997 年《形成独联体统一教育空间的构想》中明确指出,统一教育空间中的一个重要特点是独联体国家教育政策原则的统一性。[①] 各成员国通过建立和遵守教育合作政策框架,确保独联体统一教育空间的构建。为进一步推动构想实施,独联体国家共同签署了《关于形成独联体统一教育空间的合作协议》。在独联体成员国教育领域合作委员会第 17 次大会上,各成员国讨论了《关于完成〈形成独联体统一教育空间的构想〉的国家间计划》,并就互换教育领域信息、创办高等学校分校的程序、教育活动许可以及协调教育机构评定和认证等内容达成共识。随后,在独联体框架下各国积极创建政策法律文本,先后签署和批准了《关于保证独联体成员国公民获得进入高等教育机构平等入学条件的协议》《关于协调独联体成员国教育机构许可教育活动、认证和评定领域工作的协议》等一系列推动教育一体化合作的各国共同遵守的法律文本,以保障独联体统一教育空间的形成和发展。基于上述合作政策文本,欧亚国家间就相互承认学历学位、职称评定、专业方向、创办联合大学和开设大学分校等相关事宜初步达成了一致共识。

在一体化进程的推动下,欧亚国家在双边跨境教育领域的合作关系得到进一步发展,国家间双边跨境高等教育合作逐步扩大。在此期间,各国跨境高等教育合作的重点多指向后苏联空间国家,其中 2000 年 6 月,俄罗斯总统普京在签署的《俄罗斯联邦对外政策构想》中指出,发展同独联体国家之间的全面战略合作伙伴关系是俄罗斯当前对外政策领域的重中之重。在此基础之上,俄罗斯同欧亚其他国家也加强了在多领域的

---

① Концепция формирования единого (общего) образовательного пространства Содружества Независимых Государств [EB/OL]. (2010 – 10 – 25) [2022 – 03 – 12]. https://cis. minsk. by/page/7560.

合作联系。2000 年 2 月 3 日俄罗斯联邦政府制订了"2001—2005 年与独联体成员国和波罗的海国家的国际教育合作计划"。国家间通过签署合作协议推动跨境教育交流合作，其中包括《俄罗斯科学院西伯利亚分院在哈萨克斯坦建立和活动条件协议》（1998 年 7 月）、《俄罗斯联邦政府和塔吉克斯坦共和国政府关于俄罗斯—塔吉克（斯拉夫）大学在杜尚别市建立和活动条件的协议》（1997 年 7 月）、《白俄罗斯共和国政府、哈萨克斯坦共和国政府、吉尔吉斯斯坦共和国政府和俄罗斯联邦政府之间关于相互承认学历、学位和证书等级协议》（1998 年 11 月）、《莫斯科国立大学与哈萨克斯坦教育和科学部教育合作协议》（2000 年 10 月）、《俄罗斯联邦教育和科学部与亚美尼亚共和国教育和科学部关于教育领域合作的协议》（2004 年 7 月）、《白俄罗斯共和国教育部和阿塞拜疆共和国教育部在教育领域的合作协议》（2006 年 10 月）等国家间多项合作协议。欧亚各国就学生教师流动、互认学位学历、等级证书，开展联合项目等方面达成共识。

其中，在国家间双边跨境教育合作中，俄罗斯与白俄罗斯的合作势态良好，成为欧亚国家间跨境教育合作的典范。1999 年 12 月 8 日，俄罗斯与白俄罗斯两国政府首脑在莫斯科签署了俄白联盟国家条约。规定了俄白两国在各自保证国家主权独立和国家发展体制的同时，共同建立联邦性质国家。经过多年的延宕，两国在经济贸易和能源交通领域等合作经济一体化的基础上，高等教育合作也联系紧密，联盟国家教育一体化空间得到逐渐发展。1998 年，俄罗斯教育部与白俄罗斯共和国教育部达成协议，并于 2000 年建立俄罗斯—白俄罗斯大学。在此期间俄罗斯也积极同其他独联体国家开展教育合作，如根据《俄哈永久友好与面向 21 世纪的同盟关系宣言》（1998 年 7 月），莫斯科国立大学于 2000 年同哈萨克斯坦教育部签署了在教育领域的合作文件，随后在哈萨克斯坦的首都阿斯塔纳建立了莫斯科国立大学分校。该分校设立在欧亚国立大学内，莫斯科国立大学每年会定期派遣 30 余名专家学者进行讲授语言学、物理学、经济学和文学等专业课程。

2003 年 1 月 12 日，俄白两国共同签署《关于到 2005 年欧盟国家社会发展构想》，奠定了联盟国家教育发展的法律基础。随后，俄白两国在独联体框架内签署多项教育合作协议，推动学生的学术流动性；相互承认科学和科学教育人员的认证结果，联合培养候选人和科学博士；等等。两国经过共同协商建立了高等教育科学和课程的一般标准化、根据联盟国家的需求和目标优化课程、增加联盟成员国和欧亚经济联盟国家的学术流动性。

2005 年 5 月 8 日，在卫国战争胜利 60 周年前夕，独联体国家元首签署了《独联体成员国人道主义合作宣言》。文件指出，"基于多极化、和平、建设性的文明对话理念，确认了处于新的历史条件下的各国人民尊重彼此利益和独立的共同愿景，以及共同发展的心愿，加强人文理念"，今后各方将优先关注人道主义合作问题，并宣布需要缔结人道主义合作协议。该协议于 2005 年 8 月 26 日获得通过。各方同意"为各民族文化的相互丰富创造最有利的条件"，在文化合作领域实施联合计划和项目，鼓励有关部门和组织之间的经验交流，此外，鼓励学习其他国家的语言并促进国家文化中心的创建和活动的开展。① 此后，这一基本协议在其他领域进行内容补充，包括在与青年合作、公共卫生领域和向独联体成员国公民提供医疗援助的协议，在体育、旅游、文化、出版、图书发行印刷、统一（共同）教育空间的形成等。基于上述合作政策文本，欧亚国家相互承认学历学位、职称评定、专业方向、创办联合大学和开设大学分校等相关事宜达成了一致共识。

2. 互认教育体系

构建互相认可的教育统一认证标准，是建设独联体统一教育空间的重要环节。在教育标准、教育体系、教育原则、教学大纲、入学考试、人才培养、教育质量监督、教学评估、学历学位和职称评定等方面建立互认的统一标准。这也是实现学生自由流动，促进欧亚国家间跨境教育合作开展的重要途径。在独联体统一教育空间构建的过程中，各国高等教育领域协调共建了统一的教育标准和教学大纲、一致的培养和认定科学人才与科教人才的标准和要求。一致性标准的制定在统一教育空间的建设中发挥了重要作用，一定程度上减少了人员学历认证问题，促进了留学生、科教人员在欧亚国家间的流动，加强了各国跨境教育合作的作用力和透明度。

---

① Соглашение между государствами – участниками СНГ о гуманитарном сотрудничестве [EB/OL]. (2005 – 08 – 26) [2020 – 04 – 20]. http：//www. mfgs-sng. org/sgs/gum_ sotr/.

教育标准、教学大纲以及培养和认证人才标准的一致性原则最早体现于 1992 年提出的《教育领域合作协议》，协议中指出，"参与国科学和教学人员的国家认证机构可以对其他国家的公民进行认证；参与国将通过相互协商互认学历、学位和职称"。① 1997 年提出的《形成独联体统一教育空间的构想》指出，独联体统一教育空间应尽快建立各国教育标准、教学计划、教学大纲的一致性，培养和认证科学、技术等人才以及其他方面的教育统一。为进一步推动"一致性"的实施，2001 年 5 月 31 日，各成员国在独联体外交部长委员会会议上，签署了《关于教育活动许可、教育机构评定和认证协调一致的协议》，该协议指出，"为保障教育质量制定统一要求：采取措施协调教育活动许可、教育机构认证和认证领域的国家立法和其他规范行为、形成必要的监管法律框架、各国根据国家法律在该领域建立实施联合项目的机制等"。② 同时表示，该协议实施工作的协调由独联体成员国教育合作委员会负责。在独联体成员国教育部长第九次会议上，通过了《关于教育机构鉴定和认证程序的建议》等与教育领域相关标准制定和认证的重要协议文件，在统一性的原则上进一步推动教育一体化发展。

(二) 创建跨境高等教育合作交流机制

欧亚国家依托独联体组织框架，陆续成立了独联体成员国教育合作委员会、独联体成员国教育部长会议、独联体人文合作委员会等组织部门等官方工作部门，并在此通过相关部门会议工作机制推动和保障共同政策的落实和跨境高等教育合作的开展。

1. 独联体成员国教育合作委员会

国家间共建了教育合作领域常设机构独联体成员国教育领域合作委员会，负责针对独联体框架下的成员国的跨境高等教育合作。根据《关

---

① Соглашение о сотрудничестве в области образования（Ташкент, 15. 05. 92 г.［EB/OL］.（2010 – 10 – 25）［2022 – 04 – 22］. https：//cis. minsk. by/page/7570.

② Соглашение о координации работ в области лицензирования образовательной деятельности, аттестации и аккредитации образовательных учреждений государств-участников Содружества Независимых Государств［EB/OL］.（2021 – 05 – 07）［2022 – 01 – 12］. https：//www. conven? tions. ru/convention/id/? id = 3763.

于形成独联体统一教育空间的合作协议》中规定，独联体各成员国应共同成立教育领域合作的委员会。独联体成员国教育合作委员会旨在执行独联体统一教育空间中各成员国所签署的各项教育领域合作协议，进一步培养独联体各成员国的青年教师和科研人员，对专家学者和高校教师进行统一认证，对各国高等教育机构、区域教育组织、国际教育组织、教育协会等机构部门进行统一认证等。① 在独联体教育合作委员会的倡议下，独联体框架下的教育领域合作机构和组织逐步启动，各成员国通过了一系列促进跨境教育合作的系列文本和决策草案，稳步推动后苏联空间国家间的跨境教育合作。在推动教育领域合作机构和组织建设方面，通过了《决定赋予莫斯科国立语言大学作为独联体成员国语言和文化培训基础组织的地位》（2000 年 11 月 30 日）、《关于赋予莫斯科国立大学作为独联体成员国培训基础自然科学领域人才的基本组织地位的决定》（2001 年 9 月 28 日）、《关于赋予俄罗斯人民友谊大学作为独联体成员国在独联体成员国教育系统信息支持领域的基本组织地位》（2005 年 11 月 25 日）等协议草案，推动了独联体框架下教育领域合作的基础组织建设。同时，独联体教育合作委员会倡议并通过了独联体框架下关于留学生和教师流动、教师专家培训、成员国间高等教育机构分支机构的创建和运行、国家间学历学位互认等系列成员国间的跨境教育合作政策文本，推动跨境教育合作深入开展。其中包括《放射生态学、放射安全、放射生物学和相关科学专家培训领域的合作协定》（2000 年 11 月 30 日）、《独联体成员国教育领域信息交流协定》（2001 年 5 月 31 日）、关于独联体成员国高等教育机构分支机构的创建和运作程序的协议（2001 年 9 月 28 日）、《关于协调独联体成员国教育活动许可、认证和认证领域工作的协议》（2001 年 11 月 29 日）、《关于独联体成员国发展成人教育概念的决定》（2006 年 5 月 25 日）等决策文件，通过和协调独联体框架下国家间跨境教育合作相关决策，进一步推动跨境教育合作的深入。

2. 独联体成员国教育部长会议

独联体框架下的独联体教育部长会议为欧亚国家推动跨境高等教育

---

① Паспорт Совета по сотрудничеству в области образования государств – участников СНГ［EB/OL］. https：//e-cis. info/cooperation/3057/77791/.

合作，构建统一教育空间发挥了积极作用。1992 年 5 月，后苏联空间的12 个国家在塔什干共同签署了《教育领域合作协定》。其中协定第 11 条规定："为审议本协定的实施和教育领域国家间合作的其他问题，参与国应定期召开教育主管部门负责人会议。"根据该条协议，与会国教育部长签署了《关于设立独联体成员国教育部长常设会议的塔什干协定》，并批准了有关条例，标志着教育部长会议工作机制初步建立。1992 年和 1993年举行了两次独联体成员国教育部长会议，会议期间各参与国就制定教育标准、建立教育合作文件等有关机制达成共识。但 1994—1996 年未举行会议。直到 1997 年独联体成员国教育领域合作理事会成立后，1998 年才恢复独联体成员国教育部长会议的活动。此后，会议审议了有关发展教育领域合作的若干重要问题并通过了相关决定，包括：签署独联体成员国间学位、学历互认议定书；批准了关于统一标准、监测独联体成员国教育质量控制技术的建议，以及关于独联体成员国教育机构认证和认可程序的一般性建议；独联体成员国高等（职业）教育（方向/专业）教育标准的示范；高等教育（高等职业）教育出版独联体成员国教育系统的术语和定义商定词汇表；等等。

独联体教育部长会议一般每年至少召开一次，下次会议的地点和时间由上一次会议决定。为筹备和召开会议，设立常设机构工作专家组，工作专家组由各成员国教育主管部门代表 1—2 人组成。其活动由东道国教育管理机构的代表与独联体执行委员会和独联体成员国教育合作理事会合作协调。会议筹备和举办费用由东道国承担。

3. 独联体执行委员会

独联体执行委员会（Исполнительного комитета СНГ）是独联体唯一的常设执行、行政和协调机构，于 1999 年 4 月 2 日，独联体国家元首理事会决定对独联体执行秘书处、经济联盟国家经济委员会机构、一些国家和政府间部门机构的工作机构（9 个）进行重组合并为一个统一的常设执行、行政和协调机构——独联体执行委员会。2000 年 6 月独联体国家元首理事会上批准了《独联体执行委员会条例》，独联体执行委员会根据此条例中的各项规定行使其职能。作为独联体唯一的常设执行和行政协调机构，独联体执行委员会以独联体的基本政策文件、独联体内部成员国之间缔结的协定、国家元首理事会、政府首脑理事会、部长理事会以及独联体执行委员会相关条例的决定作为指导原则，与独联体各成员国和独联体相关机构共同制定旨在发展独联体成员国在政治、经济、社会、文化、教育及其他领域合作文件的提案，提出发展教育、文化、社会保护等领域的合理建议，在独联体框架内成立的国际组织和协会机构之间进行友好互动，参与国际活动，协助独联体成员国创建现代化信息空间等，在推动独联体框架下欧亚国家间的跨境教育合作中发挥着重要作用。

4. 独联体人文合作委员会

独联体人文合作委员会在协调独联体框架下欧亚国家间跨境教育合作中发挥重要作用。独联体人文合作委员会成立于 2006 年 11 月 28 日，负责协调 2005 年 8 月 26 日签署的《独联体成员国人文合作协定》中的各项规定，如各成员国在文化、教育、科学、档案、信息和大众传播领域的多边互动，以及教育、文化和青年工作等领域相关合作协定的具体落实情况。独联体人文合作委员会的成员包括来自欧亚国家（俄罗斯、阿塞拜疆、哈萨克斯坦、亚美尼亚、塔吉克斯坦、吉尔吉斯斯坦和乌兹别克斯坦）中七国的行政人员。委员会的主要任务是"在民族文化相互丰富和成员国积累的科学和教育潜力的基础上，完善和发展人文领域合作机制，为各国公民个人的能力和价值的实现创造了和谐的条件"。[1] 独联体人文合作委员会在其活动中遵循独联体内各国公认的国际原则、法律法规和制度规范、独联体的基本政策文件，独联体国家元首理事会和政府首脑理事会的相关决议，在独联体框架内通过的文化、教育、科学、档案、信息和大众传播、体育和旅游等方面的合作协议，以及独联体成员国人文合作理事会条例。

5. 独联体人文合作国家间基金会

在此期间，独联体框架下跨境高等教育合作保障机制初步设立，独联体成员国共同签署了《独联体成员国人文合作协定》，在此协议下成立了独联体国际人文交流合作基金会（Межгосударственный фонд гуманитарного сотрудничества государств-участников СНГ）。其中土库曼

---

[1]　Совет по гуманитарному сотрудничеству государств-участников Содружества Независимых Государств［EB/OL］.（2019－12－21）［2021－11－10］. http：//www. mfgs-sng. org/sgs/sostav/.

斯坦参加了独联体人文合作国家间基金会的相关活动，乌克兰、格鲁吉亚和波罗的海国家的代表参加了该基金会的相关项目。独联体人文合作国家间基金会（МФСГ）保障了独联体框架内成员国间跨境教育合作的开展。参与独联体人文合作国家间基金会的成员国向独联体人文合作基金执行局的运作提供股权出资，形成基金的最高机构——理事会。基金理事会由基金会创始人的授权代表（每个国各一名）组成，理事会包括理事会主席和基金执行理事。基金理事会由主席领导，主席从基金理事会成员中轮流选举产生，任期两年。基金理事会的工作规则由其独立批准，基金的执行机构是执行局，由基金执行理事领导。基金执行理事由基金理事会任命。基金执行局的组成、结构、权利和义务由基金理事会批准的条例确定，费用概算由基金理事会审议批准。

独联体人文合作国家间基金会的目的是为理事会决议通过的人文合作领域的活动（项目）提供资金。通过支持和实施文化、教育、科学、文化遗产保护、信息和大众传播领域的联合多边活动（项目），促进独联体共同人文空间和跨文化对话的发展、体育、旅游和青年倡议等。① 独联体人文合作国家间基金会项目在独联体成员国人文合作领域的两年期优先行动计划、筹备和庆祝最重要周年纪念的行动计划、独联体人文年专题中占有重要地位。

独联体人文合作国家间基金会的活动遵循独联体各国公认的国际法原则和制度规范、国际条约、独联体的基本政策文件、独立国家元首理事会和政府首脑理事会的决定、独联体成员国人文合作委员会、基金法定活动以及本宪章的要求。基金与独联体成员国人文合作理事会合作开展工作，与独联体其他机构以及在独联体国家内部开展业务的国际和国家人文组织合作。独联体人文国家间基金的资金主要用于独联体成员国在文化、教育、科学、信息、大众传播、体育、旅游和青年工作领域的联合活动（项目），其资金来源包括创始成员国为以财力和物力、资源、工程和服务的形式自愿捐款；法人和个人的自愿捐款和捐赠；慈善和文化活动、彩票的收益以及符合基金所在国现行立法和基金法规定下的其

---

① Межгосударственный фонд гуманитарного сотрудничества государств -участников СНГ （МФГС）［EB/OL］. http：//www. mfgs-sng. org/activity/education/.

他资金来源。

(三）扩大国家间跨境高等教育流动规模

随着跨境教育区域合作政策法律的完善、独联体框架下教育合作机制的建立，各国不断扩大国家间跨境高等教育流动规模，在师生学术流动、共建联合教育机构、资源共享等方面都取得了显著的成效。

1. 逐步扩大学生和教师流动数量和规模

根据 2007 年俄罗斯国家统计局统计数据显示，1996/1997 学年，俄罗斯大学中来自独联体国家的学生为 3.07 万人，到 2006/2007 年增长至 4.55 万人，其中包括合作协议下的留学生 0.59 万人。全日制留学生 2.47 万人。（如图 2.3 所示）

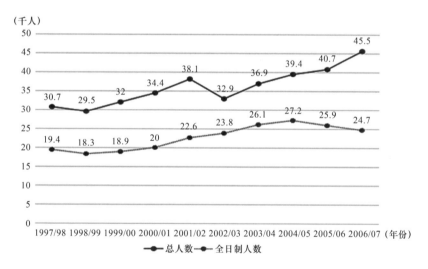

图 2.3　1997/1998—2006/2007 学年在俄罗斯国立和市立高等教育机构中学习的欧亚国家学生人数

数据来源：Российский статистический ежегодник，2001［EB/OL］. https：//istmat. org/node/21317；Российский статистический ежегодник，2007［EB/OL］. https：//istmat. org/node/21311.

2. 国家间跨境教育合作项目建立发展

国家间通过双联项目、联合学位项目等形式推动人员双边跨境流动。

自 20 世纪 90 年代欧亚各国独立以来，社会变迁和市场经济的发展使欧亚跨境教育合作变得非常复杂。以往跨境教育的主要形式集中在学生流动方面。随着市场经济和教育全球化的发展，教育合作形式也在不断变革创新，教育合作项目增强了跨境教育的流动性，成为一种新的跨境流动现象。项目跨境流动通常是指教育（课程）和项目之间的实体或虚拟形式的流动，教育和项目的跨境实施一般包括线下面授、远程线上和混合授课三种模式，毕业证书由所在受教育国（一国或多国）的教育机构进行颁发。指的是"教育/培训课程及项目的实体或虚拟的流动，这些课程和项目的跨境实施是通过面授、远程或是混合模式实现的，资格证书可以由教育输出国或国内联盟合作伙伴或二者联合颁发"。从欧亚跨境教育合作的规模上看，项目跨境流动是除学生跨境流动之外的第二大跨境教育合作形式。虽然在欧亚跨境教育合作中留学生的流动占据较大份额，但合作项目的流动在一定程度上反映了跨境教育合作的崭新形势和创新发展。欧亚国家间的双边和多边教育领域的合作项目稳步发展。就双边项目来说，虽然双边合作项目较为繁杂，且一些合作项目时间较为短暂，没有明确的统计数字，但有数以千计的双方合作项目在欧亚区域内国家间开展，其中包括双联、联合学位项目、远程教育项目等多种形式。

（1）双联项目

双联项目是当前欧亚国家在教育跨境流动中最常见的合作形式之一。双联项目（Twinning Programmes）通常指不同国家的两所或多所高等教育机构共同签署合作协议为被录取的学生提供相应的专业课程学习。学生会先在本国的高校完成部分课程，而后转到国外的合作院校完成余下的部分课程，合作院校间的学分可以相互转换，学生在两所学校获得的学分能够互认。学生在修完全部学分，达到符合毕业标准后，一般由国外的合作院校颁发学历学位证书。① 双联项目中的双方是一种对等的合同关系，学生和课程应按照要求进行流动。较为典型的双联项目有"1 + 2"

---

① Седунова С. Ю. Трансграничное образование: теория и практика, возможность и реальность [J]. Вестник Псковского государственного педагогического университета, 2011 (13): 204 - 209.

或"2+1"（三年制学位课程）以及"2+2"或"3+1"（四年制学位课程）等模式。

双联项目在欧亚国家跨境教育合作中较为常见，欧亚各国公立或私立大学之间建立合作联系，以本国为核心引进其他国家知名高校的优质专业课程，以使本国的专业课程对学生更具有吸引力。在引进课程的同时也会采纳其他国家合作院校科学的教学方法和考试审查标准，实施过程完全接受合作院校进行质量监督。双联项目是欧亚国家间跨境高等教育最常见的一种形式，哈萨克斯坦、吉尔吉斯斯坦、塔吉克斯坦等中亚国家的许多大学与俄罗斯、白俄罗斯等大学在国家政府间和高校间协议框架下实施联合教育培养项目。

（2）双学位/联合学位项目

除双联项目外，双学位/联合学位项目（joint educational programs）也是欧亚跨境教育合作的重要形式之一。双学位/联合教育项目是指不同国家的高等教育机构通过合作共同为学生提供相应的课程项目，在双学位/联合项目中学生可以从每一所院校都获得毕业证书，或者获得由双方合作院校共同颁发的毕业证书。具体的合作项目和毕业证书颁发标准应由合作院校双方共同制定，且必须遵守合作院校所在国的法律法规以及合作院校自身的规章制度。双学位/联合学位项目对学生的安排方面与双联项目有所不同，在双学位的情况下，学生可以同时获得本国高校和国外高校各自颁发的毕业证书，而在联合学位的情况下，学生获得的是由双方合作院校共同颁发的毕业证书。在教学和课程方面，双学位/联合学位具有双方院校共同设计并联合授课的特性。

欧亚国家间联合学位项目的特点是大多在现有的俄语教育项目的基础上实施。因此，它既适用于欧亚国家处于教育活动国际化战略实施初期的地区大学。联合教育项目的主要类型包括：

第一，学习项目（计划）。在合作大学联合开发的课程的基础上，在各级培训（大学预科培训、学士、硕士、研究生学习、高级培训课程）中实施学习项目。学生可以在不同的时间在合作大学学习，通过参与教育项目获得毕业证书：例如，学生可以获得俄罗斯大学的文凭和合作伙伴的高级培训/完成课程证书大学。

第二，双学位课程。双学位项目是高等教育的主要教育项目，由两个或多个（以联合体形式）教育组织（国内和国外）。根据学业成绩，学生将获得两个高等教育文凭。授予资格的研究领域可能相同或不同，具体取决于教育合作项目的结构和双边（或多边）条约的规定。双学位项目的学生可以在两个或多个教育机构就读（同时或依次，包括按转学顺序）。同时，教育过程是根据这些组织开发的综合课程进行的。双学位项目的开发通常是校际合作发展的最高阶段。在签署建立双学位项目协议之前，可能需要经历签订合作协议；实施学术流动计划/签署交换学生/教职员工的协议；在合作大学的参与下实施教育模块；组织全纳教育项目/签署实施联合教育项目的协议是一个漫长的多层次互动过程：一般短期内，在其他条件相同的情况下，独联体国家参加联合教育项目的学生人数增长率可能会高于这些国家参加俄罗斯项目的学生总数的增长率。

双学位课程实施形式多样。双学位课程形式的选择取决于合作大学的国家、在合作大学的学习成本、预期的学生队伍。一般来讲，双学位课程的实施形式可以根据几个标准进行分类。第一，按资金流向：双学位项目的学生在所在大学支付整个学习期间的学费；双学位项目的学生直接在就读大学支付的学费。第二，按培训形式：根据批准的项目实施时间表，来自俄罗斯大学和合作大学的学生群体一起学习；"横断面形式"，假设从伙伴大学和俄罗斯大学就读的学生不同时期在招生大学和伙伴大学学习，时间不重叠（例如，硕士培养的形式，在入学大学的第一年学习期间，第二年在合作大学学习）。

双学位/联合学位项目是欧亚跨境高等教育项目的主要形式之一。在独联体框架下，欧亚国家中多数高校开始积极开发双学位/联合学位项目。总体来看，俄罗斯的莫斯科国立大学在联合学位项目数量上遥遥领先，其次是圣彼得堡国立大学，分别与哈萨克斯坦、塔吉克斯坦、吉尔吉斯斯坦等国的高等院校积极开展联合学位项目。通常，在俄罗斯大学攻读双学位课程的学生中，俄罗斯人占主导地位。在这种情况下，费用支付方案的选择直接取决于合作大学的教育成本。与在俄罗斯大学学习的成本相比，在合作大学学习的成本相对较低（灵活的财务政策、奖学金计划和优惠政策），在东道大学付款可能更可取。这种方法将增加来自合作大学的外国学生的流入和国家的总出口收入（尽管这些学生缺乏直接向提供培训的俄罗斯大学的能力）。由于在合作大学的培训成本相对较高，特定时期在学习国家的支付方式可能更具吸引力。在开发双学位项目的过程中，双方可以同意在两所大学建立相同的支付成本或为双学位项目提供单独的成本，不同于在合作大学的基础上实施的类似项目的成本。

（3）远程教育项目

随着科学技术的发展，远程教育项目也日趋完善。跨境远程教育（distance）作为跨境流动的一种重要形式，是 1990 年以来世界教育领域范围内的新事物。远程教育包括向学习者提供在线学习或网络培训业务等，主要是指高校培养单位通过远程和线上模式向各国学生提供专业课程，以方便学生进行跨境学习。① 在远程教育中，各国学生可以通过向国外培养机构邮寄申请材料、学校官网注册或其他方式参与国外的课程学习。参加远程教育项目的学生通常会在生活所在地的合作机构或者所申请的高等院校的分支机构中进行短期的线下学习。当前，远程跨境高等教育项目的发展规模还相对较小，但想参加其项目的学生逐年增多，呈快速上升趋势。俄罗斯、白俄罗斯等国家与许多欧洲国家一样，国内外学生可以通过远程跨境教育项目接受高等教育。早在 1997 年，俄罗斯联邦政府就颁布了《关于开展远程教育领域试点工作的法令》，根据该法令，选择了几所大学作为实验的参与者，并获得了相应的远程教育许可。远程教育项目实验非常成功，并由此制定了具体实施方案和法律草案。因此，俄罗斯联邦教育部于 2002 年 12 月 18 日批准了第 4452 号"关于批准俄罗斯联邦高等、中等和补充职业教育机构远程教育技术（远程学习）应用方法"法令。俄罗斯远程教育项目从此正式开始启动，并逐渐步入正轨。

3. 国家间合作办学机构和独立分校逐步建立

机构跨境流动是指一国高等教育机构跨越国家边界流动到其他国家建立实体或虚拟的存在形式，为外国学生和其他人员提供相应的教育和

---

① Куксова В. М., Рыбина Г. Н. Основные модели международных партнерств для реализации мобильных образовательных программ [J]. Terra Economicus. 2010 (8): 212 – 216.

培训服务。在流动过程中，高等教育机构作为跨境流动的主体为学生提供需要的服务，而学生在此过程中不断流动。高等教育机构通过向跨境教育流动接受国进行教育输出以建立实体或虚拟的存在形式。一般而言在跨境教育合作项目实践过程中，高等教育机构可以分为多种形式，比如机构所有权（公立、私立）、机构的商业地位（非营利、营利）、机构所处地理位置（国外、虚拟）、机构传输模式（线下面授、线上远程）等。① 这些流动的跨境教育机构可以为学生和其他所需人员提供优质的专业课程和技术服务支持。

机构跨境流动与项目跨境流动之间存在一定的差别，两者所提供的项目和服务范围不同，且根据境外合作方的要求高等教育机构的参与规模也有所不同。近年来，在多方的推动下机构跨境流动的发展势头良好，俨然成为欧亚跨境教育合作中的重要组成形式。欧亚跨境教育合作机构跨境流动呈现两个显著的特点：一是机构跨境流动成为欧亚国家高等教育改革和经济发展的重要举措。欧亚各国独立后，俄罗斯、白俄罗斯、哈萨克斯坦、吉尔吉斯斯坦等欧亚国家高等教育体制不断改革创新发展，形成高等教育机构的主要类型，其中包括国立高等教育机构、地区性大学、独立学院和科学研究所等。例如，根据哈萨克斯坦共和国 2007 年 7 月 27 日颁发的《教育法》第 65 条第 4 款规定，在哈萨克斯坦共和国和（或）其分支机构设立国际和外国教育机构要根据国际协议或根据哈萨克斯坦政府的决定进行。自《教育法》颁布后，哈萨克斯坦政府对外国教育机构的建立给予特别支持。② 二是机构跨境流动形式多样化。1997 年以来，欧亚国家跨境教育合作机构流动形式逐步创新发展，其中包括海外分校、独立院校、学习中心/教学点、国际教育机构等形式。

（1）建立海外分校

海外分校（Branch Campuses）是机构跨境流动的重要形式之一，指一国已成立的高校在其他国家建立分校、创办国外分支机构或者研究中

---

① 兰军：《跨境教育研究》，中国社会科学出版社 2012 年版，第 117—119 页。

② Лукашова С., Омиржанов Е., Чонгаров Е. Перспективы и реалии создания международных университетов в казахстане ［J］. Concorde, 2015（4）：75 - 82.

心等。① 海外分校以实体的形式出现，有独立的校区可以提供主体学校完全学位的教育课程并颁发同样的文凭证书。海外分校主要包括以下三种形式。第一类形式高校直接在海外办学，建立实体学校，招收海外的学生，为他们提供本国主体学校的教育资源，颁发同样的本国主体学校的学历学位证书，这样海外留学生无须到原国外高校所在地进行学习就可以获得高校的学历学位。第二类形式是把本国主体学校的部分学生直接送到国外建立的海外分校中进行学习，不再对外招收其他外国学生。如美国的斯坦福大学在北京大学中建立的海外分校就属于这一类，但在欧亚国家尚未出现此类形式的海外分校。第三类形式是在其他国家建立的海外分校中既为本国学生服务，也招收国外的学生，为所有人都提供平等的入学机会。

欧亚国家海外分校的办学模式主要为俄罗斯向外输出，即俄罗斯高校在欧亚其他国家开设分校。2000 年 5 月，白俄罗斯、吉尔吉斯斯坦、哈萨克斯坦、俄罗斯和塔吉克斯坦共同签署了《与关税同盟和一体化经济空间条约缔约国建立和运作高等教育机构分支机构的协定》，随后于2001 年 9 月亚美尼亚、白俄罗斯、哈萨克斯坦、吉尔吉斯斯坦、摩尔多瓦、俄罗斯和塔吉克斯坦共和国签署《关于在独联体成员国建立高等教育机构分支机构的程序的协定》（2002 年对指定国家生效，哈萨克斯坦除外）；2003 年 3 月，俄罗斯与乌克兰签署了《关于在乌克兰境内建立俄罗斯联邦高等教育机构分支机构》和《在俄罗斯联邦境内建立和运营高等教育机构分支机构程序的协议》；此外，在独联体国家内部还批准了《成人教育发展理念》（2006 年）、《远程教育发展理念》（2007 年），等等。在上述政策文本与合作协议的基础上，俄罗斯在欧亚国家尝试建设俄罗斯高校的分支机构。

建设海外分校是欧亚国家间跨境教育合作中机构流动的互动形式之一，而海外分校的跨境流动主要以"俄罗斯—输出"模式为主。"俄罗斯—输出"建设独立分校模式会选择在合作对象国建立实体学校，一般实体学校的建设是在合作对象国合作的大学的基础上建立的，由国外合作伙伴提供土地和补贴，由所在国家政府或企业公司资

---

① 兰军：《跨境教育研究》，中国社会科学出版社 2012 年版，第 117 页。

助。海外分校主要以招收当地海外学生为主，为学生提供本国主体学校的教育资源，颁发与主体学校同样的学历学位证书，并得到国家的认可，这就使海外学生在本国就可以拿到国外高校的学历。通常，海外分支机构由国内外教育合作组织共同经营管理。海外分校教育培养形式包括全日制和非全日制，教学水平与母体学校的教学水平相当，教学语言一般为俄语。

海外分校因有利于直接将本国大学的优秀文化和高质量的教育资源移植到其他国家，因此俄罗斯的莫斯科罗蒙诺索夫国立大学、普列汉诺夫经济大学、圣彼得堡对外经济关系大学等高等教育机构纷纷在后苏联空间国家积极开设海外分校。最初大部分是为俄罗斯族裔学生在海外学习服务而建立的，后逐渐成为高等教育国际化和商业化的重要形式。以俄罗斯的莫斯科罗蒙诺索夫国立大学为例，该校自启动"海外学校计划"后，已在哈萨克斯坦建立莫斯科罗蒙诺索夫国立大学阿斯塔纳分校、在乌兹别克斯坦建立莫斯科罗蒙诺索夫国立大学塔什干分校等。海外分校大多建立在各个国家的首都或者大城市之中，除了吸引国际学生，也有助于向本地学生提供接受国外优势专业课程的机会。

（2）开展国家间合作办学

作为跨境高等教育的具体体现，跨境高等教育合作的重要形式，国家间合作办学是指一国高等教育机构与其他国家的高等教育机构合作共同投资成立新的高校。一般合作办学是一国的高等教育机构（教育输出国）同另外一国（教育输入国）的高等教育机构在教育输入国境内合作举办以本国公民为主要招生对象的高等教育机构活动。这种模式有易于融资和共担风险。俄罗斯的一些大学在俄罗斯教育科学部的统一组织下，近年来在世界上不少国家设立的"俄语中心"也属于这样的分校。这一时期，欧亚国家间的合作办学稳步发展，欧亚国家建基于国家和区域间跨境教育合作协议，建立了俄罗斯—亚美尼亚斯拉夫大学、俄罗斯—白俄罗斯大学、中亚大学等合作办学机构。国家间在合作的基础上，为本科生和研究生提供实习，开发联合项目，举办会议，研讨会，邀请专家开设讲座课程。

综上所述，1997年以来，欧亚国家间跨境教育合作进入快速发展期，高等教育一体化的步伐稳步推进。随着欧亚国家政治经济的平稳过渡和发展，欧亚国家间多边和双边合作步入正轨，国家间双边及多边跨境教育合作政策不断优化，跨境教育区域合作法律的完善、独联体框架下教育合作机制的建立，国家和区域间跨境教育交流合作稳步发展，各国在教育资格互认、资源共享、师生学术流动、共建联合型教育机构等方面都取得了显著的成效。这一时期，欧亚国家间跨境教育合作的治理机制逐步启动，独联体教育合作委员会、独联体执行委员会等组织在欧亚国家间跨境教育合作中发挥重要作用，独联体统一教育空间加速推进。但从整体合作水平来看，在学历学位互认、师生学术流动规模、合作办学体量和水平等方面仍有较大合作空间，跨境教育合作模式仍相对较为单一，但随着全球化和欧亚区域一体化进程的发展，欧亚国家间的跨境教育合作呈现良好的合作趋势。

三 编织区域合作网络：注重体制机制深化与合作模式创新（2007—2021）

2007 年 10 月，在杜尚别举行的独联体成员国元首理事会会议批准了《独联体进一步发展构想》及其主要执行措施计划，这是独联体过去近两年间开展活动的核心。这一构想的通过对于欧亚国家来说是一个里程碑式的事件，标志着后苏联空间一体化发展将迈入新的历史阶段。同时也标志着欧亚国家跨境高等教育合作迎来了新的发展机遇。在独联体进一步发展构想中，对独联体多领域的合作进行了未来的目标和愿景展望，其中明确指出，独联体的主要目标是建立有关国家的长期经济、政治和教育一体化联盟，以确保每个成员国的长远发展。并将教育领域合作视为各国合作的优先领域。并表示要进一步发展国家间共同的教育、科学、信息和文化空间。《独联体进一步发展构想》的提出，意味着在未来一段时间内，进一步深化独联体统一教育空间的构建是各国跨境高等教育合作的重要目标，同时也为国家间跨境高等教育合作的创新发展提供了政策基础。

（一）深化独联体统一教育空间制度

1. 完善统一教育空间构建的法律框架

独联体框架下，高等教育一体化进程稳步推进，独联体统一教育空间多边及双边跨境高等教育合作关系持续深入。独联体成员国于 2007 年就未来共同发展前景召开了两次国家元首峰会，并在会后签署了《独联体继续发展构想》等协议。该构想中明确提出独联体各成员国应在未来的教育、科技和文化等领域持续共同合作，共谋发展大计。各国还相继签署了《关于进一步发展独联体成员国统一教育空间行动计划的决定》《独联体成员国关于相互承认高等教育机构/高等教育文件的协议》《独联体成员国教育系统信息化领域工作协调协议》《独联体成员国专家高级培训和专业进修领域合作协议》等系列教育政策文本，以 1997 年 1 月 17 日独联体建立统一教育空间合作协定为指导，深化教育、科学、文化领域合作，增加国家间学术的流动性，在成员国间的学历学位证书的认证、课程教育计划设置等方面进行规约，进一步完善了独联体框架内跨境教育合作的制度体系和法律监管框架，推动国家间跨境教育合作深入开展。

随着独联体教育空间一体化的不断深入，欧亚国家间双边教育政策也日趋完善。2007 年以来，欧亚跨境教育合作纵深发展，在不断完善合作政策文本的基础上深度融合，创新跨境教育合作模式，持续巩固跨境教育合作伙伴关系，建立多层次多类型跨境教育合作网络。国家间跨境教育合作政策逐步完善，引领双边合作深入开展。国家间签署的合作协议包括《白俄罗斯共和国政府与土库曼斯坦政府在教育领域的合作协议》（2012 年 4 月 27 日）、《关于俄罗斯和亚美尼亚政府签署关于埃里温俄罗斯—亚美尼亚大学活动条件的协议》（2015 年 5 月 14 日）、《关于俄方批准俄乌两国政府关于在乌兹别克斯坦设立和运营俄罗斯大学分支机构的协议草案》（2018 年 5 月 12 日）、《关于俄方批准俄哈两国政府关于莫斯科国立大学哈萨克斯坦分校运作的协议草案》（2017 年 11 月 8 日）、俄罗斯联邦政府批准联邦国家项目"在创新技术的基础上发展白俄罗斯—俄罗斯大学的教育和科学活动"（2018 年 9 月 15 日）、《哈萨克斯坦共和国政府和吉尔吉斯斯坦共和国政府关于教育领域合作协定的修正和补充议定书》（2021 年 12 月 6 日）等一系列政策文本，欧亚国家就互相承认学历学位、人员流动、建立高等教育分支机构、国家间合作办学等问题深入交流，进一步达成共识，推动跨境教育合作的深度开展。

2. 加强国家间教育标准互认

为适应科学技术的变革和社会的未来发展趋势，满足欧亚国家公民对知识、技能的渴求，提升后欧亚国家高等教育机构的水平，提高各国的竞争力和凝聚力，国家间相关的高等教育认证标准也应随之不断完善。

2008 年 6 月，教育合作理事会第 21 次会议在吉尔吉斯斯坦的首都比什凯克顺利举行。教育合作理事会决定按照既定程序将《关于进一步发展独联体统一教育空间与合作措施的计划协定草案》提交独联体政府首脑理事会审议。2009 年 5 月在阿斯塔纳经独联体政府首脑理事会审议后批准了《关于独联体成员国在教育领域进一步发展统一教育空间与合作措施的计划协定》。① 该协定主要内容是：进一步有效地解决学生流动、相互承认高等教育证书、学位、统一标准制定和应用程序等问题；统一教育质量管理体系；在科学和教育工作者的培训和认证领域执行协调一致的政策；在该协定中提出成立欧亚国家国际研究小组，完善欧亚国家的普通中等、初等职业、中等职业教育及高等教育的教育制度和标准等。2010 年 7 月独联体成员国教育合作理事会第 23 次会议在莫斯科顺利召开，形成了《关于独联体成员国扩大远程高等教育技术应用的合作计划》，该计划中指出为适应知识全球化的快速发展，欧亚国家应紧跟时代步伐，开展远程高等教育技术，扩大远程教育在高等教育领域的应用，并为此制定了统一的远程教育技术标准，以促进欧亚国家远程教育体系的发展。

2015 年，在莫斯科国立师范大学的倡议下，欧亚国家在阿拉木图成立了欧亚国家教师培训一体化的国家间组织——欧亚师范大学协会，该协会由 49 所欧亚国家的大学组成。2016 年和 2018 年期间，在欧亚国家大学青年教师中举办了"教学原则"国际竞赛，各国积极参与其中。欧亚师范大学协会的成立为培养欧亚国家的青年教师，形成统一的教师培

① О Плане мероприятий по дальнейшему развитию общего образовательного пространства и сотрудничества государств － участников СНГ в области образования ［EB／OL］. （2009 － 05 － 22） ［2022 － 04 － 23］. https：／／e-cis. info／page／3527／83329／.

养与认证标准，适应欧亚国家及国际化市场的需要具有积极意义。

2019 年独联体教育合作理事会第 32 次会议在比什凯克顺利召开，其间通过了《关于对独联体成员国组织/教育机构的教育活动进行国家认证的协议》，其中包括：制定关于相互承认高等教育文件的协议；高等教育机构教师的培训和进修；提高普通教育机构教师的资格；给予公民在高等教育机构和科学组织入学和学习的平等权利；实施协调教育质量管理体系的措施；发展联合教育和科学活动；支持学习俄语作为民族间交流的语言和人文、教育和科学合作的手段，以及独联体成员国的语言；为成人教育提供科学、法律和资金支持，并为适应社会经济变化不断完善成人教育统一认证标准；完善远程高等教育的规范性法律保障、远程教育技术的统一标准手段和方法；举办高等教育圆桌会议、研讨会等。①

3. 建立高等教育质量保障体系

随着欧亚国家教育一体化进行的推进，建立高等教育质量保障体系，不仅有利于欧亚国家人员之间进行流动，也有助于加强各国高等教育的透明度和兼容性，提升欧亚国家高等教育领域的国际竞争力。因此，建立高等教育质量保障体系，一直都是欧亚国家在高等教育领域建设的核心任务。

2012 年 6 月 25 日，俄罗斯教育质量评估领域专家俄罗斯教育研究院副院长、院士、教育学博士维克托·亚历山德罗维奇·博洛托夫教授亲自带头成立了欧亚教育质量评估协会（EAOKO），旨在巩固、扩大和促进后欧亚国家在教育质量评估领域的专家潜力，以及传播欧亚地区教育质量评估的现有经验。② 在欧亚教育质量评估协会成立时，教育质量评估协会的形式已被证明是巩固该领域专业社区的最有效方法之一。目前，亚洲、欧洲、非洲和拉丁美洲的一些类似的专业协会发展的较为成功，逐渐成为超国家教育质量评估协会，例如：国际教育成就评价协会（International Association for the Evaluation of Educational Achievement）、国际

① Соглашение о государственной сертификации образовательной деятельности организаций/учебных заведений государств-участников СНГ？［EB/OL］.（2019 – 04 – 19）［2022 – 04 – 22］. https：//e-cis. info/cooperation/3058/81913/.

② Евразийская Ассоциация оценки качества образования［EB/OL］.［2022 – 08 – 22］. https：//eaoko. org/ru/grants/.

教育评估协会（International Association for Educational Assessment）、欧洲教育评估协会（Association for Educational Assessment - Europe）、非洲教育评估协会（Association for Educational Assessment in Africa）、亚洲教育规划培训和研究机构（Asian Network of Training and Research Institutions in Educational Planning）；等等。作为欧亚国家高等教育质量评估的专业平台，欧亚教育质量评估协会的主要目标是：帮助俄罗斯、独联体国家以及其他成员国研究、分析和总结当前积累的高等教育质量评价经验、形式和方法；形成和发展高等教育质量评估工具体系；巩固教育质量评估领域的专业社区，以改善教育质量评估领域的专业活动；促进教育质量评估领域的国际合作；举办会议、研讨会、论坛，讨论发展教育质量评估的关键问题；支持有前瞻性的高等教育发展计划；向欧亚国家以及其他利益相关者、组织和机构提供信息、方法、咨询、法律和其他形式的支持；组织和（或）参与培训和进修课程、教育领域学生实习和其他相关活动；起草高等教育领域的立法和其他倡议。

欧亚教育质量评估协会在欧亚国家的教育基础问题、区域教育系统设计、教育管理、教育质量测量和评估、高等教育政策等领域提供相应的资助。资金的来源形式主要是：出版专著和（或）翻译成外语，为后续研究提供额外资金，组织有偿科学实践（在欧亚国家）；在"欧亚教育质量"协会期刊上介绍科学研究成果；为研究人员和科学家在教育质量评估领域的合作提供虚拟空间；建立教育质量评估领域的青年研究人员理事会；鼓励欧亚国家及其他国家的专家参加国际会议、联合科学研究和出版项目。在吉尔吉斯斯坦（2012 年 6 月）和白俄罗斯（2012 年 9 月）的俄语培训中心研讨会上，以及在专门讨论欧亚教育一体化的相关问题的会议上，协会获得了独联体国家教育质量评估领域负责人的首次支持。2016 年 8 月至 9 月在俄罗斯各地区（卡鲁加、萨马拉、新西伯利亚、诺夫哥罗德地区和摩多维亚共和国）还举行了一系列圆桌会议，决定在欧亚教育质量评估协会的基础上，对欧亚国家高等教育一体化的相关问题进行商讨。欧亚教育质量评估协会具有系统性、整体性与融合性的特点，它将欧亚国家及其他成员国的高等教育质量保障系统有机地结合起来，促其达成共识并予以认同，让成员国受益，为欧亚国家高等教育领域发展发挥了重要的促进作用。

4. 制定终身教育框架

为应对信息技术的快速发展和知识全球化的挑战，2008 年独联体成员国第 13 次教育部长会议，再次强调了终身学习的重要性，并把终身教育作为欧亚高等教育领域发展建设的重要目标，要贯穿教育一体化发展的始终，为此，开始重新审视终身教育的发展问题，并决定采取协调措施，发展欧亚国家的成人教育体系和终身学习教育。2008 年 11 月 14 日经独联体国家元首理事会会议和政府首脑会议审议后，正式签署了关于修订 1997 年 1 月 17 日《成人知识传播和教育领域合作协定》的议定书，本协定的实施工作由独联体成员国教育合作委员会进行协调，并根据该协定成立了国家间知识传播和成人教育委员会，特别关注和支持成人教育的发展，将其作为终身教育的一个有机组成部分，作为社会可持续发展、民主化和人性化的一个重要因素。

独联体成员国教育合作委员会根据国家元首理事会和政府首脑理事会提出的要求，以及相关法律法规政策，于 2009 年制定了《关于独联体成员国终身教育发展概念的相关协定》，该协定主要包括：为终身教育学习活动建立必要的法律框架；为终身教育活动的发展提供科学和方法支持；为终身教育的发展提供组织、管理和财政支持；在终身教育活动的人员配备领域实施协调政策，提供信息支持。为欧亚国家公民终身教育活动的发展提供新的动力；终身教育过程中的道德公民教育是欧亚国家统一教育空间发展的目标、手段和预期结果；该协定的实施将有助于发展终身教育作为一个整体系统，确保每个公民终身接受高等教育的权利，利用终身教育宣传作为社会经济发展的有效因素。

终身教育计划的制订，有利于构建欧亚国家的学习型社会。有助于增加欧亚各国间的互信、互助与合作，推动高等教育领域与职业教育领域的协同发展，促进国家间、教育系统间资格的转换和使用，在人力资源市场中，提高雇主对资格证书性质、内容和相关性的判断力和鉴别力，使教育更好地与人力资源市场的需求相适应。

（二）搭建多层次教育合作体制机制

2007 年以来，随着后苏联空间在政治、经济、文化、教育等多领域合作的协同发展，在独联体框架下搭建了多层次的合作机制。截至 2021

年，在独联体框架内，设立了84个机构，其中包括66个部门合作机构推动独联体框架下多领域合作的开展。如独联体国家元首理事会、独联体政府首脑理事会、独联体外交部长理事会、独联体执行委员会、独联体教育合作委员会、独联体人文合作委员会一直在推动后苏联空间国家跨境高等教育合作发挥重要作用的同时，在独联体框架下相继成立了高等教育领域的基本组织，以共同在推动后苏联空间国家教育合作与人才培养等方面发挥重要作用。

1. 独联体国家元首理事会（Совет глав государств）

独联体国家元首理事会作为独联体的最高机构，旨在讨论和解决与参与国共同利益相关的任何独联体的基本问题，并在独联体成员国利益受到侵害的情况下，协调有关参与国的相关问题。[①] 独联体国家元首理事会旨在提交独联体宪章修正案；创建新的或废除现有的独联体机构；优化独联体的结构，改进独联体机构的活动；听取关于独联体机构活动的报告；任命（批准）其职权范围内的机构负责人；下放权力；批准有关独联体机构的法规，涉及其权限；等等。独联体国家元首理事会的构成主要由独联体成员国和国家元首构成，其中包括一名理事会主席。独联体国家元首理事会和政府首脑理事会从事的相关活动受到1991年12月签署的《独立国家联合体协议》、1993年1月在制定《独联体宪章》过程中通过的文件以及独联体国家元首理事会、政府首脑理事会、外交部长理事会和经济理事会的议事规则等约束。国家元首会议和政府首脑会议的决定是通过共同协商一致作出的。任何国家都可以宣布对特定问题不感兴趣，这不应被视为决策的阻碍。独联体国家间关系的主要法律基础是各个国家间在双边和多边领域签署的协定。独联体机构的主席职务是根据2008年10月10日独联体国家元首理事会决定批准的《独联体主席职务条例》进行的。

根据国家元首理事会工作安排，一般情况下，通常每年召开两次会议，一次国家元首理事会正式会议和一次非正式会议。截至2021年，独联体国家元首理事会共举办49次独联体国家元首理事会会议，19次独联

---

① Общая информация о Совете глав государств СНГ［EB/OL］. https：//e‒cis. info/page/3379/80502/.

体成员国非正式会议和国家元首会议。从 1991 年至今，独联体国家元首理事会会议和独联体政府首脑理事会会议商议讨论并通过了诸多重要的合作协议和文本，其中包括《教育领域合作协议》《关于形成独联体统一(共同)教育空间的决定》《独联体成员国关于相互承认高等/高等职业教育文件的协定》《关于设立独联体"独联体卓越教育"徽章的决定》《关于独联体成员国教师和教育工作者代表大会条例的决定》《关于独联体网络大学的建立和运作的协议》等。这些文件都是独联体框架下，各国就跨境高等教育合作相关问题工作的重要机制，在推动后苏联空间国家间双边及多边跨境教育合作中发挥着重要的作用。

2. 独联体政府首脑理事会

独联体政府首脑理事会（Совет глав правительств）主要负责协调独联体行政当局在经济、社会和其他领域的合作。理事会成员由后苏联空间国家的总理或内阁部长担任。独联体政府首脑理事会旨在解决独联体框架内国家间多领域合作的相关问题，推动独联体国家间在教育领域的合作，其中包括执行国家元首理事会对政府首脑理事会的指示；在其职权范围内建立独联体机构；任命独联体机构负责人，规定其权责范围；为独联体机构的活动提供财政支持；控制监督独联体机构的活动；等等，独联体政府首脑理事会在各成员国跨境教育合作中发挥重要作用。

3. 独联体教育合作委员会

在前期工作基础上，独联体教育合作委员会继续推动独联体框架下国家间跨境教育合作基本组织的建立和发展，升级和完善后苏联空间国家间的跨境教育合作政策文本的制定和颁布，推动独联体框架下成员国间的跨境教育合作的深入开展。在基本组织建设方面，2007 年以来，独联体教育合作委员会通过了《授予高等职业教育国家教育机构"莫斯科鲍曼国立技术大学"关于独联体成员国在设备和技术开发的新领域进行专业再培训和人员高级培训的基本组织的地位》（2007 年 11 月 22 日）、《决定赋予联邦国家高等职业教育机构"国立技术大学"莫斯科钢铁和合金研究所独联体成员国在教育标准化问题上的基本组织地位》（2007 年 11 月 22 日）、《决定赋予白俄罗斯共和国教育机构"共和国职业教育学院"独联体成员国职业培训、进修和职业系统人员高级培训基本组织的地位和中等专业教育》（2011 年 10 月 18 日）等，在独联体教育合作委员会的持续推动下，目前，共有来自独联体国家的 17 所大学共同组成独联体成员国在教育领域的基本组织。其中还包括独联体成员国语言和文化的基本组织——莫斯科国立语言大学、独联体成员国培养人文和社会经济科学领域的人才的基本组织——圣彼得堡国立大学、独联体成员国俄语教学的基本组织——普希金俄语学院等，独联体成员国教育领域的基本组织共同在推动后苏联空间国家人才培养和交流中发挥重要作用。

同时，独联体教育合作委员会不断升级独联体框架下国家间跨境教育合作层次，通过了《独联体成员国关于相互承认高等/高等职业教育文件的协定》（2013 年 5 月 31 日）、《1997 年 1 月 17 日关于形成独联体统一教育空间的合作协议修订议定书》（2013 年 5 月 31 日）、《2013—2015 年独联体成员国在教育领域合作的主要措施计划》（2013 年 5 月 31 日）等政策文本，并于 2015 年 5 月通过了《关于设立"独联体卓越教育"徽章的决定》，建立独联体卓越教育奖项，通过了《独联体成员国普通教育组织教育工作者高级培训协议》，推动成员国教育工作者培训的开展。随后于 2018 年通过了《关于独联体成员国教师和教育工作者大会条例的决定》《关于独联体成员国在包容性和特殊教育领域对教师和专家进行培训、进修和高级培训的基本组织的决定》《关于独联体成员国培训教学人员基本组织的决定》《关于独联体成员国培训历史教育领域人才基本组织的决定》等决策文本进一步推动独联体框架下成员国间教育工作者间的交流和培训，加强各国教育领域的沟通。并于 2020 年 5 月 29日通过了《独联体网络大学的建立和运作协议》，对进一步开展独联体网络大学的相关工作进行发展部署，推动独联体框架下多边跨境教育合作创新发展。

此外，作为独联体框架下教育领域合作的重要机构，独联体教育合作委员会在继续推动独联体框架下国家间跨境高等教育合作基本组织的建立和发展，升级和完善后苏联空间国家间的跨境教育合作政策文本的制定和颁布的同时，在不断制定和完善内部行动规定和纲要，提出了《关于协调独联体成员国教育质量控制标准和技术的建议》《关于独联体成员国教育机构认证和认可程序的一般性建议》《独联体成员国方向/专业的高等教育系统示范教育标准》等，并不断更新相关工作条例，旨在在推动独联体成员国教育领域合作中发挥重要作用。同时，独联体教育合作委员会在教育领域的各个合作方向积极举办会议、研讨会和展览，于 2004 年举行了第一次国际科学与实践会议，讨论了形成独联体统一教育空间的问题和前景，并在该框架内制定了 2010 年之前的独联体成员国国家间合作计划草案，并进行了研讨，同时独联体教育合作理事会定期参加基地组织在合作领域举办的会议，参与独联体成员国教育部长会议的筹备工作，且分别于 2010 年、2012 年、2014 年、2016 年、2018 年和 2021 年，积极参与了独联体成员国教师和教育工作者大会的筹备和举办。

　　作为教育合作领域常设机构，独联体成员国教育领域合作委员会为推动独联体框架下各成员国教育领域合作的快速发展，并很好地发挥其职能，建立了独联体教育合作委员会理事会工作机制。一般独联体教育合作委员会理事会会议每年至少举行一次，截至 2021 年，已经举行了 34 届。2007 年以来，独联体教育合作委员会理事会会议陆续在俄、吉、塔、白等国召开，各国就成员国提案的独联体跨境教育领域合作相关会议的举办时间和主题（见表 2.3 所示）；在各成员国建立独联体跨境教育合作基础组织，更新基础组织的工作方法；独联体网络大学的发展；在独联体理事会成员国教育质量领域的进一步工作方向，使用数字技术评估独联体成员国教育质量；独联体成员国科学和科学教育人员国家认证体系现状和发展前景；远程技术在跨境教育交流中的使用和创新等方面的问题进行讨论，并达成共识。致力于解决各成员国教育领域面临的问题，并为跨境教育合作模式和方法的创新发展提供重要的平台。

表 2.3　　　　　　独联体教育合作委员会理事会会议

会议	会议时间	举办地
第 19 次	2007. 5. 3—4	杜尚别
第 20 次	2007. 10. 25—26	埃里温
第 21 次	2008. 6. 9—13	比什凯克
第 22 次	2009. 5. 14—15	明斯克
第 23 次	2010. 7. 8	莫斯科

续表

会议	会议时间	举办地
第 24 次	2011. 6. 19—20	杜尚别
第 25 次	2012. 10. 19	埃里温
第 26 次	2013. 11. 8	明斯克
第 27 次	2014. 10. 1	明斯克市
第 28 次	2015. 9. 9	阿斯塔纳
第 29 次	2016. 10. 3	莫斯科
第 30 次	2017. 4. 11	莫斯科
第 31 次	2018. 4. 19	莫斯科
第 32 次	2019. 4. 19	比什凯克
第 33 次	2020. 10. 21	视频会议
第 34 次	2021. 10. 7	埃里温

数据来源：Информация о заседаниях Совета по сотрудничеству в области образования и Конференции министров образования государств – участников СНГ［EB/OL］. https：//e-cis. info/cooperation/3058/.

4. 独联体成员国教育部长会议

独联体成员国教育部长会议在这一时期为后苏联空间国家跨境高等教育合作的深入发展，构建统一教育空间有着极为重要的作用。2007 年以来，独联体成员国教育部长会议分别在俄罗斯、吉尔吉斯斯坦等国的首都举办。（见表 2.4）

各国分别就关于独联体国家的多层次高等教育体系和教育标准；独联体国家大学入学考试：成绩与问题；关于独联体成员国在教育领域的合作成果和未来任务；关于独联体成员国基础组织在教育领域开展合作的活动；关于创建和运营联合大学、高等教育机构分支机构等的经验分析；关于促进独联体网络大学各项活动的发展等重要问题进行商讨并达成共识，是独联体框架下欧亚国家跨境教育合作的重要工作机制和对话平台。

表 2.4 独联体教育部长会议

会议	会议时间	举办地点
第 12 次	2007. 5. 3—4	杜尚别
第 13 次	2007. 10. 25—26	埃里温
第 14 次	2008. 6. 9—13	比什凯克
第 15 次	2008. 10. 23	阿斯塔纳
第 16 次	2009. 5. 14—15	明斯克
第 17 次	2010. 7. 8	莫斯科
第 18 次	2011. 6. 19—20	杜尚别
第 19 次	2012. 10. 18	埃里温
第 20 次	2013. 1	明斯克

数据来源：Конференция министров образования государств -участников СНГ［EB/OL］. https：//cis. minsk. by/cooperation.

5. 独联体国际人文交流合作基金会

在跨境教育合作经费保障方面，独联体国际人文交流合作基金会为独联体框架下各成员国间的跨境教育合作提供资金支持。根据独联体国际人文交流合作基金会官网数据显示，自 2007 年以来，独联体国际人文交流合作基金会已在独联体所有成员国境内支持或直接实施了 800 多个多边项目，共有来自所有独联体国家，以及波罗的海国家和格鲁吉亚，约 57 万人参与了独联体国际人文交流合作基金会项目。(见表 2.5)

表 2.5 2007—2021 年独联体国际人文交流合作基金会支持或
直接实施的项目数量

年份	2007—2012	2013	2014	2015	2016	2017	2018	2019	2020	2021	总数
实施项目数量	439	24	29	42	57	75	69	79	21	55	890

续表

年份	2007—2012	2013	2014	2015	2016	2017	2018	2019	2020	2021	总数
项目活动数量	685	57	40	47	64	97	83	97	32	66	1258

注：在一个项目中，一年内或在不同的国家可能会举办几场活动。

数据来源：Межгосударственный фонд гуманитарного сотрудничества государств-участников СНГ（МФГС）［EB/OL］. http：//www. mfgs-sng. org/activity/.

独联体国际人文交流合作基金会年度预算计划中包含的一半项目在俄罗斯境内进行，一半在其他国家境内进行。一般在一个项目的框架内可能包括多项活动。2021 年杜尚别的"独联体国家文化之都"国际项目在独联体国际人文交流合作基金会年的支持下开展，来自独联体国家的艺术大师们举行了隆重的开幕式和闭幕式。来自独联体 9 个国家的人员共同举办了独联体成员国作家和诗人的创意之夜、国际书籍展览、音乐艺术大师班、俄语教师研讨会和培训等相关活动。独联体国际人文交流合作基金会的大部分项目和主要活动都是跨学科的。一般青年合作领域的大部分项目都包含教育内容，科学和教育领域的一些项目旨在通过联合培训和高级培训将独联体国家的青年聚集在一起开展合作。教育部分还包含许多文化和艺术领域的项目，包括为专业教育机构的学生举办的大师班、讲座和戏剧、文学、著名电影人物的表演等。

6. 独联体成员国教师教育工作者大会和科学家论坛

参与独联体成员国教育会议是后苏联空间国家教师流动的重要形式。较为有代表性的是独联体成员国教师和教育工作者大会。独联体成员国教育部长会议（2008 年 10 月 23 日，阿斯塔纳）决定每两年举办一次独联体成员国教师和教育工作者大会。2010 年 4 月 26 日至 27 日，第一届独联体成员国教师、教育工作者大会在阿斯塔纳举行。独联体各成员国的教育和科学部代表团以及独联体成员国教育合作委员会主席、国际人道主义合作基金会主任和独联体执行委员会代表出席了大会。大会是在哈萨克斯坦共和国教育和科学部的倡议下，根据独联体成员国第十六届教育部长会议的决定，在哈萨克斯坦共和国人文合作国家间基金的支持下举行的。大会上各国教育教师代表、教育工作者代表们共同讨论了创新教师在提高教育质量、使用先进教育技术、改进师资培训等方面的经验交流等相关问题。

此外，教育工作者们倡议在独联体成员国的教育机构举办专门针对独联体和伟大卫国战争胜利 65 周年的共同课程；教师们就引入"独联体卓越教育"徽章；电子资源的创建和开发；扩大教师协会和教育机构协会的互动，实施创新教育项目，开展专业竞赛等相关问题进行讨论。（如表 2.6 所示）

表 2.6　　　　　　　　　独联体教育工作者大会信息表

时间	地点
2010	哈萨克斯坦共和国阿斯塔纳市
2012	亚美尼亚共和国埃里温市
2014	白俄罗斯共和国明斯克市
2016	俄罗斯联邦莫斯科市
2018	吉尔吉斯斯坦共和国比什凯克市
2021（疫情原因推迟）	塔吉克斯坦共和国杜尚别市

数据来源：独联体官网，https：//cis. minsk. by/cooperation.

独联体成员国教育合作理事会决定于 2022 年和 2024 年分别在哈萨克斯坦共和国和亚美尼亚共和国举行第七届和第八届大会。

独联体科学家论坛同样是后苏联空间国家教育工作者交流的重要方式之一。首届独联体科学家论坛于 2015 年 10 月 18 日在俄罗斯举行，执行委员会副主席——独联体执行秘书谢尔盖·伊万诺夫（Сергей Иванов）宣读了执行委员会主席——独联体执行秘书谢尔盖·列别杰夫对独联体科学家论坛参与者的问候信，并指出共同教育、科学和信息空间的发展被定义为独联体人文合作成员国的主要任务之一。伊万诺夫强调，"开展科学家论坛的目标是促进独联体成员国之间科技合作的激活和发展，创造共同的科教空间，在独联体国家的青年中科普和开展科学活动。"并表示俄罗斯作为独联体成员国科学界之间的重要纽带在创建独联体的共同科学空间方面的重要作用。在独联体成立 25 周年前夕，论坛与会者指出，独联体作为一个有效的交流平台，促进加强科技合作，为发起和实施科技领域的联合项目创造条件的重要性。此后，独联体科学家论坛每三年举办一次，旨在进一步推动独联体国家的科学人员流动。（见表 2.7 所示）

表 2.7　　　　　　　　　独联体科学家论坛信息表

时间	地点
2015	俄罗斯莫斯科市
2018	亚美尼亚共和国埃里温市
2021	白俄罗斯共和国明斯克市

数据来源：独联体官网，https：//cis. minsk. by/cooperation.

第三届独联体科学家论坛于 2021 年 11 月 25 日至 26 日在明斯克市举行，来自独联体国家的科学院和最大的科研中心和教育组织的 150 多名负责人和主要科学家参加了此次活动。论坛与会者讨论了科学发展的现状和未来前景，完善互利合作机制以及积极引入数字化等议题进行交流和搭建合作。

（三）打造资源共享的教育合作平台

在推动跨境高等教育合作深度融合的基础上，欧亚国家不断搭建资源共享的教育合作平台，区域性国际大学联盟逐渐兴起和发展。在上海合作组织和独联体框架下，为各成员国搭建教育项目合作网络、增进成员国间的教育文化交流、培养各领域合作所需高层次国际人才。各组织成员国分别于 2008 年 10 月和 2009 年 6 月签署了《上海合作组织成员国教育部关于为成立上海合作组织大学采取进一步一致行动的意向书》和《关于成立独联体网络大学（СУ СНГ）联盟协议》，随即成立了上海合作组织大学和独联体网络大学。①

① О плане мероприятий по дальнейшему развитию общего образовательного пространства и сотрудничества государств-участников СНГ в области образования на период до 2010 года [EB/OL]. (2009 – 05 – 22) [2022 – 02 – 16]. https：//www. conventions. ru/int/14390/.

1. 上海合作组织大学

2007 年 8 月，为深化上合组织成员国之间友好、互信的合作关系，推动俄罗斯、吉尔吉斯斯坦、哈萨克斯坦、塔吉克斯坦和中国在教育、科学技术和文化等领域的合作与交流，俄罗斯总统普京在上海合作组织比什凯克元首峰会上倡议成立上海合作组织大学（以下简称"上合大学"）。旨为各成员国在教育、经济、科学和文化等合作领域培养高水平复合型人才，并根据上海合作组织成员国的人才需求，确定在教育学、经济学、生态学、能源学、区域学、信息技术、纳米技术等专业方向优先开展联合培养项目。① 普京建议各成员国教育部将上合大学的具体落实方案，如期提交到上合组织成员国政府首脑委员会，以推动上合大学项目的顺利开展。由此，上合大学开始正式准备筹建。

关于成立上合大学的倡议经上海合作组织成员国常设教育合作专家工作组会议讨论后，于 2008 年 10 月正式提交给上海合作组织成员国五方教育部长会议并通过最终审议，会后在阿斯塔纳签订了《上海合作组织成员国教育部关于为成立上海合作组织大学采取进一步一致行动的意向书》。此次会议阐明了建立上合大学的重要意义，并制定了 2009—2010 年教育领域合作实施草案等实际行动文本。

（1）上合大学的发展历程

上合大学成立至今，经历了初创的萌芽阶段（2001—2006 年）、倡议及启动阶段（2007—2010 年）和扩展完善（2011 年至今）三个阶段：

第一，初创萌芽阶段（2001—2006 年）。上海合作组织自成立之初就将教育领域合作作为上合组织框架下各成员国间发展的重要合作方向，但在初期并未得到各成员国应有的重视，教育领域合作发展处于缓慢状态。随着《上海合作组织成立宣言》《上海合作组织宪章》等政策文本的签订，明确了教育领域合作是上海合作组织各成员国间的重要合作内容，为上合大学的建立和发展奠定坚实的基础。

2001 年《上海合作组织成立宣言》正式签订，指出各成员国之间应建立公平、民主的政治关系，加强彼此间的友好与互信，在政治、经济、社会文化和教育等领域开展行之有效的合作。一直以来，各成员国严格

---

① 上海合作组织大学（中国）官网，［EB/OL］http：//www.usco.edu.cn/.

遵守宣言中规定的相关内容，履行本国应尽的责任和义务，为日后各国在高等教育领域的合作交流以及上合大学的成立奠定了坚实的基础。2002年，上合组织成员国的各国元首共同签署了《上海合作组织宪章》，明确其成员国之间的平等伙伴关系，并指出要进一步扩大在社会文化、区域经济和教育领域的合作，以促进各成员国的全面均衡发展。该宪章作为约束组织成员国行动准则与合作规范化的最高法律文件，进一步阐明了教育领域合作在上海合作组织中的重要性，对后续组织成员国间的教育合作具有一定的指导性作用。

随着上述政策法律文本的签署与颁布，上海合作组织的制度框架和工作机制逐步确立并开始有序运行。独联体各成员国认识到了在教育领域开展合作的重要性，开始共议教育领域合作发展的相关事宜，为在上海合作组织框架下各成员国间的教育领域合作打下必要的基础。长期以来各成员国以共同合作理念支撑，随着在政治、经济、社会文化等其他领域合作框架的搭建，在很大程度上推动了上合大学的建立，同时，也为上合大学的建设工作提供了参考和借鉴。

2006年6月《上海合作组织成员国政府间教育合作协定》正式签订，为上合组织成员国间开展教育领域合作提供了重要的法律基础与合作框架，各成员国以此为依据共同商议制定在教育领域合作的具体方案，并开始逐步实施。该协定中各成员国就教育领域合作达成优先共识，其主要包括：为各成员国教育改革、国家高等教育机构以及科研工作者和师生的相互交流等提供可行性；为各成员国联合举办多边教育领域合作创造了一定的必要条件；促进学历学位互认机制的建立；成立了上合组织成员国常设教育专家工作组。[①] 随着该协议的正式签订，独联体各成员国间在教育领域着手准备方案的制定和实施，从而加快了上合大学的成立速度，为成员国间多边教育领域合作迈出了重要一步。

第二，倡议及启动阶段（2007—2010年）。上合大学倡议的提出为各成员国学生提供了接受现代化、高质量教育的机会，使其在学习专业技能的同时，掌握学习国的语言，了解学习国的历史文化，从而造就出一

---

① 蔡文伯、侯立杰：《上海合作组织大学项目的发展历程与未来展望》，《兵团教育学院学报》2015年第2期。

大批适应社会和各成员国需求的复合型人才。

2009 年上半年，在上合组织成员国第二届"教育无国界教育周"及"首届大学校长论坛"期间，中外有关项目合作院校共同签署了"上海合作组织成员国人文大学联盟"协议及章程。根据签署的相关协议，确定了各成员国教育领域合作的优先专业方向，并按照各方的相关要求和标准遴选出本国的项目合作院校，其中俄罗斯 16 所、中国 10 所、塔吉克斯坦 10 所、吉尔吉斯斯坦 7 所、哈萨克斯坦 10 所，共计 53 所。[①] 2010 年 4 月，第三届"教育无国界"教育周在莫斯科顺利举办，其间各成员国共同签署了"上海合作组织大学多边教育合作创新机构"备忘录，确定了各成员国间硕士研究生的联合培养方案，并决定于下半年正式启动"区域学"领域专业硕士研究生的招生计划。同年 9 月，上合组织成员国教育部长第 3 次会议成功举办，经各方商议后决定将上合大学项目院校增至 62 所，以吸纳成员国更多的优质大学参与到合作中来，其中俄罗斯 16 所、中国 15 所、哈萨克斯坦 13 所、塔吉克斯坦 10 所、吉尔吉斯斯坦 8 所。这些显著成绩的取得，使上合大学迎来了质的飞跃。各成员国项目合作院校根据自身擅长的专业领域，培养符合各成员国以及国际市场需要的高水平复合型人才。自此，上合大学项目正式启动，成为上海合作组织框架下成员国间相互交流的重要平台之一。

第三，扩展和完善阶段（2011—2021 年）。2011 年以来，各方项目合作范围和层次逐渐提升，上合大学不断拓展和完善。2011 年下半年，第四届"教育无国界"教育周在莫斯科隆重开幕，论坛期间各成员国 62 所项目院校代表共同签署了《上海合作组织大学章程》，确定了上合大学的法律地位，使上合大学在未来的发展中具有法律文件的支撑。2013 年 5 月，第六届"教育无国界"教育周暨上合大学第三届校长扩大会议顺利召开，其间对项目院校间的国际合作的相关问题进行磋商，并对项目院校关于联合培养硕士研究生方面的具体办法达成共识。

2014 年 5 月，上合组织成员国在乌法市成功举办了第七届"教育无国界"教育周。会谈期间，各成员国就文化艺术、科学和教育领域的合作项目进行了讨论，提出了扩大上合大学培训领域的必要性，因为这将

---

① 上海合作组织大学官网，［EB/OL］［2022 - 03 - 02］．http：//www.usco.edu.cn/.

是扩大学生机会的关键，也将有助于深化各国人民的跨文化和社会融合。深度研讨了在教育学方向和经济学方向开展院校间国际合作项目的相关问题，论坛以巴什基尔国立师范大学与上合组织国家 15 所大学签订合作协议结束。同年 10 月，第八届"教育无国界"教育周在阿尔泰国立大学顺利举办，中、俄、塔、吉、哈五国教育部副部长，上合组织副秘书长、上合大学校长理事会主席以及中亚 25 所大学的校长参加了此次论坛，在随后的会议中集体讨论了上合大学在上海合作组织活动中的作用和地位等话题，共同磋商了上合大学教育领域项目合作以及未来发展方向等问题。

2015 年 5 月，来自上合组织成员国的百余名代表参加了在别尔哥罗德国立大学举办的第九届"教育无国界"教育周。各成员国就学生国际交流、法律制度保障以及专家委员会工作效率等问题进行了讨论并签署了有关多边教育领域合作的新合同。

近年来，各国参与上海合作组织大学框架下的合作意愿日益强烈，合作水平和层次逐步提升的同时，体制机制逐步完善。2016 年 5 月，硕士生联合培训办公室教学项目负责人来访中国，此行的目的是参加在大连外国语大学举行的上合组织成员国第十届"教育无国界"教育周。本次论坛中外 80 余名专家学者，回顾并总结了上海合作组织教育领域合作的发展成果，并在此基础上就区域合作、人才培养模式及科学研究等方面展开讨论。专家们对现行工作进展和未来的实际情况进行梳理和剖析，对如何扩大教育领域合作层次、本硕生联合培养计划实施以及搭建科研平台等方面问题提出了合理化建议。在论坛的会议中，各成员国就上合大学框架下的学生交换、协议延期、教师交流等具体问题进行了磋商，并确定了初步的合作意向。2015 年起，首个俄中硕士项目"俄罗斯与中国：欧亚大陆的经济与政治趋势"与对外经济贸易大学合作开办。在项目背景下，俄罗斯完成一年级学业的学生将前往中国继续深造，而中国学生也可进入俄罗斯学习。

2016 年 10 月，上海合作组织成员国教育部长第 6 次会议在杜尚别成功举行，各成员国教育部长对上合大学项目的运行和发展表示高度认可，并责成项目合作院校各方加快制订联合培养副博士和博士计划。2017 年 4 月，第十一届"教育无国界"教育周在哈萨克斯坦顺利召开，此次论坛中特别强调了各成员国应为上合大学项目提供本国优质的教育资源，从而大力提升参加上合大学项目学生在国际劳动市场上的综合竞争力，加强各成员国之间教师和学生的国际流动，尽快拓展本科及中职学生层面的学生互动交流等。在 2018 年召开的教育部长第七次会议期间，经过审议通过了《2019—2020 年上海合作组织大学发展路线图》等系列重要政策文件，各成员国就继续推动上合组织框架下开展教育领域的深度合作达成了基本共识。

2020 年 12 月，受新型冠状病毒感染的影响，第十三届"教育无国界"教育周活动以线上远程视频会议的形式举行。上合组织成员国相关部门代表以及上合组织成员国国家主管部门、高校代表将出席本次论坛。来自中、俄、哈等八个国家的数百名专家学者围绕"不稳定局势下上合组织成员国高等教育转型""上合组织大学：到 2030 年可持续发展的全球挑战和机遇"等中心主题进行了广泛且深入的讨论。自 2008 年开始，"教育无国界"教育周陆续在成员国各地召开，教育周活动为促进各成员国间在教育领域开展合作及交流成功经验等方面起到了积极的促进作用，为上合组织各成员国在教育领域的培养高素质的人才提供了可行性的建议。

（2）上海合作组织大学的专业设置与人员流动

目前，上合大学体制机制建设基本趋于完善，为上海合作组织成员国开展跨境高等教育合作搭建起崭新的平台，逐渐发展为自成体系和富有特色的国际高等教育机构。此后，上合大学项目的参与主体不再是各成员国政府及其教育主管部门，而是各方的项目院校。探索各成员国进行双边和多边教育交流与合作的有效举措和方法，以及项目院校间通过共同协作在不同专业方向上进行人才的联合培养，是上合大学近十年来乃至未来一段时期内的首要任务和工作重点。

在专业确定方面，上海合作组织专业的设置追求各国创新发展和协同合作的重点领域。2010 年上海合作组织成员国第三届教育部长会议确定了上合大学第一阶段优先合作专业方向，当年下半年开始率先启动了区域学领域硕士研究生的招生程序。2014 年又增设了经济学和教育学两个专业方向。

在项目院校遴选方面，上合组织根据各成员国的高等教育机构在学科优势专业方面的科研和教学能力，以及学校人文环境等多方面进行合作项目院校的遴选。上合大学的组织模式具有独特性，各成员国的高等教育机构需通过自主申请加入成为项目合作院校，上合组织对其教育资源进行整合，以构成非实体教育合作网络平台的形成。通过衔接各国教育体系，统一研制培养方案、教学模式、学制学历、课程设置，形成统一的教育空间。各成员国知名高校携本校优势专业加入，为区域教育联合提供优化的资源配置，也为项目院校教学和科研交流提供了平台。俄罗斯在上合大学项目院校遴选方面提出了七条标准：具有接收外国留学生的经验并能够确保他们的生活条件；与上海合作组织成员国家有较为密切的国际交往；具有实施国际教育计划方面的经验；设有"对外俄语"和"汉语"课程；在相关专业领域和培养方向上已开展有效的教学、科研和创新活动；能够提供必要的物资和信息保障，以顺利开展各项教育教学活动；等等。

根据上合大学（中国）官网发布的信息，2013 年中方项目院校总数达到了 20 所，在不同专业方向上的分布情况如下：教育学 3 所，区域学 13 所，能源学 8 所，信息技术 9 所，生态学 5 所，纳米技术 6 所，经济学 6 所。上合大学中方校办根据中国教育体系特点及上合大学未来发展规划，提出中方项目院校数量将在较长时间内保持不变，在原有的基础上，更加注重内涵建设，完善上合大学运行机制。

根据上合大学（俄罗斯）官网发布的信息，2016 年俄罗斯项目院校为 21 所，哈萨克斯坦为 14 所，塔吉克斯坦为 10 所，吉尔吉斯斯坦为 8 所。另外，作为上海合作组织观察员国的白俄罗斯国立大学也进入区域学方向的项目院校名单之列。

表 2.8 　　　　　　　　 上海合作大学俄方项目合作院校一览表

序号	学校名称	专业方向
1	圣彼得堡国立信息技术机械与光学大学	信息技术
2	莫斯科国立国际关系学院	区域学

续表

序号	学校名称	专业方向
3	莫斯科国立语言大学	区域学
4	莫斯科国立大学	区域学
5	俄罗斯人民友谊大学	区域学、生态学、纳米技术、经济学、教育学
6	西伯利亚联邦大学	生态学、信息技术
7	南乌拉尔国立大学	生态学、能源学、信息技术、经济学
8	莫斯科动力学院	能源学、经济学
9	乌拉尔联邦大学	区域学、生态学、能源学、纳米技术
10	新西伯利亚国立技术大学	能源学
11	新西伯利亚国立大学	
12	阿斯特拉罕国立大学	信息技术、经济学、教育学
13	莫斯科钢铁合金学院	纳米技术、经济学
14	圣彼得堡国立电子技术大学	纳米技术
15	阿尔泰国立大学	区域学、生态学、信息技术、经济学、教育学
16	国家工艺研究大学（高等经济学院）	经济学
17	太平洋国立大学	区域学、生态学、经济学
18	莫斯科国立师范大学	教育学
19	巴什基尔国立师范大学	教育学
20	俄联邦总统直属国民经济与国家行政学院	区域学、经济学
21	别尔哥罗德国立大学	区域学、生态学、纳米技术、经济学、教育学

注：根据上海合作组织大学中方校办 2014 年 5 月 12 日发布的信息，奥伦堡国立管理学院也在俄罗斯信息技术方向的项目院校名单之中。

表 2.9 　　　　　　　　　上海合作组织大学哈方项目院校一览表

序号	学校名称	专业方向
1	哈萨克斯坦民族大学	区域学、生态学、能源学、信息技术、纳米技术、教育学、经济学
2	卡拉干达经济大学	能源学、信息技术、经济学
3	哈萨克斯坦萨特帕耶夫国立技术大学	生态学、能源学、信息技术、纳米技术
4	巴甫洛达尔州托赖格罗夫国立大学	生态学、能源学、信息技术、教育学、经济学
5	哈萨克斯坦阿贝莱·汗国际关系与世界语言大学	区域学
6	卡拉干达国立技术大学	生态学、能源学
7	欧亚古米廖夫民族大学	区域学、生态学、信息技术、纳米技术
8	阿拉木图能源与通讯大学	能源学
9	阿拉木图创新技术大学	生态学、纳米技术
10	东哈萨克斯坦谢尔卡巴耶夫国立技术大学	信息技术
11	哈英科技大学	能源学、信息技术、经济学
12	南哈萨克斯坦奥埃佐夫国立大学	生态学、能源学、经济学
13	纳尔霍兹大学	经济学
14	塔拉兹图兰国立大学	教育学

　　数据来源：根据上海合作组织大学中方校办 2014 年 5 月 12 日发布的信息，哈萨克斯坦项目院校数为 14 所，但纳尔霍兹大学（经济学）和塔拉兹图兰国立大学（教育学）两校未在其列，提供的是哈萨克斯坦雷斯库洛夫经济大学（区域学）和哈萨克斯坦国际研究生教育学院（生态学、能源学、纳米技术、信息技术）的信息。

表 2.10 上海合作组织大学塔方项目院校一览表

序号	学校名称	专业方向
1	塔吉克斯坦技术大学	生态学、能源学、信息技术
2	塔吉克斯坦国立语言学院	区域学
3	塔吉克斯坦实业与服务学院	信息技术
4	塔吉克国立法律、商业政策大学	区域学
5	俄塔（斯拉夫）大学	区域学、经济学
6	塔吉克农业大学	生态学
7	塔吉克国立师范大学	教育学
8	塔吉克斯坦科技大学	信息技术
9	塔吉克斯坦民族大学	纳米技术
10	塔吉克斯坦国立医科大学	纳米技术

表 2.11 上海合作组织大学吉方项目院校一览表（续表）

序号	学校名称	专业方向
1	吉尔吉斯斯坦巴拉萨根民族大学	区域学
2	吉尔吉斯斯坦拉扎科夫国立技术大学	能源学
3	吉尔吉斯斯坦国立工程交通与建筑大学	信息技术
4	奥什国立大学	能源学
5	奥什阿德舍夫理工大学	生态学
6	吉尔吉斯斯坦克里亚宾国立农业大学	生态学
7	俄吉（斯拉夫）大学	信息技术
8	吉尔吉斯斯坦国立阿拉巴耶夫大学	区域学

注：根据上海合作组织大学中方校办 2014 年 5 月 12 日发布的信息，吉尔吉斯斯坦区域学方向的项目院校名单之中还包括比什凯克人文大学。

表 2.12　　　　　　上海合作组织大学中方项目院校一览表

序号	学校名称	专业方向
1	北京大学	纳米技术、区域学
2	清华大学	纳米技术、区域学、能源学
3	华中科技大学	纳米技术、能源学、信息技术
4	首都师范大学（区域学牵头院校）	区域学、教育学
5	北京外国语大学	区域学
6	黑龙江大学	区域学、信息技术、经济学
7	新疆大学	区域学、生态学、纳米技术、信息技术
8	大连外国语大学	区域学
9	琼州学院	区域学、生态学
10	兰州大学（生态学牵头院校）	生态学、区域学
11	山东大学	生态学、区域学、经济学
12	东北师范大学（教育学牵头院校）	教育学、生态学、区域学、经济学
13	华北电力大学（能源学牵头院校）	能源学、信息技术
14	中国石油大学（北京）	能源学、经济学
15	哈尔滨工业大学	能源学、纳米技术、信息技术
16	兰州理工大学	能源学、信息技术
17	吉林大学（信息技术牵头院校）	信息技术、区域学、能源学
18	长春理工大学（纳米技术牵头院校）	纳米技术、信息技术、能源学
19	大连理工大学（经济学牵头院校）	经济学、信息技术
20	新疆师范大学	教育学、区域学、经济学

　　在确定培养方案方面，上合大学各成员国共同成立相应国际专家委员会，指定项目牵头院校负责项目院校培养方案的协调工作。在上合大学成立初期，按照培养的专业方向陆续成立了能源学、区域学等五个本国专家委员会。每个专业方向的本国专家委员会成员通常由来自上合大学项目合作院校的两名代表组成，应包括一名副校长和一名该专业培养

方向的教育专家。在本国专家委员会的基础上成立相应的国际专家委员会。每个专业培养方向再指定一所牵头院校,牵头院校或由各成员国部委指定,或由每个专业培养方向的项目院校协商决定。[1]

上合大学于 2010 年开始正式招生,2012 年实现学生间的项目交流与互动。2012 年和 2013 年,中方学生主要派往俄罗斯,而接收的来华留学生主要来自哈萨克斯坦。2015 年中方在上合大学框架下共派出学生 100 人,接收的来华留学生 52 人。2016 年中方派出留学生 84 人,接收的来华留学生是 68 人。[2]

上合大学人才培养的主要模式是成员国项目院校间进行的联合培养。在此基础之上,各项目合作院校在上合大学框架下不断探索多元化的高质量专业人才联合培养模式,特别是双学位专业人才的联合培养,该模式一经提出得到了成员国各方项目合作院校的广泛认同并陆续开始实施。

（3）上海合作组织大学的治理机制

从酝酿到筹备再到联合招生,上合大学项目的持续推进,首先得益于官方与民间、政府与学界有机配合的“2 + 2”工作机制,无论是教育部长会议、常设教育专家工作组会议,还是“教育无国界”教育周、大学校长论坛,都为上合大学的良性发展起到了一定的促进作用。[3] 除了整体项目的推动者,在上合大学框架内形成了“四会一室”制度,即校长委员会、协调委员会、监察委员会、各专业联合培养方向的专家委员会以及校长办公室。为加快上合大学建设的进程,加强项目合作院校间关于工作协调与其他事项的沟通,各成员国教育行政部门分别自主设置相关配套机构,并定期召开各专业方向工作会议,以促进各项目合作院校工作的正规化、常态化发展。

为协调上合大学相关工作运行、促进合作院校目标达成,上海合作

---

[1] 李睿思:《上海合作组织人文领域合作:现状、问题与对策》,《俄罗斯学刊》2021 年第 63 期。

[2] 任雪梅:《上海合作组织的教育合作》,载李进峰《上海合作组织发展报告（2017）》,社会科学文献出版社 2017 年版,第 297 页。

[3] 中国上海合作组织研究中心:《上海合作组织:回眸与前瞻（2001—2018）》,世界知识出版社 2018 年版,第 83 页。

组织成员国共同搭建教育部长会议、教育专家工作组、大学校长论坛等多层次工作机制。

其一，教育部长会议。教育部长会议是上合组织框架内体制机制建设的重要组成部分，也是指导和引领该组织教育领域合作的首要工作平台。2006 年 10 月召开了首届教育部长会议，研究落实该协定的具体措施。此后，教育部长会议以每两年举行一次的频率在各成员国轮流举行。第二届至第六届教育部长会议先后就落实合作项目清单、《上海合作组织教育部长宣言》、《上海合作组织大学的构想》、上合大学的成立及发展建设、成员国教育体系对接、教育领域优先发展方向等多项议题进行磋商，并达成共识，为每一阶段的教育合作发展明确了方向和指引。

其二，大学校长论坛。大学校长论坛是上合组织教育领域合作的工作机制之一，也是"教育无国界"教育周活动下的各成员国间项目院校负责人的协商交流平台。大学校长论坛的相关会议文件需报送"教育无国界"教育周审议，通过后方可实施。大学校长论坛的议题多是关于上合大学的未来发展规划、活动策划组织及具体落实，在上合大学有序运行和快速发展等方面提出具有建设性的意见，并磋商接下来的工作安排。

2009 年 5 月，首届大学校长论坛在莫斯科国立大学隆重开幕。2012 年 10 月，第二届大学校长论坛在莫斯科顺利召开，上合大学"扩员"至70 所院校，专业方向从原来的 5 个增加到 7 个，人才培养从硕士研究生层次扩大到本科生。2013 年 5 月，第三届大学校长论坛在莫斯科如期举行，签署了上合大学 5 个专业方向的合作协议框架。在 2017 年 8 月召开的上合大学校长论坛上，就上合大学的实际发展情况、上合大学下一学年的具体工作规划以及制定 2025 年前上合大学的未来发展规划实施等方面的议题进行了细致的讨论。上海合作组织开启教育领域合作以来，成员国在双边及多边教育领域合作取得了斐然成绩，特别是上合大学的建立，如今已发展成为全球规模最大、参与人数最多的区域性国际教育联盟。

其三，教育专家工作组。上海合作组织教育专家工作组，是负责各成员国间教育合作制定具体文本方案和落实行动措施的常设官方执行机构，其主要人员来自各成员国教育部门的主管业务司局领导，其工作会议为年均至少一次。教育专家工作组自启动以来，高效完成了教育部长会议责成的工作任务，主要包括：制定政府间相互承认学历和学位证书的协定草案及推进互认学历和学制等方面工作；提交教育合作年度报告及制订教育合作的年度计划；协商上合大学的建设方案，拟订《上海合作组织大学章程》；制订成员国专家学者交流计划，确立成员国间中小学生交流和游学项目，建立和管理奖学金制度等。教育专家工作组的高效运转，为包括上海合作组织大学在内的教育合作计划落地和推进发挥了重要作用。

上合大学框架下形成的"四会一室"制度，进一步推动了上合大学的建设进程：其一，校长委员会。校长委员会的委员由上海合作组织各成员国等额推举产生，从众多委员中选出一名作为校长委员会主席。校长委员会的成立为联合培养项目院校全面工作的开展，提供了强有力的保证。其二，协调委员会。其主要职责是，协调上合大学各方项目合作院校的相关联系工作，并提供必要的基础保障。上合大学各成员国可以委派一名本国教育部门的主要负责人或者委派项目合作院校的校长委员会主席来担任协调委员会的主席，协调委员会实行主席轮值制度，可根据成员国的实际需求至少保证每年举行一次例会会议。其三，专家委员会。上合大学项目合作院校派一名代表加入各专业培养方向的专家委员会，可视作一种学校治理智力支持。专家委员会成员的具体工作职责的相关规定由上合大学项目合作院校各方代表经过审议后决定，并根据达成的实施协议签署最终的确认文本。专家委员会负责协助各培养单位有序开展教学和科研工作。其四，监察委员会。监察委员会是根据上合大学项目合作院校建议成立的，属于上合大学的自主管理机构部门。其人员构成由项目合作院校选派不超过 4 名致力于教育科学事业的人员组成。主要职责是梳理上合大学在教育领域的正面形象；吸引外部资金，促进上合大学的良性发展；扩大上合大学在国际、国家和非国家机构、基金会和其他组织中的合法利益等。同时，上合大学成员共同建立了校长办公室，使上合大学的日常工作能够顺利开展。校长办公室作为保障上合大学进行正常教学以及日常事务管理的常设机构，通常包括信息的收集与分析、财务管理和起草文件等。校长办公室的工作人员通常由上合成员国相关教育部门推举产生，任期一般不超过 3 年。2012 年 6 月，上合大学中方校长办公室正式成立，中方校长办公室为了更好地履行工作职能，促进上合大学的发展，特意聘请了专职人员来负责上合大学中方项目合作院校的日常事务管理和相关协调工作，从而逐步形成了一种集松散型与集中型相互结合的、独具特色的管理和运行模式。中方校办自成立以后，多次召开上合大学项目合作院校协作的工作会议、上合大学未来发展研讨会等系列会议，为上合大学更好、更快地发展积极贡献出了一份力量。

此外，在上海合作组织框架下设置相关配套机构。上合大学的建立是一项复杂的高等教育工程，从各成员国政府教育主管部门到相关项目合作院校及专家学者，都为此付出了巨大的努力，不断破解各种难题，尤其在协同执行《上海合作组织大学章程》等相关文件上，面临着复杂和艰巨的协调工作。针对这一问题，中国教育部与相关牵头项目院校的领导和专家进行了认真深入的研讨，决定成立专门的内部协调机构，其主要目的在于有条不紊地维护和促进上合大学在中方内部顺利、稳步的有效运作。

2010 年 11 月，上合大学中方内部协调机制秘书处根据相关协议正式建立。其工作职责主要包括：受中国教育部国际司委托，与其他成员国进行工作协调与沟通，并与上合大学秘书处以及上合大学项目院校保持定期联系；每年组织召开一次各培养专业方向的中方项目合作院校工作会议，总结当年各项目院校的工作情况，并研讨下一年的工作计划；制订联合培养方案，监督项目合作院校的教学进度和教学质量，与外方项目合作院校和成员国教育主管部门协同制作和颁发上合大学学历学位证书；完成教育部国际司交办的其他任务；适当开展教育宣传工作，交流工作经验。中方内部协调机制秘书处自成立以后，就上合大学项目合作院校的专业设置、人才培养、教材编写、教学进度、监督管理等方面连续召开了多次工作会议，为上合大学的良性发展出谋划策。

2011 年 4 月 11 日，在比什凯克召开的俄罗斯和吉尔吉斯斯坦教育科学部以及上合大学项目院校代表会议的纪要中，俄吉双方就设立项目合作院校内部协调机制已经达成基本共识。类似的内部协调机制可以设在各成员国的教育主管部门，也可以设在牵头项目合作院校中。此外，为进一步加强上合大学在战略发展方面的研究，实现项目合作院校间的资源共享和信息沟通，中俄双方还分别创建了上合大学官方网站，进一步强化了上合大学项目合作院校之间的联系。在哈萨克斯坦，为顺利实施国际创新教育计划，以便在上合大学框架下对硕士研究生进行联合培养，哈萨克斯坦民族大学专门成立了上合大学教学中心，负责该项目的规划、启动和实施。

在上合大学框架下，各成员国定期召开工作会议以推动教育合作项目的顺利开展。上合大学区域学专业方向举办的中方项目合作院校（乌鲁木齐）第一次工作会议决定，区域学方向于 2011 年先行开始招生，并对学生培养方案和工作机制等方面的问题进行了深度探讨。区域学方向被列入各项目合作院校统一的硕士研究生招生目录，并明确标明"上海合作组织大学"的字样。会议讨论并通过了上合大学区域学方向工作组和专家组的组成方案：工作组成员由区域学方向 4 所项目院校的国际合作与交流处项目负责人、研究生院相关负责人和培养单位联络人组成；专家组成员由牵头院校和项目院校分别推荐两位专家组成。工作组和专家组的组长由牵头院校负责推荐，副组长由项目院校进行推荐。会议决定，上合大学区域学方向中方项目合作院校工作会议应由各项目合作院校轮流主办，每年至少举办一次，以加强院校间的合作与交流。每次会议均应提出具体的议题，会后要形成完整的会议纪要和详细的实施计划，促进各项目合作院校工作的正规化、常态化发展，由此形成上合大学各专业方向中方项目院校的工作机制。

2. 独联体网络大学

2008 年，俄罗斯人民友谊大学在独联体国际人文交流合作基金会（МФГС）的支持下，为进一步发展独联体成员国之间的人文合作，发起了"创建独联体网络大学"项目。独联体国家多所一流大学响应倡议，2009 年 6 月 11 日，来自后苏联空间的六个国家（俄罗斯、白俄罗斯、哈萨克斯坦、吉尔吉斯斯坦、塔吉克斯坦和乌克兰）11 所大学的国家代表团齐聚莫斯科，就建立独联体网络大学联盟达成共识，共同签署了《关于成立独联体网络大学联盟协议》，创建独联体网络大学。独联体网络大学联盟的第一批成员包括白俄罗斯国立大学、欧亚国立大学、哈萨克斯坦国立大学、吉尔吉斯斯坦国立大学、吉尔吉斯斯坦—俄罗斯斯拉夫大学、俄罗斯—塔吉克斯坦斯拉夫大学、俄罗斯人民友谊大学、塔吉克斯坦国立大学等多所来自后苏联空间国家的一流大学。

第一批来自 8 个独联体国家的 141 名学生于 2010 年 9 月开始在独联体网络大学联盟项目下学习。独联体网络大学校长弗拉基米尔·菲利波夫（Владимир Филиппов）在开学第一学年致欢迎词中指出："独联体国家的一流大学是独联体网络大学的重要参与者。任何一个这样的大学都应该将自己定位为国家间文化交流的基础。只是吸引学生、年轻人，让他们面对面的交流沟通——让我们成为朋友，让我们在没有建立统一的教育基础的情况下进行民族文化教育——这是不可能的。教育是维系国家间友谊的基础。"[1]

在独联体网络大学框架内，校际伙伴关系也得到了各国的支持。在2011 年第十八次独联体成员国教育部长会议上，决定尽一切可能进一步发展网络大学作为独联体学术流动的新形式，并促进在人道主义、社会经济、技术、自然科学领域扩大培训。

截至 2021 年，独联体网络大学联盟包括来自独联体 9 个国家的 38 所大学。[2] 创建独联体网络大学主要任务是发展和实施学术合作机制，特别是组织和实施联合硕士教育项目。[3] 独联体网络大学主要目标定位于提高独联体区域内高等教育的质量和吸引力，加强独联体成员国领域内高等教育领域的合作和大学间联系。独联体网络大学旨在组织和实施高质量的联合硕士项目，培养高水平专家和促进研究生交流与国际合作，开展联合研究，包括撰写论文，进而决定了其主要培养形式为硕士研究生教育。独联体执行委员会人文合作、一般政治和社会问题司司长阿列克谢·萨佐诺夫（А. Сазонов）表示，"独联体网络大学是联邦教育领域的一种崭新的合作模式。它旨在通过结合不同国家教育机构的能力和资源，通过实施最受欢迎的高等教育和附加专业教育课程。我们可以期待独联

---

① Сетевой университет СНГ как модель организации международной академической мобильности［EB/OL］.（2020 – 07 – 20）［2022 – 03 – 21］. https：//elibrary. ru/item. asp？ id = 43925245.

② Сетевой университет Содружества Независимых Государств［EB/OL］.（2010 – 10 – 25）［2020 – 03 – 23］. https：//e-cis. info/cooperation/3063/78389/.

③ Сетевой университет СНГ как модель организации международной академической мобильности［EB/OL］.（2020 – 07 – 20）［2022 – 03 – 21］. https：//elibrary. ru/item. asp？ id = 43925245.

体网络大学将为实施联合科技项目、引进最现代化的教育和产业实践等类型注入新的动力"①。

（1）独联体网络大学成立的背景

其一，独联体合作的深化与人才需求的不断增长。1991 年 12 月 21 日，苏联的 11 国国家元首共同以创立国的身份签署了关于建立独联体的《明斯克协定》议定书、《独联体国家首脑理事会依法继承联合国宪章对原苏联规定的权利与义务的决定》《阿拉木图宣言》《关于独联体协调机制的协定》等重要文件，宣布各国在平等的原则基础之上成立独立国家联合体，苏维埃社会主义共和国联盟将停止存在。② 随后，阿塞拜疆（1993 年 9 月正式加入）、亚美尼亚、白俄罗斯、格鲁吉亚（1993 年 3 月正式加入）、吉尔吉斯斯坦、摩尔多瓦（1994 年 4 月正式加入）、哈萨克斯坦、俄罗斯、乌兹别克斯坦、乌克兰、塔吉克斯坦、土库曼斯坦后苏联空间 12 国均以独立主权国家身份成为独联体正式成员国。独联体的建立，是后苏联空间各国去一体化的过程，同时也让后苏联空间在新的机制和原则上再次进行合作成为可能。

《独联体章程》中明确规定，独联体以所有成员国的主权平等为基础。③ 独联体是由多个苏联加盟共和国共同组成的地区性组织，它为独联体各成员国进一步加强睦邻友好、族际和谐、互信互利和团结合作关系服务。苏联的解体虽然使得各国之间的矛盾冲突不复存在，但独联体的建立仍然具有矛盾性。其矛盾性主要体现在，一方面，独联体成立的最初动机在于，各成员国急于摆脱苏联的统治，去一体化，即割裂与苏联的联系，以保证各国民族国家主权的独立；另一方面，如若完全割断过去的联系又会给各国带来一系列难以解决的问题。苏联各加盟共和国毗邻的地理位置，共同过往的历史，彼此在政治、经济、文化等多领域有着千丝万缕的联系，如果完全人为割断会给各国的发展带来强大的负面

---

① Сазонов А. В. наступившем году новое качество обретет деятельность Сетевого университета СНГ［EB/OL］.（2020 - 01 - 09）［2021 - 11 - 22］. https：//www. vb. kg/doc/384562_ setevoy_ yniversitet_ sng_ obretet_ novoe_ kachestvo. html.

② 郑羽主编：《独联体（1991—2002）》，社会科学文献出版社 2005 年版，第 29 页。

③ Устав Содружества Независимых Государств.［EB/OL］.（1993 - 01 - 22）［2021 - 04 - 24］. https：//cis. minsk. by/page/180.

后果和影响。因此，新独立的后苏联空间各共和国在努力割断原有联系的同时，又要保持彼此之间的一定联系，要将各国家间的分裂平稳控制到合理范围。正如《明斯克协定》所指出的那样，基于各国人民已经形成的紧密联系，进一步加强符合各国人民的根本利益关系，这有利于各国的和平稳定。① 随着独联体框架下区域经济一体化深入发展，后苏联空间国家间的教育合作和交流逐渐成为各国多领域合作的重要内容，同时，也为后苏联空间国家间高等教育交流与合作的进一步发展带来了前所未有的机遇，教育一体化逐渐成为独联体区域一体化的重要组成部分。人才是独联体区域一体化建设的支点和关键。后苏联空间国家多领域合作目标与愿景的实现离不开各领域各类专业人才的支撑和保障。面对现实需求，继续各国高等教育部门根据区域内国家间合作的要求，积极创新跨境教育合作模式，切实担负起人才培养的重要任务和使命。

其二，独联体成员国境内欧美等大学网络化的不断扩张。独联体网络大学与以信息技术和互联网为基础运作的"虚拟大学"的不同之处在于，独联体网络大学为教育过程中的参与者提供"真实的互动"和真正的培训机会，促进跨文化对话并联合独联体国家为学术界发展做出努力。近年来，远程学习和在线学习在独联体国家逐渐普及。美国、欧盟、以色列等国家积极与后苏联空间国家的大学合作并为其学习者提供远程教育，在争夺后苏联空间高等教育服务市场中产生了激烈的竞争。各国为后苏联空间国家学习者提供远程教育服务不仅定位于获取经济收益，同时追求政治利益。② 因此，后苏联空间国家中许多教育项目是在域外国家和组织慈善援助框架内免费实施的。

近年来，欧洲和中亚的虚拟大学是在世界银行研究所（WBI）的倡议下，由 30 多所大学、民间社会组织和国际捐助组织的参与下创建的，目的是在中亚和俄罗斯一些国家的大学中引入新技术和远程学习设备。国际大学和欧亚人文学院五年来一直通过远程教育中心，采取学分制，

① 肖影：《独联体区域一体化：路径与进展》，社会科学文献出版社 2018 年版，第 56 页。

② Краснова Г. А., Гусейнова К. Н. О. проекте создания сетевого открытого университета СНГ [J]. Вестник Российского университета дружбы народов. Серия: Информатизация образования, 2008 (4)：5–9.

利用现代教育技术——在线教科书，对全日制和非全日制的学生进行教学，将远程教育技术应用于管理、法律、计算机科学（编程）等方面。以色列开放大学（The open university of Israel）在"俄罗斯项目"计划下根据远程学习原则组织教育大纲，该计划的学生对象侧重于独联体和波罗的海国家的公民，为他们开设了关于犹太人民历史和以色列现代社会的课程，其中包括"犹太人民的历史"等人文和社会科学方面的课程。此外，在以色列开设了学士学位和导师培训计划。课程包括"以色列国家的权力与政治""以色列民主的建立""以色列的社会、经济和文化，第一个十年"。培训中使用的教育技术有教程、录音录像带、在线、计算机课程、网上的讨论（讨论组）、开放无线电大学项目框架内的教师广播音频讲座、为犹太和以色列研究领域的学生和导师提供实习机会。① 美国国际卫生联盟（American International Health Alliance）使用远程技术，正在帮助后苏联空间国家在抗击传染病、妇幼保健、初级保健、急救医学和灾难医学、远程医疗、医疗训练等领域建立可持续的医疗保健组织和人力资源体系。北约科学委员会"虚拟丝绸之路"项目的目标是为各国学生提供一个学习世界教育数据库基础知识的机会，并为学习者的学习交流创造条件。每个参与国都能够获得现代卫星技术、设备和免费通信服务，并连接到欧洲研究网络。② 该项目旨在为科学知识的交流创造条件，与欧洲、亚洲、美国等主要国家开展虚拟合作，为国家科教网络发展创造基地和平台，提高教育和科研质量。"虚拟丝绸之路"项目覆盖后苏联空间中的多个国家。随着独联体成员国境内美国、法国、土耳其、俄罗斯和其他大学的网络化不断扩张，以及独联体内部的学生流动的放缓，利用信息技术手段，创建独联体网络大学，对各国间跨境教育建构新型合作平台是非常重要且迫切的。

其三，独联体国家内学术流动发展不足。根据独联体统计部门2004年的数据显示，有超过7.8万名来自独联体国家的公民在独联体各国的大

---

① Краснова Г. А. , Гусейнова К. Н. О. проекте создания сетевого открытого университета СНГ [J]. Вестник Российского университета дружбы народов. Серия：Информатизация образования，2008 (4)：5 -9.

② Виртуальный Шелковый Путь ［EB/OL］. (2005 - 02 - 12) ［2022 - 09 - 21］. http：// krena. kg/krena_ ru/project. htm.

学学习①。在俄罗斯大学学习的留学生中，哈萨克斯坦公民几乎占学生总数的一半，白俄罗斯、乌兹别克斯坦、乌克兰占8%—14%，其他国家各占3%左右。在阿塞拜疆和亚美尼亚的大学中，来自独联体国家的学生主要是格鲁吉亚和俄罗斯的公民，在白俄罗斯有来自俄罗斯（77%）、立陶宛（7%）、乌克兰（6%）的学生，在哈萨克斯坦的大学中，俄罗斯学生占49%，土库曼斯坦学生占11%，乌兹别克斯坦学生占31%，在吉尔吉斯斯坦大学主要有乌兹别克斯坦（73%）和哈萨克斯坦（20%）留学生，在摩尔多瓦大学主要是乌克兰（72%）学生和俄罗斯（24%）学生，在塔吉克斯坦的大学主要是乌兹别克斯坦（45%）学生、土库曼斯坦（30%）学生，在乌克兰大学主要有俄罗斯（65%）以及摩尔多瓦和土库曼斯坦（分别为20%和15%）的学生。②遗憾的是，目前没有关于这个问题的完整统计数据。但即使是引用的统计数据也足以证明独联体国家内学术流动发展不足。因此，为进一步促进独联体内部学术流动的发展，教育合作网络大学逐渐兴起和发展。

（2）独联体网络大学的发展历程

独联体网络大学的发展不是一蹴而就的，是独联体国家在独联体框架下进行的新的教育合作模式的尝试，是各国长期以来共同努力和协商共进的结果。纵观独联体网络大学的历程，独联体网络大学的发展大体经历了独联体网络大学的"初创阶段""发展阶段""拓展阶段"三个时期。

第一，独联体网络大学的"初创阶段"（2008—2010年）。在"创建独联体网络大学（2008—2010）年"项目的初步创建过程中，可以分为三个实施阶段。在第一阶段（2008年），这一时期独联体网络大学的理念和目标逐渐清晰；各项目主体为独联体网络大学的运作制定了法律框架；制定了组织独联体网络大学教育过程的计划；确定了独联体网络大学的主要培训领域为法学（专业"国际法"）、管理学（专业"国际管理"和

---

① Краснова Г. А. Гусейнова К. Н. О. проекте создания сетевого открытого университета СНГ [J]. Вестник Российского университета дружбы народов. Серия: Информатизация образования. 2008 (4): 5 - 9.

② Краснова Г. А. Создание сетевого открытого университета СНГ: проблемы и перспетивы [J]. Вестник РУДН, серия Информатизация образования, 2009 (1): 5 - 9.

"国际项目管理"）、语言学（专业"俄语"）。所列领域的课程已通过第一阶段审批程序；同时向独联体成员国的一流大学发送了参与该项目的邀请。2008 年，在俄罗斯人民友谊大学的努力下，独联体成员国中 11 所国立大学确认参与该项目，并签署了《独联体成员国一流大学合作建设独联体网络大学宣言》，其中包括白俄罗斯国立大学、俄罗斯人民友谊大学、塔吉克斯坦国立大学等 11 所国家一流大学。

在初创时期的第二阶段（2009 年），进一步确立了独联体网络大学运行的相关问题和运行机制，其中包括：在俄罗斯人民友谊大学的基础上举办"创建独联体网络大学"国际会议；签署关于创建独联体网络大学的财务协议；独联体国家签署关于建立独联体网络大学联合培养硕士的相关协议；协调和批准法学（"国际法"）、管理学（"国际项目管理""国际管理"）、语言学（"俄语"）领域的课程；协调独联体网络大学的治理和行政结构方案；批准独联体网络大学网站的标志、标语和徽标；吸引来自独联体成员国的新大学参与该项目。在俄罗斯人民友谊大学的倡议下，2009 年 6 月举行了"创建独联体网络大学"国际会议，来自独联体成员国的 11 所国立大学的代表团参加了会议。独联体成员国国立大学的代表们于 2009 年 6 月 11 日签署了《关于建立独联体网络大学》协议，在管理学（专业"国际管理""国际项目管理"）、经济学（专业"国际管理"）、语言学（专业"俄罗斯语言和文学"）等领域联合培养硕士的协议。根据已签署的《关于建立独联体网络大学》协议（以下简称"协议"），明确了独联体网络大学不是法人实体，其他组织可以按照本协议规定的方式进入。同时，希望加入网络大学联盟的教育机构必须符合以下条件：

——所参加的大学至少有 10 个自然科学、人文和社会经济领域（专业）；

——科学教授和博士（全职）人数与全日制学生人数的比例至少为 1/100；

——至少有五个答辩委员会为联盟合作领域的副博士和博士的论文进行答辩；

——高等教育机构图书馆图书存储至少 50 万册。

该协议主要目标侧重于：旨在将独联体网络大学建立为区域间大学

合作网络（体系），通过实施联合教育计划、组织"包容性学习"和创新大学间教育合作形式；在独联体框架内建立促进学生和教师学术流动的机制；促进学生间的跨文化对话，保护、发展和相互丰富独联体成员国的文化、语言、历史和民族传统。[①]

同时规定了独联体网络大学的主要任务如下：

——培养自然科学、人文和社会经济领域硕士、副博士研究生和博士研究生；

——在独联体成员国境内推动硕士、副博士研究生和博士研究生的学术流动性；

——实施硕士研究生联合培养计划；

——开展联合科学研究，提供论文研究的联合管理。

《关于建立独联体网络大学》协议还涉及联盟成员对独联体网络大学建立中所作出的贡献问题（物质和技术资源、教学资料、科研成果、专业知识、技能、商业信誉、联盟成员教育经验、科学和创新活动等）、联盟活动的资金来源（参与者的预算和非预算资金、国际组织提供的资金、企业的自愿捐款、培训资金等）。根据协议，独联体的联合活动由独联体网络大学协调委员会负责。独联体协调委员会包括所有独联体成员或其指定的代表组织的负责人，按照成员所在国家/地区现行立法规定的方式制定的授权书行事。协调委员会根据联盟成员批准的法律条款行事。协调委员会的权力包括：规划联盟成员联合活动；批准联盟合作的短期、中期和长期计划；听取成员感兴趣的联合项目、深入研究、考察和其他教育合作的项目，为成员国教育项目的开展和实施提供良好的建议，对项目进行监督，听取项目实施报告；对独联体成员国大学的新参与者加入联盟进行决策。独联体网络大学协调委员会按照签署的协议，协调所有参与者的教育活动，监测协调委员会决定的执行情况，俄罗斯人民友谊大学被选为代表，担任三年负责人。上级组织的负责人领导协调委员

---

① Краснова Г. А. , Сюлькова Н. В. Сетевой университет снг как инструмент развития академической мобильности в рамках единого（общего）образовательного пространства государств — участников СНГ［J］. Вестник РУДН, серия Информатизация образования, 2010（1）: 5 – 12.

会，确保其活动顺利举行，召集协调委员会并主持其会议等。①

在初创时期的第三阶段（2010 年），逐步对独联体网络大学的合作项目进行布局和实施。独联体网络大学协调委员会明确了独联体网络大学的初期任务和目标，其中包括招收独联体网络大学 2010—2011 学年联合硕士项目申请者；在独联体网络大学的培养方向科学管理论文研究领域制订合作计划；在已经开发的课程中建立联合硕士培养项目——补充教育国际关系和工商管理领域硕士（MBA）。

独联体网络大学成员一致支持俄罗斯人民友谊大学提议，呼吁各国教育部（教育和科学部）考虑在 2010—2011 学年分配在独联体网络大学学习的预算名额，并且为了制定和确立新学年招生活动的规则，决定于2010 年 4 月召开协调委员会的下一次会议。显然，独联体网络大学项目的实施将有助于加强青年与独联体成员国学术界的进一步融合，促进他们的学术流动性，加强俄语在独联体框架内民族间交流语言的地位。独联体网络大学将为来自不同国家的学生提供自由选择学习时间和地点的权利，将允许他们在同一时间内获得两个硕士学位，使其不仅在独联体国家劳动力市场上增强竞争力，也在世界劳动力市场拥有竞争力。

第二，独联体网络大学的"稳步拓展"（2011 年至今）。在逐渐完善独联体网络大学运行的相关问题和运行机制的基础上，独联体网络大学稳步发展。2011 年以来，项目实施的主要目标是通过独联体国家提供的培训赠款，扩大独联体网络大学的培训专业领域（信息技术、自然科学、农业）和资金来源，推动独联体网络大学发展。2011 年 5 月 31 日，为了通过创建和开发新的联合硕士项目、培养技术领域的高素质人才来丰富联盟的活动，俄罗斯一流大学莫斯科鲍曼国立技术大学、俄罗斯国立石油和天然气大学和乌拉尔联邦大学加入了独联体网络大学。2011 年 5 月31 日，独联体网络大学参与者决定在独联体网络大学开设旅游硕士课程。此外，独联体网络大学参与者根据独联体成员国的多边和双边国家间协

---

① Краснова Г. А. , Сюлькова Н. В. Сетевой университет снг как инструмент развития академической мобильности в рамках единого（общего）образовательного пространства государств-участников СНГ［J］. Вестник РУДН, серия Информатизация образования, 2010（1）: 5 – 12.

议、参与者所在国家的现行国家立法、其章程和参与者在教育、行政和其他过程中适用的地方法规行事活动，关于创建独联体网络大学的联盟协议和关于联合培养国际法硕士的协议，在管理学（专业"国际管理""国际项目管理"），经济学（专业"国际贸易"），语言学（专业"俄罗斯语言和文学"），国际关系（专业"世界政治"）方向（协议于 2011 年 1 月签署）开展合作项目。①

2019 年 6 月 11 日，独联体网络大学协调理事会成立十周年大会在俄罗斯人民友谊大学召开。俄罗斯交通大学、南方联邦大学和莫斯科国立汽车公路技术大学三所新大学加入独联体网络大学。目前，来自独联体 9 个国家的 38 所大学正在参与该联合项目的开发。2019 年 7 月 16 日，俄罗斯和白俄罗斯地区第六届论坛在圣彼得堡国立工业技术与设计大学举行，俄罗斯和白俄罗斯 12 所高等院校代表参加。论坛上，俄罗斯人民友谊大学与白俄罗斯国立大学签署了在独联体网络大学框架内联合培养国际关系方向硕士的双边协议。白俄罗斯国立大学校长安德烈·科罗尔表示有兴趣在独联体网络大学框架内进一步发展合作和实施联合硕士课程。2019 年 12 月 16 日至 17 日，独联体执行委员会专家组会议在明斯克召开，为进一步促进高等教育专业和培训领域、补充专业/教育计划、联合科学和科技项目的实施、独联体国家的优先事项的高质量人才培训，就独联体网络大学的设立和运营协议草案进行修订。协议草案包含独联体网络大学的实质性和组织活动等内容，进一步确定了独联体国家公民教育的资金来源。

（3）独联体网络大学的专业设置与人员流动

独联体网络大学从 2008 年建立以来，体制机制建设逐渐完善，为成员国开展教育合作搭建起崭新的平台。独联体网络大学是独联体国家的大学在高等教育领域以联盟的形式开展平等合作，是各国家间跨境教育合作的创新模式。后苏联空间 9 国 38 所一流大学通过项目院校间的共同协作在不同专业方向上进行人才的联合培养。独联体网络大学参与院校合作专业方向如表 2.13 所示。

---

① Сетевой открытый университет СНГ．［EB/OL］．(2012－01－22)［2022－03－27］．http：//www.mfgs-sng.org/projects/obrazovanie/86.html.

表2.13   独联体网络大学专业方向设置

序号	方向	专业
1	法学	国际法
2	管理学	国际管理、国际项目管理、高新技术企业物流管理等
3	经济学	国际贸易、通信经济学与企业管理
4	语言学	俄罗斯语言文学、俄罗斯语言文学：语言修辞方法
5	国际关系学	世界政治、能源外交
6	旅游学	旅游中的跨文化交流、国家旅游规划与发展
7	油气	输气系统检测与技术诊断
8	机电一体化与机器人	工业机器人与机器人系统、机器人系统控制
9		工艺流程与生产自动化
10	印刷	印刷包装生产技术
11	能源	电力与电气工程、基于非传统和可再生能源的动力装置，发电站和（航空）综合体
12		信息学与计算机技术
13	核物理	
14	建筑	
15	无线电工程	
16	有机物化技术	炼油化学技术
17	材料科学与技术	火箭与空间复合结构
18	软件工程	
19	数学	微分方程中的函数方法与交叉学科研究
20	基础信息学与信息技术	信息通信与智能系统管理
21	化学	药品生产和质量控制中的药物分析

序号	方向	专业
22	体育	运动中的动机和自我实现
23	社会学	青年社会与职业设计
24	社会工作	卫生保障系统中的社会工作
25	青年工作组织	青年环境中的预防学
26	物理学	引力、宇宙学和相对论天体物理学
27	热力工程与热电工程	火力发电
28	电力与电气工程	电力行业项目管理
29	心理学	
30	化学技术	燃料和气体化学技术、有机物质化学技术
31	生物技术	

数据来源：Сетевой университет Содружества Независимых Государств. https：//e-cis. info/cooperation/3063/78389/%EF%BC%89.

如表 2.13 所示，独联体框架下后苏联空间国家项目院校间的共同协作涉及多领域多学科。其中包括法学、政治学、经济学、管理学、能源学、物理学等多学科，在信息学与计算机技术、火力发电、火箭与空间复合结构等不同专业方向上进行人才的联合培养。

在遴选项目院校方面，独联体网络大学对参与独联体网络大学的项目院校提出较高标准要求，以保证参与院校保持在同一层次，以保障合作的高水平和可行性。在人文和技术方向提出具体指标，其中，符合独联体网络大学联盟的人文方向的项目院校要满足：至少拥有 10 个自然科学、人文和社会经济领域（专业）；教授和博士（全职工作人员）与全日制学生人数之比至少为 1/100；合作领域至少有 5 名候选人和答辩委员会；高等教育机构图书馆藏书数量不少于 50 万册。

符合独联体网络大学联盟的技术方向的项目院校需满足：参与项目

院校至少拥有 10 个自然科学、技术和技术领域（专业）；副博士研究生和博士研究生（以及同等的博士、教职员工）人数与全日制学生人数的比例至少为 1/100；合作领域至少有 5 名候选人和答辩委员会；高等教育机构图书馆藏书数量不少于 50 万册；高等教育机构的材料和技术设备需满足：教育和科学设备的价值，分配给科学和教育工作者（NPR），每人不少于 30 万卢布；最近一年完成的科学工作量（所有类型：基础和应用研究、科学预算项目、经济合同研发、国际合同等），包括 NPR 数量——每人不少于 15 万卢布；在工程和技术领域开展硕士课程教育活动的许可证；工程和技术领域的国家认证证书；从事科学研究活动的许可证（如果独联体成员国的国家立法要求）；提供学生宿舍或宿舍租赁合同；等等。①

目前，按照上述严格的院校遴选标准，共有 9 个国家的 38 所来自后苏联空间国家的一流院校通过遴选参与独联体网络大学联盟。（如表 2.14 所示）其中包括阿塞拜疆的巴库斯拉夫大学、亚美尼亚的埃里温国立语言与社会大学、白俄罗斯的白俄罗斯国立技术大学、哈萨克斯坦的哈萨克斯坦国立大学等各国一流高等学府。

表 2.14　　　　　　　　独联体网络大学成员国及院校

阿塞拜疆	1. 巴库斯拉夫大学
亚美尼亚	2. 埃里温国立语言与社会大学
	3. 埃里温国立大学
	4. 亚美尼亚国立理工大学
白俄罗斯	5. 白俄罗斯国立大学
	6. 白俄罗斯国立技术大学

① Сетевой университет Содружества Независимых Государств ［EB/OL］. https：//e-cis. info/cooperation/3063/78389/.

续表

哈萨克斯坦	7. 欧亚国立大学
	8. 哈萨克斯坦国立大学
	9. 北哈萨克斯坦国立大学
	10. 南哈萨克斯坦国立大学
	11. 南哈萨克斯坦师范大学（丝绸之路国际大学）
	12. 哈萨克斯坦国立技术大学
吉尔吉斯斯坦	13. 吉尔吉斯斯坦共和国外交部外交学院
	14. 吉尔吉斯斯坦国立技术大学
	15. 吉尔吉斯斯坦国立大学
	16. 吉尔吉斯斯坦—俄罗斯斯拉夫大学
摩尔多瓦	17. 斯拉夫大学
俄罗斯	18. 库班国立技术大学
	19. 莫斯科国立法学院
	20. 俄罗斯外交部莫斯科国立国际关系学院（大学）
	21. 国立研究型大学
	22. 新西伯利亚国立研究型国立大学
	23. 俄罗斯人民友谊大学
	24. 萨马拉国立技术大学
	25. 圣彼得堡国立大学
	26. 莫斯科鲍曼国立技术大学
	27. 俄罗斯国立石油天然气大学
	28. 乌拉尔联邦大学
	29. 南方联邦大学
	30. 莫斯科汽车和公路国立技术大学
	31. 俄罗斯交通大学

续表

塔吉克斯坦	32. 塔吉克斯坦国立大学
	33. 俄罗斯—塔吉克斯坦斯拉夫大学
	34. 塔吉克斯坦技术大学
乌克兰	35. 第聂伯罗彼得罗夫斯克国立大学
	36. 顿涅茨克国立大学
	37. 伊万诺—弗兰科夫斯克国立石油和天然气技术大学
	38. 国家航空航天大学

数据来源：俄罗斯教育科学部官网，https：//docviewer. yandex. ru。

独联体网络大学联盟为推动独联体网络大学参与国项目院校间的学术流动，积极协调培养方案，对接收外国公民入学程序、独联体网络大学教育活动组织程序、学习形式等问题进行明确的规定。其中规定接收外国公民学习的程序要严格按照独联体网络大学各参与国的国家立法、2009 年 6 月 11 日关于成立独联体网络大学联盟的协议，要就特定培训领域的硕士联合培训达成协议，按照合作协议严格执行。

独联体网络大学组织教育活动的程序应按照 2009 年 6 月《关于成立独联体网络大学联盟协议》以及各参与国的国家立法、地方法规等进行。目前，独联体网络大学硕士研究生框架准备工作正在进行，项目形式为全日制"1＋1"模式（1 年在自己的大学，1 年在合作大学；联合培养；颁发两个文凭）。并规定独联体网络大学的教学语言为俄语和独联体网络大学参与国的国语。

独联体网络大学是独联体框架下高等教育合作的创新合作模式，旨在组织和实施高质量的联合硕士项目，培养高水平专家和促进研究生交流与国际合作。因此通过联合教育项目推进学生交流，促进学术流动是独联体网络大学的重要目标。为进一步推动学生流动，独联体网络大学对其框架内的培训经费来源做出具体安排。

其中俄罗斯的培训经费自 2010 年起，在俄罗斯联邦政府 2008 年 8 月 25 日第 638 号法令和 2013 年 10 月 8 日第 891 号法令规定的配额内的用于培训外国公民以实施独联体网络大学联合项目的费用由俄罗斯联邦财政预算拨款；其他国家——独联体网络大学成员的培训经费从国家预算资金中进行分配。同时，自 2010 年以来（2012/2013 和 2018/2019 学年除外），成员国人文合作国家基金一直向独联体网络大学成员国的学生提供在俄罗斯大学学习的助学金。助学金包括学生学术流动范围内的学费、住宿、医疗保险和差旅费等费用；此外，还包括学生、家长和资助人的个人资金、企业和社会团体的资金、独联体成员国的预算外资金以及不违反合作大学所在国法律的其他资金来源等。

　　良好的合作经费是促进独联体网络大学联合项目开展学生学术流动的有力保障。随着独联体网络大学的发展，联合项目的不断深化和拓展，学生流动规模和政府规定的预算内用于培训外国公民名额整体呈上涨趋势。（如表 2.15、表 2.16、表 2.17 所示）

表 2.15　在俄罗斯联邦政府规定的配额内分配的用于培训外国公民以实施独联体网络大学联合项目的名额数量

学年	2010/2011	2011/2012	2012/2013	2013/2014	2014/2015	2015/2016
配额数量	81	91	94	100	100	100
学年	2016/2017	2017/2018	2018/2019	2019/2020	2020/2021	
配额数量	46	70	150	129	75	

数据来源：Сетевой университет Содружества Независимых Государств. https：//cis. minsk. by/page/show？ id = 19157.

表2.16 独联体网络大学框架内在俄罗斯教育机构接受培训的学生人数（按培训领域划分）

学年 培养方向	学生数量											总计
	2010/2011	2011/2012	2012/2013	2013/2014	2014/2015	2015/2016	2016/2017	2017/2018	2018/2019	2019/2020	2020/2021	
法学，国际法专业	45	43	33	12	16	18	15	22	20	11	7	242
管理学，国际管理、国际项目管理专业	49	50	48	22	26	23	16	15	17	14	14	294
经济学，国际贸易专业	20	16	24	6	13	15	8	17	16	10	9	154
语言学，俄罗斯语言文学，俄罗斯语言文学：语言修辞方法专业	32	33	30	10	11	11	9	14	24	8	5	187
国际关系学，世界政治，能源外交	–	21	32	10	17	17	10	23	25	26	7	188

续表

培养方向＼学年	学生数量											总计
	2010/2011	2011/2012	2012/2013	2013/2014	2014/2015	2015/2016	2016/2017	2017/2018	2018/2019	2019/2020	2020/2021	
旅游学、旅游中的跨文化交流、国家旅游规划与发展专业	-	-	9	3	9	8	4	7	13	6	4	63
油气、炼油技术专业	-	-	3	2	2	-	-	-	-	-	-	7
机电一体化与机器人、工业机器人与机器人系统专业	-	-	2	2	3	5	-	-	1	-	-	13
工艺流程与生产自动化	-	-	3	1	1	-	-	-	-	-	-	5
电力与电气工程	-	-	-	-	2	-	-	1	-	6	4	13
材料科学与技术、火箭与空间复合结构专业	-	-	2	1	-	-	-	-	-	-	-	3

续表

学年 培养方向	学生数量											总计
	2010/ 2011	2011/ 2012	2012/ 2013	2013/ 2014	2014/ 2015	2015/ 2016	2016/ 2017	2017/ 2018	2018/ 2019	2019/ 2020	2020/ 2021	
印刷、印刷包装生产技术专业	—	—	—	—	2	—	1	—	—	—	—	3
核物理	—	—	—	—	—	1	—	—	—	—	—	1
建筑学	—	—	—	—	—	1	1	—	—	—	—	2
无线电工程	—	—	3	—	—	4	—	—	—	—	—	4
计算机科学	—	—	3	—	1	1	1	1	2	—	—	9
基于非传统和可再生能源的动力装置、发电站和（航空）综合体专业	—	—	3	—	1	1	—	1	—	—	—	6
社会工作、卫生保健系统中的社会工作专业	—	—	—	—	—	—	—	1	1	—	—	2

续表

学年 培养方向	学生数量											总计
	2010/ 2011	2011/ 2012	2012/ 2013	2013/ 2014	2014/ 2015	2015/ 2016	2016/ 2017	2017/ 2018	2018/ 2019	2019/ 2020	2020/ 2021	
体育、运动中的动机和自我实现专业	-	-	-	-	-	-	-	1	3	2	1	7
社会学、青年社会与职业规划专业	-	-	-	-	-	-	-	1	-	-	-	1
物理学、重力与宇宙学专业	-	-	-	-	-	-	-	2	3	3	3	11
软件工程	-	-	-	-	-	-	-	1	1	1	-	3
化学、药品生产和质量控制中的药物分析专业	-	-	-	-	-	-	-	1	2	-	-	3
青年工作组织，青年预防犯罪专业	-	-	-	-	-	-	-	2	1	2	-	5
热能学与热力工程	-	-	-	-	-	-	-	-	6	1	-	7
生物技术	-	-	-	-	-	-	-	-	5	-	-	5

续表

学年\培养方向	学生数量											总计
	2010/2011	2011/2012	2012/2013	2013/2014	2014/2015	2015/2016	2016/2017	2017/2018	2018/2019	2019/2020	2020/2021	
化学技术	–	–	–	–	–	–	–	–	6	–	–	6
总计	146	163	192	69	104	105	65	110	146	90	53	1243
其中接受国际人道主义基金会资助人数	65	72	138	0	47	42	48	48	0	27	0	487

数据来源：Сетевой университет Содружества Независимых Государств. https：//cis. minsk. by/page/show? id = 19157.

表 2.17　独联体网络大学框架内在俄罗斯教育机构接受培训的学生人数（按独联体成员国划分）

学年\国家	学生数量											
	2010/2011	2011/2012	2012/2013	2013/2014	2014/2015	2015/2016	2016/2017	2017/2018	2018/2019	2019/2020	2020/2021	总计
阿塞拜疆	-	3	3	-	2	-	-	1	0	-	-	9
亚美尼亚	4	20	24	8	20	12	6	8	13	5	-	120
白俄罗斯	12	12	1	2	1	-	-	-	1	5	-	34
哈萨克斯坦	45	48	58	17	37	53	29	39	59	44	30	459
吉尔吉斯斯坦	31	35	39	14	26	23	19	43	49	23	18	320
摩尔多瓦	5	4	6	1	1	2	1	1	4	0	2	27
塔吉克斯坦	27	23	28	9	17	15	10	18	20	13	3	183
乌克兰	22	18	33	18	-	-	-	-	-	-	-	91
总计	146	163	192	69	104	105	65	110	146	90	53	1243
其中接受国际人道主义基金会资助人数	65	72	138	0	47	42	48	48	0	27	0	487

数据来源：Сетевой университет Содружества Независимых Государств. https：//cis. minsk. by/page/show? id =19157.

（4）独联体网络大学的治理机制

独联体网络大学联盟的发展，得益于独联体网络大学成员国共同的协商、主要组织俄罗斯人民友谊大学和其他独联体参与院校的共同参与配合以及独联体网络大学工作机制的稳步运行。

除了整体项目的推动者，在独联体网络大学框架内形成了独联体协调委员会、监察委员会、各培养方向的项目院校专家委员会等运行机制。为进一步推动独联体网络大学建设的进程，加强项目院校间的工作协调与沟通，各成员国教育行政部门分别自主设置相关配套机构，并定期召开各专业方向工作会议，以促进各项目院校工作的正规化、常态化。联盟成员批准了独联体网络大学治理和行政结构（如图2.4所示）。

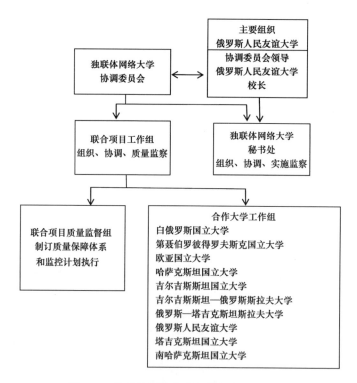

图2.4 独联体网络大学的治理和行政结构

数据来源：https：//e-cis. info/cooperation/3063/78389/.

独联体网络大学组织机构大致可以分为三级。分别为独联体网络大学协调委员会，主要组织为俄罗斯人民友谊大学，其中协调委员会的领导为俄罗斯人民友谊大学校长；独联体网络大学协调委员会成立联合项目工作组，俄罗斯人民友谊大学下设独联体网络大学秘书处；联合项目工作组建立联合项目质量监督组，合作大学工作组主要由部分合作院校组成，其中包括白俄罗斯国立大学、第聂伯罗彼得罗夫斯克国立大学、欧亚国立大学、哈萨克斯坦国立大学、吉尔吉斯斯坦国立大学、吉尔吉斯斯坦—俄罗斯斯拉夫大学、俄罗斯—塔吉克斯坦斯拉夫大学、俄罗斯人民友谊大学、塔吉克斯坦国立大学、南哈萨克斯坦国立大学等。

2009 年 6 月 11 日，独联体成员国 11 国国立大学的代表们签署了《关于建立独联体网络大学》协议。根据该协议，独联体的联合活动由协调委员会负责，其中包括所有组织的负责人——独联体成员或其指定的代表，按照成员所在国家/地区现行立法规定制定的授权书行事。协调委员会根据联盟成员批准的法律条款行事。协调委员会的权力包括：考虑组织联盟成员联合活动的问题；批准联合体活动的短期、中期和长期计划；听取成员感兴趣的联合项目、深入研究、考察和其他活动的项目，建议成员实施，听取项目实施报告；同意独联体成员国大学的新参与者加入本协议；按照签署的协议，协调其所有参与者的活动，监测协调委员会决定的执行情况等。

俄罗斯人民友谊大学被选为独联体网络大学的代表，担任为期三年的负责机构。目前，俄罗斯人民友谊大学是世界上最著名的高等教育中心之一。是唯一一所拥有来自世界 158 个国家的学生就读的大学。俄罗斯人民友谊大学具有多学科的院系和专业结构，是世界领先的传统大学的典型。超过 15 万名毕业生在 170 多个国家工作。目前大约有 32000 名本科生、研究生、实习生等在俄罗斯人民友谊大学学习，其中外国学生约9000 人。① 自独联体网络大学成立以来，俄罗斯人民友谊大学一直是独联体网络大学的基础组织。由于俄罗斯人民友谊大学对独联体网络大学的

---

① Сетевой университет СНГ как модель организации международной академической мобильности［EB/OL］.（2020 - 07 - 20）［2022 - 03 - 21］. https：//akvobr. ru/new/publications/83.

发展作出了非常重要的贡献，因此，在 2018 年的独联体网络大学协调委员会会议上，再次将该大学拟定为独联体网络大学未来三年发展的主要组织机构。

俄罗斯人民友谊大学上级组织的负责人领导协调委员会，确保独联体网络大学日常活动顺利举行，召集协调委员会并主持其会议等。由其负责人代表的上级组织在与独联体成员国的国家机构、国际组织、个人和法人实体的关系中代表独联体的利益，有权签署合同、协议、授权书和其他代表独联体网络大学活动相关的问题提供文件。

独联体网络大学协调委员会开设联合项目工作组，负责成员国间联合教育项目的组织、协调和质量监察。俄罗斯人民友谊大学下设独联体网络大学秘书处负责合作项目的组织、协调和实施监察工作。此外，联合项目工作组建立联合项目质量监督组，制订质量保障体系和监控计划执行情况。合作大学工作组主要由部分合作院校组成，各合作院校共同参与独联体网络大学项目的开办与运行相关工作。

2020 年是独联体网络大学历史上重要的一年。2020 年 5 月末，在独联体政府首脑理事会上，各参与国共同签署了《独联体网络大学建立和运作协定》，旨在培养高素质人才，推进高等教育培训、补充职业教育、优先合作领域的联合科学和科技项目以促进协定缔约国的经济和社会发展。①

同年 6 月，在独联体网络大学协调委员会的一次会议上，独联体网络大学校长弗拉基米尔·菲利波夫（Владимир Филиппов）对联盟所有成员这一精彩而重要的活动表示祝贺。经过多年来各国在独联体网络大学框架内的工作，独联体网络大学作为主要的教育和科学中心在联盟成员中得到了普遍的认可，在后苏联空间国家跨境教育合作中发挥着巨大的作用。

上合组织大学和独联体网络大学是在区域性国际组织框架下衍生的新型跨境教育合作模式，是基于战略目的、长期稳定且全方位深层次的

---

① Сетевой университет СНГ как модель организации международной академической мобильности［EB/OL］.（2020 - 07 - 20）［2022 - 03 - 21］. https：//akvobr.ru/new/publications/83.

教育合作与交流平台，也标志着后苏联空间国家跨境教育合作迈入新阶段。

（四）全面推进区域跨境高等教育合作交流

1. 国家间人员流动数量快速增长

（1）留学生的流动

2007 年以来，后苏联空间国家间留学生人数快速增长。根据俄罗斯国家统计局数据统计，2007/2008 学年俄罗斯大学全日制学习的外国学生中后苏联空间国家占比为 35.6%（见图 2.5），共有来自后苏联空间国家的在读学生 36500 人，2018/2019 学年增长至约 143700人。十年间，俄罗斯大学中来自后苏联空间的学生人数增加 10 万余人（见图 2.6）。

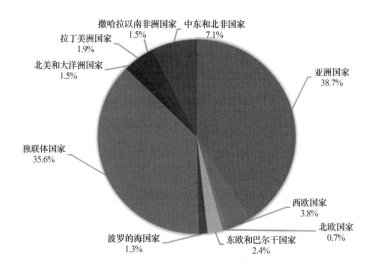

图 2.5 2007/2008 年俄罗斯大学全日制学习的外国学生构成图（原籍国）

数据来源：俄罗斯教育科学部. Экспорт российских образовательных услуг статистический сборник 2010 ［EB/OL］. （2021 – 03 – 04）［2010 – 04 – 20］. https：//docviewer. yandex. ru。

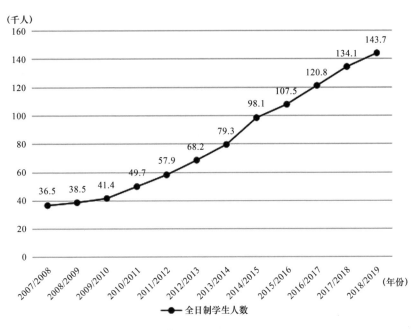

**图 2.6 2007/2008—2018/2019 学年在俄罗斯高等教育机构中学习的
后苏联空间国家学生人数**

数据来源：Российский статистический ежегодник, 2020 ［EB/OL］. https：//istmat. org/
node/21311.

　　白俄罗斯国家教育科学部和国家统计局显示，2010/2011—2019/
2020 学年，在白俄罗斯大学学习的后苏联空间国家公民从 2010/2011
学年的 6282 人增长至 2019/2020 学年的 12802 人，十年间后苏联空
间国家学生流动人数增加 6520 人，平均年增长率为 6.7%。根据
2019/2020 年数据显示，在白俄罗斯大学学习人数最多的国家为土库
曼斯坦 9788 人，人数位居第二的国家为俄罗斯 1439 人，塔吉克斯坦
为 418 人，乌兹别克斯坦为 404 人。① 吉尔吉斯斯坦国家统计局数据
显示，2006/2007 学年至 2020/2021 学年在吉尔吉斯斯坦高等教育机

---

　　① 白俄罗斯国家统计局，Национальный статистический комитет Республики Беларусь.
［EB/OL］. https：//www. belstat. gov. by/ofitsialnaya-statistika/solialnaya-sfera/obrazovanie/publikatsii_
8/index_ 16031/.

构学习的后苏联空间国家留学生从 22293 人增加到 43890 人，学生人数流动数量呈现增长趋势，其中 2019/2020 学年和 2020/2021 学年增幅明显。（如图 2.7 所示）

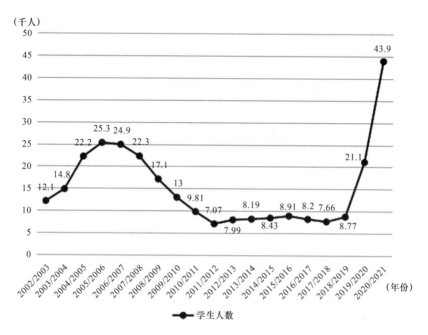

图 2.7　2002/2003—2020/2021 学年在吉尔吉斯斯坦高等教育机构中学习的后苏联空间国家人数

数据来源：Национальный статистический комитет Кыргызской Республики［EB/OL］. http：//www. stat. kg/ru/statistics/obrazovanie/.

根据 2020/2021 学年数据显示，2020/2021 学年，共有 43890 名来自后苏联空间国家的学生就读于吉尔吉斯斯坦大学，其中，乌兹别克斯坦留学生人数最多为 37571 人，居于留学生流动人数首位。其次为哈萨克斯坦和俄罗斯，分别为 2178 人和 2005 人，塔吉克斯坦为 1932 人，土库曼斯坦为 146 人。

哈萨克斯坦教育科学部数据显示，2015/2016 学年，共有 6105 名来自后苏联空间国家的学生就读于哈萨克斯坦大学，2019/2020 学年人数增加至 32333 人，其中，乌兹别克斯坦人数最多为 25964 人，居于留学生流动人数首位。其次为土库曼斯坦 3176 人，俄罗斯位居第三，学生流动人数为 1247 人，阿塞拜疆和摩尔多瓦人数较少，分别为 22 人和 12 人。①

塔吉克斯坦教育科学部数据显示，2014/2015 学年，共有 554 名来自后苏联空间国家的学生就读于哈萨克斯坦大学，2018/2019 学年人数增加至 806 人，其中，土库曼斯坦人数最多，为 356 人，位居留学生流动人数首位。其次为俄罗斯和哈萨克斯坦，均为 99 人，阿塞拜疆位居第三，学生流动人数为 84 人。②

乌兹别克斯坦国家教育科学部统计数据显示，2017/2018 学年，在乌兹别克斯坦大学学习的后苏联空间学生人数中来自俄罗斯和中亚国家的学生相对较多，其中土库曼斯坦最多，为 120 人，俄罗斯学生为 56 人，哈萨克斯坦 42 人，吉尔吉斯斯坦 10 人。

土库曼斯坦因政治中立，高等教育水平相对落后，与后苏联空间国家的跨境教育合作相对较少，且官方留学生数据暂不公开。中亚专栏作家瓦迪姆·沙贾赫梅多夫（Шагиахмедов В.）表示，大约有 10 多个国家将青年人送到土库曼斯坦学习。据非官方专家估计，土库曼斯坦高等教育机构共有来自 10 个国家的学生学习。大多数外国学生是阿富汗人，大约 200 名。土库曼斯坦大学最大的外国学生队伍是阿富汗人，因为土库曼斯坦和阿富汗是邻国，为阿富汗经济培训未来的专家是土库曼斯坦当局向该国提供的多种人道主义援助之一，土库曼斯坦承担了培训阿富汗青年相关的学费、宿舍费和每月津贴等所有费用。据沙贾赫梅多夫介绍，20 多名塔吉克斯坦学生在土库曼斯坦大学免费学习，他们中的大多数人接受了较高的语言教育。也有来自日本、中国和俄罗斯的学生到土库曼斯坦学习，但人数相对较少。③一些外国人选择土库曼斯坦大学是因为阿什哈巴德根据政府间协议向他们分配了部分奖学金配额。中立的土库曼斯坦同样对其他国家留学生具

---

① 哈萨克斯坦教育科学部，https：//www. gov. kz/memleket/entities/edu#。

② 塔吉克斯坦教育科学部，https：//www. maorif. tj/ahborot/tadzhikistan-i-ukraina-ukreplyayut-sotrudnichestvo-v-sfere-obrazovaniya。

③ Эксперт рассказал об иностранных студентах в туркменских вузах ［EB/OL］. (2019 - 12 - 16)［2022 - 01 - 01］. https：//centralasia. news/5715-jekspert-rasskazal-ob-inostrannyh-studentah-v-turkmenskih-vuzah. html.

有一定的吸引力，这与土库曼斯坦的国家稳定与和平密不可分。很有吸引力，因为它与和平、稳定和安全有关。瓦迪姆·沙贾赫梅多夫（Шагиахмедов В.）指出，所有外国学生都一致认为，土库曼斯坦大学拥有非常好的物质和技术基础——绝大多数大学和研究所建于独立年代，配备了最先进的设备。

阿塞拜疆国家统计局数据显示，2017 年，超过 3.7 万名申请者进入阿塞拜疆大学，比 2016 年增加 12%。2013—2018 年，阿塞拜疆的申请人数有所增长：2018 年为 40806 人。[①] 2008/2009 学年在阿塞拜疆大学学习的后苏联空间留学生共计 387 人，2015/2016 学年后苏联空间国家留学生为 606 人。2019/2020 学年上升至 783 人，其中，来自俄罗斯的留学生最多，为 477 人，土库曼斯坦 138 人，哈萨克斯坦 48 人。2017 年出国留学的阿塞拜疆公民人数为 41762 人。2011—2017 年，在国外学习的阿塞拜疆共和国公民人数翻了一番。2017 年接收阿塞拜疆留学生前十名的国家主要是周边国家：土耳其、乌克兰、格鲁吉亚、俄罗斯，还有英国、德国、捷克、波兰等欧洲国家。阿塞拜疆共和国公民在后苏联空间国家学习，其中最多的是乌克兰：根据乌克兰教育部的数据，在 2017/2018 学年，来自阿塞拜疆的 930 多名学生在乌克兰大学学习。连续几年，阿塞拜疆学生对在该国接受高等教育表现出浓厚的兴趣，就学生人数而言，阿塞拜疆学生是乌克兰人数位于前三名的外国学生。阿塞拜疆的学生主要在医科大学学习。从地区分布来看，阿塞拜疆人主要集中在乌克兰东部。选择这样一个学习地点是因为该国有大量的阿塞拜疆侨民，教育和住宿费用相对较低，许多专业（医学、自然技术专业和旅游）的培训水平较高。

亚美尼亚 2008/2009 学年至 2018/2019 学年，在亚美尼亚大学学习的后苏联空间留学生人数相对稳定，波动不大。2008/2009 学年留学生人数为 2561 人，2012/2013 学年留学生人数为 1771 人，2018/2019 学年增长至 2039 人。其中，2018/2019 学年后苏联空间留学生中人数最多的国家为俄罗斯 1081 人，格鲁吉亚 844 人，土库曼斯坦 41 人。

———————————

① Краснова Г. А., Можаева П. Н. Перспективы набора азербайджанских студентов на обучение в российские вузы [J]. Аккредитация в образовании, 2019（2）：18 – 27.

格鲁吉亚 2008/2009 学年 115 人,2014/2015 学年增长至 1408 人,随后 2015/2016—2018/2019 学年,留学生人数稳步增长,2018/2019 学年在格鲁吉亚大学有 2446 人,其中,2018/2019 学年后苏联空间国家留学生中人数最多的国家为阿塞拜疆 2124 人,哈萨克斯坦 193 人,吉尔吉斯斯坦 82 人。

摩尔多瓦教育科学部数据和国家统计局数据显示,2008/2009 学年至 2018/2019 学年,在摩尔多瓦大学学习的欧亚学生并未见增长。2008/2009 学年在摩尔多瓦大学学习的后欧亚学生共计 427 人,2012/2013 学年为 281 人,2018/2019 学年为 176 人。其中,2018/2019 学年后苏联空间国家留学生中人数最多的国家为乌克兰 113 人,俄罗斯 58 人,白俄罗斯 5 人。随着全球化和后苏联空间各国高等教育国际化的发展,国家对留学生流动的政策和资金支持逐渐增加,2007 年以来,欧亚国家间学生的流动稳步推进,呈现良好的发展态势。

(2)教师的跨境流动

除留学生,教师交流机制逐步发展,流动日益增多。2007 年以来,随着信息技术的快速发展,知识全球化的进程加速推进,欧亚各国需要更广泛的跨国别、跨高校的研究与合作,致使欧亚国家跨境教育合作不断增加。伴随而来的是各国专家、学者国际交流的扩大,教师的跨境流动更为频繁。欧亚国家跨境教育合作项目为教师和研究人员的短期流动提供了重要条件。

在教师跨境流动中,俄罗斯的高校和科研机构成为各国教师跨境流动的主要目的地。欧亚国家的教师、学者等一般选择到俄罗斯的高校和科研机构进行专业进修、交流和俄语语言培训。根据 2020 年俄罗斯教育科学部统计数据显示,根据俄罗斯的教育计划在俄罗斯教师的参与下,在俄罗斯大学及合作伙伴/关联组织的联合大学、代表处等分支机构中参与培训的欧亚国家人员情况如下。

表 2.18 2018/2019 学年根据俄罗斯的教育计划在俄罗斯教师的参与下，在俄罗斯高等教育机构中培训外国公民情况

大学的名称，属性/所有制形式	教育机构（组织）及其所在地	培训人数
独联体（欧亚）国家		
阿塞拜疆		
莫斯科罗蒙诺索夫国立大学（俄罗斯联邦政府）	分校，巴库	557（面授）
第一莫斯科谢切诺夫国立医科大学（卫生部）	分校，巴库	452（面授）
亚美尼亚		
莫斯科斯克里亚宾国立兽医与生物工艺学院（农业部）	分校，埃里温	34（面授）
莫斯科罗蒙诺索夫国立大学（俄罗斯联邦政府）	分校，埃里温	144（面授）
俄罗斯普列汉诺夫经济大学（科学和高等教育部）	分校，埃里温	120（面授） 83（函授）
俄罗斯国际旅游学院	亚美尼亚旅游学院（分校，埃里温）	19（面授） 23（函授）
俄罗斯国立旅游与服务大学 莫斯科州切尔基佐沃（科学和高等教育部）	分校，埃里温（2019 年关闭）	2017/2018 学年： 82（面授） 64（函授）
俄罗斯—亚美尼亚（斯拉夫语）大学（科学和高等教育部）	八个研究所（学院）	2359（面授） 279（函授）
圣彼得堡对外经济关系大学	分校，埃里温	18（面授） 25（函授）

续表

大学的名称，属性/所有制形式	教育机构（组织）及其所在地	培训人数
白俄罗斯		
别尔哥罗德州立艺术学院（俄罗斯联邦）	在合作伙伴以戈梅利索科洛夫斯基命名的戈梅利州立艺术学院命名的大师班	2017/2018 学年：30（面授）
白俄罗斯—俄罗斯大学（科学和高等教育部）	莫吉廖夫	4900 名学生，其中 484 人参加了俄罗斯教育课程（面授）
俄罗斯普列汉诺夫经济大学（科学和高等教育部）	分校，明斯克	196（面授）896（函授）
俄罗斯国立社会大学，莫斯科（科学和高等教育部）	分校，明斯克	240（面授）844（函授）
哈萨克斯坦		
国际管理学院"LINK"（Learning International NetworK 学习国际网络）茹科夫斯基市	哈萨克斯坦市场营销与管理学院（合作组织），阿拉木图	2017/2018 学年：14（函授）
莫斯科占星学院	分校，阿拉木图	12（面授）
莫斯科航空研究所（科学和高等教育部）	"日出"分校，拜科努尔	187（面授）47（函授）
莫斯科罗蒙索夫国立大学（俄罗斯联邦政府）	欧亚国立大学分校，阿斯塔纳	595（面授）
俄罗斯普列汉诺夫经济大学（科学和高等教育部）	乌斯季卡缅诺戈尔斯克分公司；哈萨克斯坦—俄罗斯大学；阿尔卡雷克市；博拉沙克大学分校，克孜勒奥尔达市，阿拉木图代表处	84（面授）150（函授）

续表

大学的名称，属性/所有制形式	教育机构（组织）及其所在地	培训人数
莫斯科电力工程学院 （科学和高等教育部）	在阿拉木图能源与通信大学的基础上，由莫斯科电力工程学院的老师参加的莫斯科电力工程学院的学士学位课程，阿拉木图	2017/2018 学年： 156（函授）
圣彼得堡人道主义工会大学 （俄罗斯独立工会联合会）	分校，阿拉木图	501（面授） 662（函授）
车里雅宾斯克州立大学 （科学和高等教育部）	分校，科斯塔奈	748（面授） 3477（函授）
吉尔吉斯斯坦		
波罗的海乌斯蒂诺夫国立技术大学， 圣彼得堡（科学和高等教育部）	俄罗斯—吉尔吉斯斯坦技术大学联盟，比什凯克	2017/2018 学年： 110（面授）
喀山国立研究技术大学 （科学和高等教育部）	康德分公司	73（面授） 107（函授）
吉尔吉斯斯坦共和国俄罗斯教育学院 （俄罗斯教育学院创始人） 全称：高等职业教育民办教育机构"吉尔吉斯斯坦—俄罗斯教育学院"私立	根据俄罗斯课程授课，比什凯克	456（面授） 648（函授）
吉尔吉斯斯坦—俄罗斯斯拉夫大学 （科学和高等教育部）	七个学院，比什凯克	8487（面授） 705（函授）
国际斯拉夫研究所 （莫斯科）	分校，比什凯克	42（面授） 69（函授）

续表

大学的名称，属性/所有制形式	教育机构（组织）及其所在地	培训人数
莫斯科电力工程学院（科学和高等教育部）	在吉尔吉斯斯坦国立大学校内由莫斯科电力工程学院教师参与的本科学位课程，比什凯克	2017/2018 学年：127（面授）
俄罗斯国立社会大学，莫斯科（科学和高等教育部）	分校，奥什	268（面授）398（函授）
摩尔多瓦		
莫斯科占星学院（天文）	天文研究中心分校，基希涅夫	60（面授）
俄罗斯新大学（私立）	分校，蒂拉斯波尔	78（面授）119（函授）
塔吉克斯坦		
莫斯科罗蒙诺索夫国立大学（俄罗斯联邦政府）	分校，杜尚别	495（面授）
莫斯科电力工程学院（科学和高等教育部）	杜尚别分校（2013 年）	441（面授）168（函授）
莫斯科钢铁学院（教育和科学部）	分校，杜尚别	467（面授）499（函授）
俄罗斯－塔吉克斯坦斯拉夫大学（科学和高等教育部）	杜尚别	3920（面授）1736（函授）
乌兹别克斯坦		
莫斯科国立罗蒙诺索夫国立大学（俄罗斯联邦政府）	分校，塔什干	435（面授）
俄罗斯普列汉诺夫经济大学（科学和高等教育部）	分校，塔什干	571（面授）88（函授）
俄罗斯国立石油天然气大学（科学和高等教育部）	分校，塔什干	937（面授）

续表

大学的名称，属性/所有制形式	教育机构（组织）及其所在地	培训人数
俄罗斯国立石油天然气大学	筹备部门，塔什干	218（面授）
莫斯科国立国际关系学院（俄罗斯外交部）	塔什干分校（于2019年9月建立）	96（面授）
国立核研究大学，莫斯科（科学和高等教育部）	分校，塔什干（2019）	100（面授）
俄罗斯国立体育运动青年与旅游大学，莫斯科（体育，旅游和青年政策部）	分校，撒马尔罕（2019年成立）	150（面授）
国立研究技术大学，莫斯科（科学和高等教育部）	阿拉木图分校（2018年成立）	148（面授）
俄罗斯化学技术大学，莫斯科（科学和高等教育部）	分校，阿拉木图（2019年成立）	182（函授）
乌克兰		
别尔哥罗德国立艺术学院（文化部）	顿涅茨克国立学术爱乐协会的大师班，顿涅茨克	20（函授）
国际管理学院"LINK"（Learning International NetworK 学习国际网络），茹科夫斯基	"俄罗斯花园学校"商学院有限责任公司（伙伴机构），顿涅茨克	10（面授）
国际管理学院"LINK"（Learning International NetworK 学习国际网络），茹科夫斯基	咨询局"Deepkeeper"（深渊守护者）（合作组织），基辅	18（函授）乌克兰语
国际管理学院"LINK"（Learning International NetworK 学习国际网络），茹科夫斯基	"现代管理计划中心"（合作伙伴组织—区域中心 MIM "LINK"），波尔塔瓦	20（函授）乌克兰语

续表

大学的名称，属性/所有制形式	教育机构（组织）及其所在地	培训人数
国际管理学院"LINK"（Learning International NetworK 学习国际网络），茹科夫斯基	"MBA 战略中心"有限责任公司（合伙机构），哈尔科夫	40（函授）乌克兰语
莫斯科占星学院（天文）	分校，基辅 Факультет（филиал）MMA（莫斯科国际学院）в школе GNOSIS（知识），基辅	25（函授）
莫斯科占星学院（天文）	分校，敖德萨	50（函授）
莫斯科物理技术学院（国立大学）（科学和高等教育部）	乌克兰国家科学院的物理技术教育和科学中心，基辅	36（面授）

数据来源：俄罗斯教育科学部 2019 年统计数据［EB/OL］. https：//docviewer. yandex. ru.

在全球化、相互依存、资源争夺加剧的背景下，根据俄罗斯"5—100"高校计划，俄罗斯国家人才培训基金会（莫斯科）开发和测试并综合分析国家教育系统的特殊性和需求的多维排名模型方法，预计大学在"国际化"方向上提高层次从而实现世界一流大学排名目标指数。① 白俄罗斯、哈萨克斯坦等国家同样将教育"国际化"视为提高国家大学国际排名的重要途径，注重大学在"国际化"方向上的发展。科学家菲利波娃（В. М. Филиппова）表示，"为了解决国家、社会和经济体为大学设定的主要任务——为毕业生在全球化世界中的生活和工作做好准备，大

---

① Широбоков С. Н. Роль международной академической мобильности в подготовке будущих учителей［J］. Вестник "Өрлеу"-kst, 2014（1）：20 – 26.

学现在最重要的任务是让绝大多数自己的学生和自己的教授国际化"。①

加入博洛尼亚进程以来，增加教师的国际学术流动一直是俄罗斯的既定目标。因此，俄罗斯教师的学术流向主要倾向于欧美，欧亚区域内的流动性相对较小。相较于欧亚其他国家而言，俄罗斯与白俄罗斯国家间的学术人员流动相对频繁。白俄罗斯国立大学校长谢尔盖·弗拉基米罗维奇·阿布拉梅科（Сергеем Владимировичем Абламейко）院士表示，俄罗斯与白俄罗斯高等教育高度融合，表现为大多数大学在计划和协议框架内进行合作，积极实施科学项目。白俄罗斯国立大学是白俄罗斯高等教育体系的领导者，是独联体国家、格鲁吉亚、拉脱维亚、立陶宛和爱沙尼亚排名前三的大学之一，根据英国 QS 排名的最新结果，白俄罗斯国立大学居第 354 位。白俄罗斯国立大学强大的综合实力也为其开展与俄罗斯学者的教育交流提供了更大的吸引力和可能性。白俄罗斯国立大学与莫斯科国立大学之间合作非常密切。2017 年来自白俄罗斯国立大学的学者赴莫斯科国立大学参与欧亚大学协会会议。同时，两所高校院系之间存在积极的互动。例如，北体大学历史与经济学院和莫斯科国立大学历史学院共同举办了"中东欧国家现代化、趋同与分歧进程：历史、现代性与前景"论坛。科学论坛汇聚了国内外著名科学家。两所大学的经济学院是年度创新项目和初创企业"未来潜力"竞赛的组织者，该竞赛是在莫斯科国立大学举行的国际青年竞赛的一部分。2016 年，124 名北体大学教职工赴莫斯科参加各类国际活动，开展联合科研、讲学。莫斯科国立大学接待了白俄罗斯北体大学的 26 名专家学者。②

白俄罗斯国立大学不仅与莫斯科的主要大学合作，与地区大学的合作也在积极发展。白俄罗斯国立大学与俄罗斯大学、各种教育和科学组织签订了多项协议。特别是 2016 年，与奥廖尔州、沃洛格达州、斯摩棱斯克州、普斯科夫州、伊尔库茨克州、雅罗斯拉夫尔州、莫斯科州、阿尔泰边疆区的机构签署并更新了 12 项合作协议。在这些文件的框架内，

① Филиппов В М. Интернационализация региональных вузов: тенденции, стратегии, пути развития: материалы Междунар [J]. Вестник РУДН, 2015 (3): 203 –210.

② Сотрудничество с российскими вузами-важное и стратегическое направление, -ректор БГУ [EB/OL]. (2017 – 04 – 27) [2021 – 12 – 12]. https://www.postkomsg.com/science/213774/.

交换学生和教师，开展各种研究工作和活动。定期与来自俄罗斯的同事会面，讨论联合活动中最富有成效的领域。①

白俄罗斯国立大学校长谢尔盖·弗拉基米罗维奇·阿布拉梅科（Сергеем Владимировичем Абламейко）指出，白俄罗斯国立大学和整个白俄罗斯与俄罗斯大学的合作是一个重要的战略方向。我们的民族是相似的，我们彼此了解，我们有共同的历史遗产。我看到俄罗斯大学在科学和教育领域的不断发展，这使互动变得更加有价值和必要。② 可以说，随着俄罗斯与白俄罗斯教育项目的实施与开展，可以预见双方教师交流将愈频繁层次愈深入。

2. 合作办学项目类型、层次和水平逐步提高

欧亚国家间合作办学项目类型、层次和水平逐步提高，各国一流大学通过项目院校间的共同协作在能源、经济、管理等不同专业方向上进行人才的联合培养。就双边项目来说，虽然双边合作项目较为繁杂，且一些合作项目时间较为短暂，没有明确的统计数字，但目前，有数以千计的双方合作项目在欧亚区域内国家开展。其中包括双联、联合学位项目和远程教育项目等多种形式。

根据俄罗斯高等教育部统计数据显示，2017 年，俄罗斯 5—100 工程大学实施了 367 个高等教育双学位联合教育项目，相比之下，2016 年共有 428 个项目，2015 年共 379 个项目。与此同时，在俄罗斯大学就读联合项目的学生人数有所增加：2015 年有 4564 人，2016 年有 6006 人，2017 年有 6802 人。根据俄罗斯教育部年度监测数据显示，俄罗斯人民友谊大学（РУДН）实施的联合教育项目数量最多：2015 年有 119 个，2016 年有 131 个，2017 年有 96 个。国立研究型大学高等经济学院双学位项目学习的学生人数最多：2015 年有 749 人，2016 年有 3760 人，2017 年有 4194 人。俄罗斯学者认为，俄罗斯在独联体教育空间中开展联合项目，

---

① Сотрудничество с российскими вузами-важное и стратегическое направление, -ректор БГУ［EB/OL］.（2017 - 04 - 27）［2022 - 02 - 12］. https：//www. postkomsg. com/science/213774/.

② Сотрудничество с российскими вузами -важное и стратегическое направление, -ректор БГУ［EB/OL］.（2017 - 04 - 27）［2022 - 06 - 18］. https：//www. postkomsg. com/science/213774/.

通过实施联合项目来输出教育的模式在短期内是最有效的。地理接近和与邻国的经济合作可以成为激励外国学生在俄罗斯大学学习的决定性因素。短期内，在其他条件相同的情况下，独联体国家参加联合教育项目的学生人数增长率可能会高于这些国家参加俄罗斯项目的学生总数的增长率。① 从欧亚各国开展联合项目的整体来看，双学位/联合学位项目涉及的学科主要有经济/商务、工程和管理法律等学科专业，其办学层次主要是硕士和博士研究生。

（1）远程教育项目逐步兴起发展

随着全球化、信息技术和数字化的发展，除传统的双联项目、联合学位项目，欧亚国家间在线和远程教育合作项目（Онлайновые и дистанционные программы образования）逐渐兴起和发展，逐步成为国家间合作办学项目的重要类型。21 世纪，远程教育项目随着科学技术的发展变得越发广泛和完善。互联网和各种视频及音频通信方式的出现使远程教育项目专业培训成为现代世界中最方便的培训之一。虽然在高等教育合作中，远程教育的国际学生只占少数，但自 20 世纪以来，其一直稳步增长。在欧亚国家中，远程教育和网络学习项目急剧增长。在高等教育水平较高国家的大学，尤其是俄罗斯、白俄罗斯的高校开发了基于远程教育的项目，授课都是在网上进行。

2014 年 1 月 9 日俄罗斯联邦教育和科学部第 2 号命令"关于批准开展教育活动、电子学习、远程教育技术的组织在实施教育项目中的应用程序"为俄罗斯进一步开展远程教育课程提供政策保障。到 2024 年，计划在俄罗斯实施国家"教育"远程项目。其中包括俄罗斯联邦"数字教育环境"计划。预计国家项目共拨款 7845 亿卢布。旨在保障俄罗斯教育的全球竞争力，以及进一步提高俄罗斯教育质量。目前，俄罗斯大多数高等教育机构提供远程教育课程，而且接受这些课程的学生人数迅速增长。目前，俄罗斯有数以千万计的人使用在线课程。俄罗斯在线教育的

---

① Краснова Г. А. , Байков А. А. , Арапова Е. Я. Модель экспорта образования: совместные образовательные программы [J]. Аккредитация в образовании. 2018（1）：38 – 41.

份额占全球教育市场的 3%，估计为 1650 亿美元。[①] 俄罗斯 MOOC（慕课）平台"开放教育"课程超过 376 门。根据《商业课程》的数据显示，B2C（Business to Customer，电子商务）领域的海量在线课程为平台带来了 50% 以上的收入，即商业、数据科学和编程带来的收入最多。在商业课程中，另一个收入来源是硕士课程，所占比重约为 10%。为进一步提高俄罗斯教育在国际教育服务市场上的吸引力和竞争力，俄罗斯计划从 2017 年 5 月到 2025 年 11 月（含）实施"教育出口"项目。且从 2021 年起，该项目将在全国所有大学推广。作为该项目的一部分，将开发新形式的联合教育项目和英语项目，其中包括外国人在线教育、教育旅游和外国人暑期培训项目，以及俄罗斯教育网络系统的建立等。[②] 随着该项目的实施，俄罗斯教育和科学部计划在俄罗斯大学全日制学习的外国学生人数将从 2017 年的 22 万人增加到 2025 年的 71 万人，俄罗斯教育机构在线课程的外国学生人数从 119 万人到 350 万人。国家用于外国留学生教育的项目经费逐年增加，2025 年俄罗斯教育出口资金预计将增加 5 倍以上，达到 3730 亿卢布。[③]

在俄罗斯、白俄罗斯等国家传统大学和私立教育机构利用信息和通信技术，已推出虚拟的教育项目，且多数项目与网络教育及传统教学相结合。在某些技术或专业领域，如信息和通信技术，电子学习已成为访问全球在线的重要手段。2016 年，俄罗斯联邦教育部与白俄罗斯联邦教育部签署了《到 2020 年底发展双边教育合作措施的工作计划》。该文本的重要内容之一是共同发展两国数字教育领域的合作，包括研究两国数字教育平台的整合，在教师参与下共同开发和开发数字教育资源，在互

① Лиджиева З. И., Спиридонова П. А. Развитие дистанционного образования в россии [J]. Науки об образовании, Проблемы педагогики, 2020（4）：21 – 25.

② Соболева М. К. Перспективы развития онлайн-образования в россии [J]. В книге：Университет в глобальном мире：новый статус и миссия. сборник материалов XI Международной научной конференции. Московский государственный университет имени М. В. Ломоносова, Социологический факультет, 2017：240 – 242.

③ Соболева М. К. Перспективы развития онлайн-образования в россии [J]. В книге：Университет в глобальном мире：новый статус и миссия. сборник материалов XI Международной научной конференции. Московский государственный университет имени М. В. Ломоносова, Социологический факультет, 2017：240 – 242.

惠的基础上提供访问数字教育环境。在与白俄罗斯的会晤中，俄罗斯联邦教育部第一副部长德米特里·格卢什科（Дмитрий Глушко）谈到了在新型冠状病毒流行期间特别需要的俄罗斯教育平台。因此，超过 6300 万来自俄罗斯和国外的学生访问了"俄罗斯电子学校"平台，其中包括来自白俄罗斯共和国的 46500 多名用户。

哈萨克斯坦、吉尔吉斯斯坦、塔吉克斯坦等中亚国家的远程教育项目日益发展，成为欧亚跨境教育合作项目的重要形式之一。远程学习在哈萨克斯坦变得越来越流行。哈萨克斯坦努尔苏丹大学和阿拉木图大学等为学生提供远程教育。哈萨克斯坦人现在可以在不离开本国，在俄罗斯和白俄罗斯的大学接受培训并参加大学课程。目前，在这些国家的商业和国立大学远程接受高等教育（170 个专业）变得更加容易，而无须到其他国家参加考试。[①] 联合国报告和世界经济论坛（ВЭФ）报告中对吉尔吉斯斯坦信息化进程发展的一些当前趋势进行的分析表明，尽管吉尔吉斯斯坦在信息化领域取得了一些进展，但相较于世界其他国家的发展速度和水平来看，吉尔吉斯斯坦在世界排名中日益下降。在世界经济论坛关于计算机网络工作就绪指数的全球信息技术报告（2009—2010 年网络就绪指数）中，吉尔吉斯斯坦 2008 年在 127 个国家和地区的排名中位列第 114 位，2009 年在 134 个国家和地区的排名中居第 115 位，2010 年在 133 个国家和地区的排名中居第 123 位。所有这些都表明吉尔吉斯斯坦教育现代化和信息技术发展问题的严重性，这也决定了吉尔吉斯斯坦电子远程教育发展水平。[②]

近年来，受全球化和信息技术的发展，吉尔吉斯斯坦的现代教育服务市场发展迅速，远程教育已经成为普遍的教育方式。例如，十年前，吉尔吉斯斯坦国际大学（МУК）开始与俄罗斯现代人道主义学院（СГА）（莫斯科）积极合作，该学院在这个教育领域积累了丰富的经验。吉尔吉

---

① Дистанционное обучение в Казахстане：где получить высшее образование，особенности Читайте больше：https：//www. nur. kz/family/school/1720482-distancionnoe-obucenie-v-kazahstane-spisok-vuzov/［EB/OL］. （2020 - 8 - 31）［2022 - 02 - 12］. https：//www. nur. kz/family/school/1720482-distancionnoe-obucenie-v-kazahstane-spisok-vuzov/.

② Каландарова С. К. Опыт дистанционного образования в кыргызстане［J］. Приволжский научный вестник，2011（3）：80 - 85.

斯斯坦国际大学与俄罗斯现代人道主义学院共同使用卫星通信和电信技术为吉尔吉斯斯坦国际大学（MYK）吉尔吉斯斯坦—俄罗斯远程学习学院（KPИДO）的学生提供远程学习。远程教育项目根据教育内容以及学习进度和速度，为每个学生编写个人课程。吉尔吉斯斯坦—俄罗斯远程教育学院高等职业教育系统等通过开展远程教育项目为吉尔吉斯斯坦学生提供远程学习服务。①

在乌克兰等国家，远程教育与传统教育机构有显著的差别，但有一些完全致力于远程学习的专门机构，现在这样的机构越来越多通过使用邮件这种新技术来补充远程教育。新冠疫情期间，远程教育项目在世界范围内得到快速发展，俄罗斯等欧亚国家的大学都被迫转为远程学习，远程教育项目也逐渐成为欧亚国家开展跨境教育合作的重要途径之一。2020 年 6 月俄罗斯国立研究型大学高等经济学院为了解疫情期间俄罗斯留学生工作的主要趋势，对 70 所俄罗斯大学的员工（其中包括 8 所联邦大学，俄罗斯所有外国学生的很大一部分集中在这些大学，以及至少有 500 名其他国家公民就读的大学）进行了问卷调查。调查结果表明，近一半的受访者表示他们的大学正计划为国际学生开设在线课程，另外三分之一的受访者表示他们的大学打算开设在线学位课程，包括与其他大学合作。② 但土库曼斯坦、亚美尼亚、阿塞拜疆、格鲁吉亚、摩尔多瓦等国家因教育技术手段的限制和发展，远程教育仍处于起步阶段。

（2）学习中心建立发展

学习中心通常是指一国高等教育机构在其他国家建立一个语言和历史文化学习的中心或者教学点（教学课堂），从而为当地的学习者提供相应的语言文化课程和交流互动项目。学习中心是跨境高等教育合作的重要形式之一。高等教育机构利用自身资源优势，既可以独立运作学习中心，也可以与他国其他高等教育机构进行合作，共同建设运营。2007 年以来，俄罗斯为扩大其影响力在欧亚国家广泛开设语言文化交流的中

---

① Каландарова С. К. Опыт дистанционного образования в кыргызстане［J］. Приволжский научный вестник，2011（3）：80 – 85.

② Абрамова М. О.，Филькина А. В.，Сухушина Е В. Вызовы интернационализации для российского высшего образования：влияние пандемии COVID – 19 на образовательный опыт иностранных студентов［J］. Вопросы образования，2021（4）：117 – 146.

心——"俄语中心"，在推广语言的基础之上，进一步推动欧亚各国间的跨境高等教育交流与合作。

2007 年 6 月，根据俄罗斯联邦总统第 796 号令，成立实施关于俄罗斯联邦政府官方语言政策发展规划的重要执行机构——"俄罗斯世界"基金会。该基金会为了支持俄语和俄罗斯历史文化在世界范围内的广泛传播，巩固俄语的在世界上的地位，提升国际形象，参与俄罗斯高等教育机构在境外其他国家的教育建设项目，积极推进与欧亚国家进行文化交流和教育合作，并先后在欧亚国家成立了其下属机构"俄语中心"。

俄语中心作为"俄罗斯世界"基金会开展国际文化交流和教育领域项目的重要下属机构部门，其主要宗旨是促进俄罗斯联邦的语言、历史文化等在国际上的传播，为其他国家俄语学习者和俄罗斯历史文化爱好者提供多方面的支持，积极同其他国家开展跨文化交流与合作，增进同欧亚国家的凝聚力以及世界各国人民的友好互动。[①] 成立至今，已在全球的 48 个国家，建立了 100 余所俄语中心。（如图 2.8 所示）

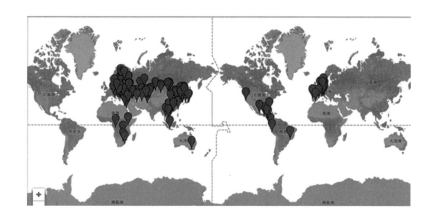

图 2.8　俄语中心在世界范围内的分布

数据来源：俄罗斯世界基金会官网［EB/OL］，https：//russkiymir.ru/rucenter/catalogue.php.

俄语中心有着相对较为完整的管理运行机制。"俄罗斯世界"基金会

---

① 张艳辉：《新世纪俄语对外推广政策及其对汉语海外推广的启示》，《中国俄语教学》2016 年第 1 期。

作为俄语中心的最高管理执行机构，负责制定全球俄语中心发展战略的规划。俄语中心一般采用集中管理的运行模式，其成立的海外分支机构受"俄罗斯世界"基金会总部的直接领导，会根据俄罗斯联邦的战略需求和欧亚其他国家的现实发展情况，综合评估后决定是否与当地的机构合作开设俄语中心。"俄罗斯世界"基金会为其提供硬件支持以及各类俄语书籍，指导并监督俄语中心的运营。

俄语中心作为教师和学生的培训基地，为欧亚国家合作机构中的俄语教师和学员进行语言和文化培训。在教师培训方面，定期开设俄语培训课程和俄语圆桌讨论会，以促进欧亚国家俄语教师专业技能的提升，从而提高教学水平和教学质量。此外，欧亚国家的俄语中心每年会开设多次俄语教师培训讲座和其他俄语教学活动，推荐当地高等教育机构中优秀的俄语教师到俄罗斯的大学中进行深造，也会定期邀请俄罗斯教育领域的相关专家到欧亚各国进行俄语讲座和高级培训研讨会。在学生培训方面，俄罗斯联邦政府积极与欧亚国家开展教育合作。俄语中心通过与当地高等教育机构等进行教育合作开设相关语言课程和培训学习班，为俄语学习者提供学习空间。俄语中心还为当地基础薄弱的学生开设俄语免费培训课程，开展俄语竞赛，俄罗斯文化展览会，推荐优秀学生到俄罗斯大学进行访学、参加学校实践，以提高当地学生对俄语的学习兴趣和积极性。

比什凯克人文大学每年有 1000 余名学生通过该所大学内建立的俄语中心来学习俄语、了解俄罗斯并通过该中心查找俄罗斯的相关资料，当地很多的俄语教师也会到该俄语中心借阅相关书籍，或通过俄语中心电子图书馆下载所需的俄语材料。俄语中心为欧亚的俄语教师和学习者提供了大量的培训项目，这里以比什凯克人文大学为例，具体情况如表2.19 所示。

表 2.19 　　　比什凯克人文大学俄语中心培训情况一览表（2019）

教学主题	教学时间	教学方式
俄语教师教学研讨会	2019 年 1 月 17 日	研讨会
俄语短期培训课	2019 年 4 月 7 日	小班授课

续表

教学主题	教学时间	教学方式
俄罗斯经典文学周	2019 年 5 月 31 日	小班讨论
优秀教师公开课	2019 年 8 月 31 日	公开课
外国学生教育实习	2019 年 11 月 31 日	教育实习

数据来源：比什凯克人文大学俄语中心网站，https：//www. bhu. kg/.

俄语中心不仅仅是一个简单的培训平台，更是为同欧亚国家及世界其他国家进行跨境高等教育合作以及人文领域交流的创新平台。俄语中心的建立为扩大同欧亚国家在教育领域的交流与合作产生了一定的促进作用。通过与当地的高等教育机构和语言培训机构进行合作，在欧亚国家中开设了多个俄语中心和俄语教学点，为学习者提供俄语语言培训，俄罗斯文化、历史和传统习俗的讲解、定期举办专家讲座、举行俄语文化周展览以及其他与俄语相关的教育活动。并且积极在欧亚国家进行战略布局，在阿塞拜疆、亚美尼亚、白俄罗斯、哈萨克斯坦、吉尔吉斯斯坦、塔吉克斯坦、格鲁吉亚、摩尔多瓦等欧亚国家中建立了多所俄语中心。（如图 2.9 和表 2.20 所示）

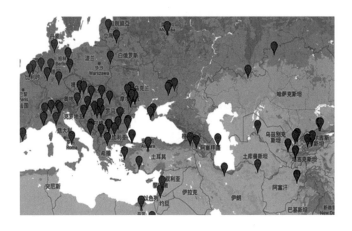

图 2.9 俄语中心在欧亚国家的分布

数据来源：俄罗斯世界基金会官网［EB/OL］，https：//russkiymir. ru/rucenter/catalogue. php。

表 2. 20 **俄语中心在欧亚国家的分布**

俄语中心	合作机构	所在城市
阿塞拜疆		
巴库国立大学俄语中心	巴库国立大学	巴库
亚美尼亚		
埃里温国立大学俄语中心	埃里温国立大学	埃里温
白俄罗斯		
白俄罗斯俄语中心	布列斯特国立技术大学	明斯克
哈萨克斯坦		
哈萨克斯坦国立大学俄语中心	哈萨克斯坦国立大学	阿拉木图
哈俄国际大学俄语中心	哈俄国际大学	阿克托别
吉尔吉斯斯坦		
比什凯克人文大学俄语中心	比什凯克人文大学	比什凯克
俄罗斯国立社会大学 奥什分校俄语中心	俄罗斯国立社会大学 奥什分校	奥什
楚河州图书馆俄语中心	楚河州图书馆	卡尼特
塔吉克斯坦		
俄塔斯拉夫大学俄语中心	俄塔斯拉夫大学	杜尚别
塔吉克国家语言学院俄语中心	塔吉克国家语言学院	杜尚别
塔吉克国立师范大学俄语中心	塔吉克国立师范大学	杜尚别
塔吉克斯坦国立大学俄语中心	塔吉克斯坦国立大学	杜尚别
格鲁吉亚		
第比利斯俄语中心	Азбука（字母）	第比利斯
摩尔多瓦		
巴尔蒂国立大学俄语中心	巴尔蒂国立大学	巴尔蒂
摩尔多瓦国立大学俄语中心	摩尔多瓦国立大学	基希讷乌

续表

俄语中心	合作机构	所在城市
摩尔多瓦		
德涅斯特国立大学俄语中心	德涅斯特国立大学	蒂拉斯波尔
康姆拉特国立大学俄语中心	康姆拉特国立大学俄语中心	康姆拉特

数据来源：俄罗斯世界基金会，https：//russkiymir. ru/rucenter/catalogue. php.

3. 独立分校和联合大学拓展深化发展

2007 年以来，随着全球化和区域一体化的加速到来，欧亚国家政治、经济等多领域合作的持续升温，欧亚的跨境高等教育合作迈向了新台阶，国家间国际分校和合作办学拓展发展，在规模和办学层次水平上逐步提升。

（1）独立分校的建立与发展

在独立分校的跨境流动方面主要以"俄罗斯—输出"模式为主。根据俄罗斯教育科学部数据库，2017/2018 学年俄罗斯在欧亚国家合作办学情况统计表显示，提供教育服务的俄罗斯大学数量共计 40 所，俄罗斯大学在其他欧亚国家开设分校数量近 30 所，伙伴性机构和联营性机构 17 所。（见表 2. 21、表 2. 22 所示）

表 2. 21　　2017/2018 学年俄罗斯在欧亚国家合作办学情况统计表

国家	提供教育服务的俄罗斯大学数量	俄罗斯大学分校数量	伙伴性机构和联营性机构数量	留学生数（人）
阿塞拜疆	2	2	0	909
亚美尼亚	7	6	1	3436
白俄罗斯	4	2	2	3120
哈萨克斯坦	8	6	6	5971
吉尔吉斯斯坦	7	3	4	12214
摩尔多瓦	2	2	0	499
塔吉克斯坦	4	3	1	9278

续表

国家	提供教育服务的俄罗斯大学数量	俄罗斯大学分校数量	伙伴性机构和联营性机构数量	留学生数（人）
乌兹别克斯坦	3	3	1	2196
乌克兰	3	2	2	150
总计	40	29	17	37773

数据来源：俄罗斯教育服务出口 2019 年数据，https：//docviewer. yandex. ru.

表 2. 22　　　　　　　欧亚国家间建设独立分校情况统计表

教育输出国及大学的名称	教育机构（组织）及其所在地
独联体（欧亚）国家	
阿塞拜疆	
俄罗斯，莫斯科罗蒙索夫国立大学（俄罗斯联邦政府）	分校，巴库
俄罗斯，第一莫斯科谢切诺夫国立医科大学（卫生部）	分校，巴库
亚美尼亚	
俄罗斯，莫斯科斯克里亚宾国立兽医与生物工艺学院	分校，埃里温
俄罗斯，莫斯科罗蒙索夫国立大学	分校，埃里温
俄罗斯，俄罗斯普列汉诺夫经济大学	分校，埃里温
俄罗斯，俄罗斯国际旅游学院	亚美尼亚旅游学院（分校，埃里温）
俄罗斯，俄罗斯国立旅游与服务大学	分校，埃里温
俄罗斯，圣彼得堡对外经济关系大学	分校，埃里温
乌克兰，捷尔诺波尔国立经济大学埃里温教育和科学研究所	分校，埃里温
白俄罗斯	
俄罗斯，俄罗斯普列汉诺夫经济大学	分校，明斯克
俄罗斯，俄罗斯国立社会大学	分校，明斯克
俄罗斯，莫斯科天文学院（占星术）	分校，明斯克（2021）

续表

教育输出国及大学的名称	教育机构（组织）及其所在地
哈萨克斯坦	
俄罗斯，莫斯科天文学院	分校，阿拉木图
俄罗斯，莫斯科航空学院	分校，拜科努尔
俄罗斯，莫斯科罗蒙诺索夫国立大学	分校，阿斯塔纳
俄罗斯，莫斯科国立经济、统计与信息大学	分校，乌斯季卡缅诺戈尔斯克
俄罗斯，圣彼得堡人道主义工会大学	分校，阿拉木图
俄罗斯，车里雅宾斯克州立大学	分校，科斯塔奈
吉尔吉斯斯坦	
俄罗斯，喀山国立研究技术大学	分校，康德
俄罗斯，国际斯拉夫研究所	分校，比什凯克
俄罗斯，俄罗斯国立社会大学	分校，奥什
摩尔多瓦	
俄罗斯，莫斯科天文学院	天文研究中心（分校），基希涅夫
俄罗斯，俄罗斯新大学（私立）	分校，蒂拉斯波尔
塔吉克斯坦	
俄罗斯，莫斯科罗蒙诺索夫国立大学	分校，杜尚别
俄罗斯，国立研究型大学	分校，杜尚别
俄罗斯，国立研究技术大学	分校，杜尚别
乌兹别克斯坦	
俄罗斯，莫斯科罗蒙诺索夫国立大学	分校，塔什干
俄罗斯，俄罗斯普列汉诺夫经济大学	分校，塔什干
俄罗斯，俄罗斯国立石油天然气大学	分校，塔什干
俄罗斯，莫斯科国立国际关系学院	塔什干分校（于2019年9月建立）

续表

教育输出国及大学的名称	教育机构（组织）及其所在地
乌兹别克斯坦	
俄罗斯，国立核研究大学	分校，塔什干（2019）
俄罗斯，俄罗斯国立体育运动青年与旅游大学，莫斯科（体育，旅游和青年政策部）	分校，撒马尔罕（2019 年成立）
俄罗斯，国立研究技术大学	分校，阿拉木图（2018 年成立）
俄罗斯，俄罗斯化学技术大学	分校，阿拉木图（2019 年成立）
乌克兰	
俄罗斯，莫斯科天文学院	分校，基辅
俄罗斯，莫斯科天文学院	分校，敖德萨
土库曼斯坦	
俄罗斯，俄罗斯国立石油天然气大学分校	分校，阿什哈巴德（2008—2012）

数据来源：根据欧亚国家教育科学自行统计。

俄罗斯高校境外分支机构的开设一般是依据俄联邦政府于 2013 年 10 月 28 日发布的《关于教育活动许可的法令》，需要由俄联邦教育和科学监督服务部门（Федеральная служба по надзору в сфере образования и науки）发放许可。根据 2017/2018 学年数据，在俄罗斯大学的海外分校和国际联合大学的分支机构就读的外国公民总数为 46993 人，其中有 44440 人（超过 94%）在独联体国家就读。

俄罗斯在欧亚国家独立分校的建立和运行模式大体相似。以莫斯科罗蒙诺索夫国立大学哈萨克斯坦分校为例。1999 年 2 月 26 日俄罗斯和哈萨克斯坦政府共同签署了《俄罗斯联邦教育部和哈萨克斯坦共和国教育与科学部关于莫斯科大学哈萨克斯坦分校的建立和运作的协议》。2000 年 8 月 30 日莫斯科大学哈萨克斯坦分校学术委员会成立，2001 年莫斯科大学哈萨克分校在阿斯塔纳正式宣布成立。为共同推进学校进一步深度发展，2017 年 11 月 9 日双方共同签署了《俄罗斯联邦政府和哈萨克斯坦共和国政府关于莫斯科大学哈萨克斯坦分校运作的协议》，该协议指出，根据 1997 年 1 月 17 日《关于联合构建独立国家统一（共同）教育空间的协定》、白俄罗斯共和国政府与哈萨克斯坦共和国政府协定、吉尔吉斯斯坦共和国政府、俄罗斯联邦政府和塔吉克斯坦共和国政府于 1998 年 11 月 24 日签署的关于相互承认和对等教育、学位和职称的文件，以及 1999 年 2 月 26 日的《关税同盟和共同经济空间条约》缔约国高等教育机构分支机构的设立和运作等协议就莫斯科大学分校运行程序达成一致。

该协议对莫斯科大学哈萨克斯坦分校的运行相关信息进行规定，其中包括：

俄罗斯莫斯科大学和哈萨克斯坦欧亚国立大学是负责执行本协议的授权机构组织；

根据莫斯科大学章程和分校管理办法，该分校为莫斯科大学在哈萨克斯坦的独立分支机构；

哈方将欧亚大学的财产转让给莫斯科大学无偿使用，作为分校运作所需经费。转让给哈萨克斯坦方的财产，包括分配给欧亚大学的财产，无偿转让是按照哈萨克斯坦共和国法律规定的方式签订的协议实施的；除按照俄罗斯联邦国家教育标准和莫斯科大学独立制定和批准的教育标准开展的教育活动外，分校的活动均根据哈萨克斯坦共和国的法律开展；

分校教育活动的许可和国家认定根据俄罗斯联邦法律进行，哈方无权对分校进行国家认证。

分校的教育是根据莫斯科大学自主制定和批准的联邦国家教育标准和教育标准进行的，经莫斯科大学批准，在"数学""应用数学与计算机科学""语言学""生态与自然管理""经济学"等领域培训哈萨克斯坦历史和哈萨克语。结合哈萨克斯坦劳动力市场对人才的需求，双方授权机构可商定分校的其他培训领域。分校教育形式包括全日制和非全日制。教学用俄语进行授课。

分校的入学规则受俄罗斯联邦法律的约束，在不受法律约束的情况下，受莫斯科大学章程的约束。分校学生的教育过程可以按照莫斯科大学内部法案规定的方式直接在莫斯科大学进行。分校的教育是在莫斯科大学教职员工的参与下进行的，开展讲座、研讨会和其他类型的教育工作。莫斯科大学和欧亚大学在科学、教育和其他共同感兴趣的活动领域进行合作。

成功通过国家最终认证的分校学生，无须经过认证和公证程序，即可获得在哈萨克斯坦共和国境内承认的教育和（或）资格证明文件。这些教育和（或）资格文件的样本由莫斯科大学创建。根据哈萨克斯坦国家教育条例，莫斯科大学毕业生在该分校完成学业的义务由哈萨克斯坦共和国法律确定。

分校的活动资金由哈萨克斯坦国家预算和符合哈萨克斯坦国家法律法规的其他来源资金承担，资金主要用于在国家教育框架内培养具有高等教育和研究生教育的专家。根据哈萨克斯坦法律规定的要求，为分校开展活动所需的物质和技术基础提供资金支持。与公用事业运营相关的费用（电、热、供水、污水处理）以及教辅设施、运动区和免费宿舍的维护费用由分校机构承担，资金来源应符合哈萨克斯坦共和国的法律法规以及国家教育框架的要求。

在人员培训领域，分校根据各缔约国立法规定的公私合作的条款和原则，与哈萨克斯坦共和国的商业实体开展合作和互动。

为确保本协定条款的实施，设立由双方同等人数的成员组成的跨部门委员会。

跨部门委员会对分校的教育、财务和经济活动以及财产的使用情况进行联合审计。对分支机构活动的联合审计不超过每三年一次。其他检查按照哈萨克斯坦共和国法律规定的方式进行。如果分校的活动发生违规行为，缔约双方授权机构将根据缔约各方的法律采取措施。双方就本协议条款的适用或解释发生争议，应通过协商解决。

经双方同意，可以对本协议进行修订。本协定不影响缔约双方因其国家为缔约方的其他国际条约而产生的权利和义务。

本协定自通过外交途径收到双方最后一次书面通知完成所需的国内程序之日起生效。自本协定生效之日起，分支机构的活动应符合本协定的规定。

本协议无限期签订。任何一方均可通过外交途径向另一方发出书面通知，终止本协议。在这种情况下，本协议应在另一方收到此类通知之日起 10 个月后终止。于 2017 年 11 月 9 日在车里雅宾斯克完成，一式两份，均使用俄语和哈萨克语，两种文本具有同等效力。如果本协议文本之间存在差异，双方以俄文文本为准。

2019 年 5 月 7 日，哈萨克斯坦总统托卡耶夫（Токаевым К. К.）签署了《俄罗斯联邦政府和哈萨克斯坦共和国政府关于罗蒙诺索夫莫斯科国立大学哈萨克斯坦分校运作协议的批准法》，双方共同制定了《莫斯科国立大学哈萨克斯坦分校章程》等文本保障分校运行和发展。

目前，哈萨克斯坦俄罗斯大学分校开设本科生培养专业包括应用数学和信息学、语言学、经济学、生态与自然管理、应用数学与信息学、数学等专业。并在应用数学与信息学方向的数学建模专业、语言学方向的媒体语言学、生态与自然管理方向的自然管理、经济学方向的财务分析和国民经济学等专业开设硕士课程。根据哈萨克斯坦莫斯科大学分校官网数据显示，2021 年共计培养毕业生 126 人，其中研究生 33 人，本科生 93 人。2005 年至 2021 年，共计培养毕业生 1800 余人，目前，哈萨克斯坦莫斯科大学分校已成为哈萨克斯坦、俄罗斯、塔吉克斯坦等欧亚国家人才培养的重要场所。

（2）合作办学机构的创新发展

2007 年以来，随着双边及多边合作协议的签署，欧亚国家的合作办学稳步发展。2006—2008 年，俄罗斯分别与摩尔多瓦、土库曼斯坦和哈萨克斯坦基于平等条件的双边政府间协议的基础上签署了教育合作协议，并在亚美尼亚、白俄罗斯、吉尔吉斯斯坦和塔吉克斯坦联合创办高等教育机构——斯拉夫大学。目前，后苏联地区有 4 所斯拉夫大学：俄罗斯—亚美尼亚大学、俄罗斯—吉尔吉斯斯坦大学、俄罗斯—塔吉克斯坦大学，俄罗斯—白俄罗斯大学。根据双方共同协商，创建俄罗斯斯拉夫大学的决定是由两个国家根据两个立法和监管框架完成。独联体国家的斯拉夫大学作为教育和文化的中心，其制定与独联体的国家和公共机构互动的有效战略，与国际组织、民间社会机构建立多边伙伴关系。不仅有助于各民族文化的发展和相互丰富，形成统一的教育空间，而且有助于经济和科学等各领域的融合。例如，俄罗斯—亚美尼亚大学与莫斯科国立大学、莫斯科国际关系学院、俄罗斯人民友谊大学、俄罗斯联邦外交部外交学院、莫斯科国立技术大学、普希金国立俄语学院、俄罗斯联邦政府国民经济学院、俄罗斯战略研究所、维也纳国际大学等建立合作关系。除斯拉夫大学，哈萨克斯坦、吉尔吉斯斯坦、塔吉克斯坦等国家共同在中亚地区创办了中亚大学、哈萨克斯坦—俄罗斯国际大学、吉尔吉斯斯坦—乌兹别克大学、吉尔吉斯斯坦—哈萨克斯坦大学等多所知名学府。表2.23为后苏联空间国家合作办学情况表。

表2.23　　　　　　　　欧亚国家间合作办学情况表

合作国家及大学的名称	教育机构（组织）所在地
俄罗斯—亚美尼亚：俄罗斯—亚美尼亚大学	亚美尼亚，埃里温
俄罗斯—亚美尼亚：姆基塔尔·戈什亚美尼亚—俄罗斯国际大学（私立）	亚美尼亚，瓦纳佐尔
俄罗斯—白俄罗斯：白俄罗斯—俄罗斯大学	白俄罗斯，莫吉廖夫
俄罗斯—哈萨克斯坦：哈萨克—俄罗斯医科大学	哈萨克斯坦，阿拉木图
哈萨克斯坦—塔吉克斯坦—吉尔吉斯斯坦：中亚大学	哈萨克斯坦，阿拉木图
哈萨克斯坦—塔吉克斯坦—吉尔吉斯斯坦：中亚大学铁克利分校	哈萨克斯坦，铁克利
俄罗斯—哈萨克斯坦：哈萨克斯坦—俄罗斯国际大学	哈萨克斯坦，阿克托比
俄罗斯—吉尔吉斯斯坦：俄罗斯—吉尔吉斯斯坦技术大学联盟	吉尔吉斯斯坦，比什凯克
俄罗斯—吉尔吉斯斯坦：吉尔吉斯斯坦—俄罗斯斯拉夫大学医学院	吉尔吉斯斯坦，比什凯克
哈萨克斯坦—塔吉克斯坦—吉尔吉斯斯坦：中亚大学	吉尔吉斯斯坦，比什凯克
俄罗斯—吉尔吉斯斯坦：吉尔吉斯斯坦—俄罗斯斯拉夫大学	吉尔吉斯斯坦，比什凯克
乌兹别克斯坦—吉尔吉斯斯坦：吉尔吉斯斯坦—乌兹别克斯坦大学	吉尔吉斯斯坦，奥什
哈萨克斯坦—吉尔吉斯斯坦：吉尔吉斯斯坦—哈萨克斯坦大学	吉尔吉斯斯坦，比什凯克
俄罗斯—塔吉克斯坦：俄罗斯—塔吉克斯坦斯拉夫大学	塔吉克斯坦，杜尚别
哈萨克斯坦—塔吉克斯坦—吉尔吉斯斯坦：中亚大学	塔吉克斯坦，杜尚别

数据来源：根据欧亚国家教育部信息自行整理。

　　塔吉克斯坦、吉尔吉斯斯坦和哈萨克斯坦共同成立的中亚大学是欧亚区域内国家跨境教育合作办学的典范。中亚大学（UCA）（Университет Центральной Азии）是中亚一所世俗的、非营利的研究型大学。它是由塔吉克斯坦、吉尔吉斯斯坦、哈萨克斯坦总统和阿迦汗殿下于 2000 年签署创办，中亚大学得到阿迦汗发展组织（АКДН）的支持并与其合作密切。中亚大学的第一个校区于 2016 年在吉尔吉斯斯坦的纳伦开设，随后在塔吉克斯坦的霍罗格开设了第二个校区（2017 年）。哈萨克斯坦校区于2022 年在哈萨克斯坦的山脚下的城市铁克利（Текели）成立。中亚大学拥有三个学院，分别为人文与精密科学学院、发展学院和职业与继续教育学院。（见图 2.10）位于吉尔吉斯斯坦纳伦人文与精密科学学院和塔吉克斯坦霍罗格发展学院的两个校区提供本科课程。专业主要包括计算机科学、传播与媒体、地球与环境科学、经济学、工程科学、商业与管理等。

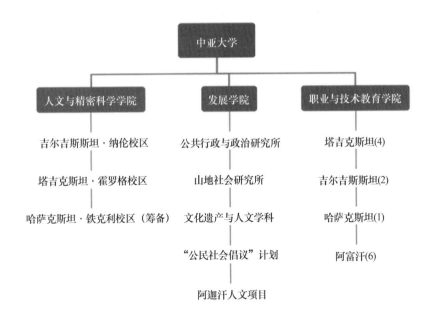

图 2.10　中亚大学学院分布情况

中亚大学的录取是严格以成绩为标准，大学保证为所有被录取的学生提供经济支持。一般而言，学生只需支付学费、食宿费等少部分费用，因此来自农村地区的学生可以在中亚大学学习和生活。根据中亚大学官方网站公布的数据显示，目前，中亚大学纳伦和霍罗格校区有来自 9 个国家的272名学生，其中包括中亚国家（81%）、巴基斯坦（12%）、阿富汗（4%）和俄罗斯、伊朗、叙利亚和肯尼亚的学生（3%），其中15万名学生在位于中亚和阿富汗的职业和继续教育学院的14个培训中心接受了培训。来自87所大学/学院的18万名学生在阿迦汗人文项目下接受了培训。山区社会研究所、公共行政和政策研究所、民间社会倡议以及文化遗产和人文部出版了100多份出版物。来自塔吉克斯坦、吉尔吉斯斯坦和阿富汗的1700名公务员接受了公共行政和政治方面的培训。科学和教育工作的合作伙伴包括加拿大塞内卡学院预备课程、澳大利亚悉尼科技大学传播与媒体、加拿大多伦多大学计算机科学、俄罗斯莫斯科高等经济学院研究型大学经济学课程、英国剑桥大学中亚教师发展计划等。并与哈萨克斯坦阿拉木图管理大学、加拿大阿瓦里集团、阿富汗巴达赫尚大学、瑞士伯尔尼大学、吉尔吉斯斯坦—俄罗斯斯拉夫大学、英国剑桥大学等60余所教育机构开展教育交流与合作。

　　总的来说，2007年以来，后苏联空间国家加快国家间双边以及多边跨区域的顶层设计和总体布局，在推动国家间双边跨境高等教育合作的同时，在独联体框架下进一步打造独联体统一教育空间，建立和完善区域跨境教育合作机制的框架体系，同时循序有效推进后苏联空间跨区域教育合作的教育质量保障及学历学位互认机制建设等，不断创新跨境高等教育合作模式，创建区域间高校联盟上海合作组织大学和独联体网络大学，在上海合作组织和独联体框架下深度开展跨境高等教育合作。随着独联体和上海合作组织框架下多边领域合作的不断深化，后苏联空间国家双边及多边的跨境教育对话活动日益频繁，逐步搭建起新的双边及多边跨境高等教育合作机制。合作办学项目层次和水平逐步提高，各国一流大学通过项目院校间的共同协作在能源、经济、管理等不同专业方向上进行人才的联合培养，合作办学和国际分校快速发展，成立了包括哈萨克斯坦—俄罗斯国际大学、吉尔吉斯斯坦—乌兹别克斯坦大学、俄罗斯国立石油天然气大学土库曼斯坦分校、国立研究技术大学塔吉克斯坦分校在内的30余所院校。随着全球化和区域一体化的加速到来，欧亚国家政治、经济等多领域合作的持续升温，跨境高等教育合作迈向了新台阶。各国利用信息技术，不断开发远程高等教育合作。经过30多年的发展，建立了多层次多类型跨境高等教育合作网络。

第 三 章

欧亚跨境高等教育合作关系研究

在深度剖析欧亚国家跨境高等教育合作三十年历史进程及阶段特征的基础上，为了对欧亚国家跨境高等教育合作进行多方面解剖，从不同主体视角探寻多边合作。本研究利用定量研究方法——社会网络分析方法，选取欧亚国家间跨境高等教育合作流动的关键指标，对欧亚国家跨境高等教育合作关系进行实证分析。测算欧亚国家之间跨境高等教育合作的紧密程度，分析欧亚国家间跨境高等教育合作的关系特征。基于地缘政治和国际关系视角在欧亚跨境高等教育合作研究中引入社会网络分析方法可以实现空间关系的网络化和网络关系的空间化，深化对欧亚空间合作环境的认识。

一 研究方法与设计

（一）社会网络分析方法

目前，难以精确地厘清"社会网络"一词何时被研究者应用到社会结构研究中，但结构化的思想一直根植于社会学传统之中。直到 20 世纪 30 年代，以德国社会学家齐美尔（Simmel）为代表的研究者们才开始用社会网络概念来表达社会关系结构形式与特征。① 这些研究者在自己的研究中使用了社会网络分析的相关术语，如"点""线"等。随后，社会学者们所提出的社会网络思想逐渐得到社会心理学和精神医学学者的普遍

---

① ［美］约翰·斯科特（John Scott），［美］彼得·J. 卡林顿（Peter J. Carrington）主编：《社会网络分析手册》，刘军等译，重庆大学出版社 2018 年版，第 1 页。

关注，并将其运用到社会心理学研究中。社会网络分析理论由此得到了进一步的发展。20 世纪 50 年代，受到英国社会人类学家拉德克利夫·布朗（Radcliffe Brown）提出的"社会关系网络""社会形态学"等结构主义观念的影响，W. 劳埃德·沃纳（W. Loayd Warner）、米切尔（Mitchell）、巴恩斯（Barnes）等学者对社会网络分析进行应用、研究和丰富，提出了社会网络分析的"关联度""密度"等思想。20 世纪 60 年代以来，以社会学者哈里森·怀特（Harrison White）和马克·格兰诺维特（Mar Granovetter）等为代表的社会学家们在丰富社会网络研究的基础上，尝试开发网络范式，开始提出和应用社会网络分析的一种形式方法论，并使用代数的方法分析和表达由社会位置和社会角色构成的网络系统。随着社会网络逐渐被研究者应用到社会学、政治学、物理学等多领域，社会网络研究方法也逐渐得到丰富、发展和完善。

　　历经近百年的发展，社会网络分析方法逐渐成熟完善。在各学者和理论学派的丰富和发展中，社会网络分析方法形成了如下基本思想和观点：社会网络分析的前提是，社会生活主要并且最重要的是通过关系以及由这些关系形成的模式创建的。社会网络是社会行动者及其关系的集合，社会个体间的联系构成网络；社会网络强调每个行动者都与网络中的其他行动者存在或多或少的联系，其中个体的行动受到其他周边个体的影响，并非独立行为；在社会网络中整个社会网络对每个行为体的行动造成良性和恶性双面影响；通过网络模型将难以诠释的一般定性结构思想矩阵化，从而实现可操作化，以便进一步分析节点之间长期的关系发展情况；在社会网络中资源的流通通过行为体之间的联系形成；利用社会网络分析方法从社会关系视角审视分析关系层面的影响，从而进行社会学剖析和解释，相较于单从个体属性视角研究得出的研究结论更具有科学性和可信性。（刘军，2004）

　　社会网络分析是一种结构主义范式，即它根据行动者之间的关系结构（而不是行动者类别）对社会生活进行概念化。[①] 社会网络分析能为研究者提供的不仅是基于科学的精确重述，由于社会网络分析方法研究的

---

① ［美］约翰·斯科特（John Scott），［美］彼得·J. 卡林顿（Peter J. Carrington）主编：《社会网络分析手册》，刘军等译，重庆大学出版社 2018 年版，第 7 页。

结构可以分析网络系统的情况，同时也能够呈现和分析个体在整体网络中的限制和发展状况，因此，用社会网络分析方法能够较为全面地阐释结构变化中的关系。对于社会网络的作用和价值，社会学者米切尔（Mitchell）指出，在社会网络中，个体即行为体间拥有特定的联系和特征，通过对网络中关系和联系的分析诠释个体行为的变化是极其必要的。在社会网络中，个体关系结构及其行为的定位对于网络和个体在特定具体的行为、意识等方面具有非常重要的影响。美国学者巴里·威尔曼（Barry Wellman）也曾表示，社会网络分析在描述网络中关系结构，分析网络关系影响个体行为的过程中，具有非常科学的定量方法和模型，具有非常重要的价值和作用。[1]

近几十年来，社会网络越来越受到社会公众和学术界的青睐，被广泛应用于社会学、心理学、物理学、管理学等相关学科研究的多个领域，在科学研究创新发展中发挥着重要的价值和作用。目前，社会网络分析方法是社会学比较成熟的分析方法，在社会网络范式中，社会网络是由个体之间的社会关系所组成的相对稳定的系统。[2] 其中的个体可以是个人，也可以是社群、组织或国家。[3] 社会网络通过一系列节点以及节点之间的线形成关系，从而构成整个社会网络，但值得注意的是，网络之间存在联系并不就意味着所有行为个体都与其他个体之间存在直接联系。由于在社会网络中关系是不断变化的，所以，由关系所构成的社会网络结构也处于动态过程中，处于不断演变中。社会关系网络的结构特征直接或间接地影响行为体之间信息和资源的传递，同时也影响着行为体的互动模式及其在社会网络中所处的网络位置。社会网络分析方法作为一种研究社会复杂系统的有效理论方法，基于网络行动者之间的联系构建关系网络，可以揭示深层次的结构及规律。在对欧亚跨境教育合作历程探索的基础上，采用社会网络分析方法对欧亚跨境教育合作结构进行量化分析，能够进一步科学、直接、客观地揭示出欧亚跨境教育合作的整

---

① Wellman B., Berkowitz S. D. Social structures：a network approach［M］. JAI Press, 1997.

② ［美］约翰·斯科特（John Scott），［美］彼得·J. 卡林顿（Peter J. Carrington）主编：《社会网络分析手册》，刘军等译，重庆大学出版社 2018 年版，第 14 页。

③ ［美］约翰·斯科特（John Scott），［美］彼得·J. 卡林顿（Peter J. Carrington）主编：《社会网络分析手册》，刘军等译，重庆大学出版社 2018 年版，第 25 页。

体样态和结构特征。

（二）欧亚国家跨境教育合作关系分析

关系是社会网络理论的核心概念。基于社会网络角度，个体在社会环境中的相互作用可以表达或呈现为基于关系的模式或规则，而基于关系的有规律模式在一定程度上反映了社会结构，这种基于结构的量化分析是社会网络分析的初衷，即网络分析的出发点。[①] 从某种意义上讲，社会网络分析不仅是一种研究工具，更可以理解为一种关系论的思维方式。在社会网络结构中，个体通过关系相互联系，形成关系纽带。在国际关系领域，关系一般体现为以社会交换为主要内容的互动模式，通过长期性、历史性的社会交换过程，信息与资源的流动能够使主体之间的关系水平以及各主体在网络中的位置发生改变，网络结构也随之发生变化。[②] 在社会网络结构中，一个社会网络一般是由三个以上节点之间联系的连线组成的关系集合。社会网络中的"节点"（node）代表了社会网络中的个体，节点与节点之间的"连线"（tie）则代表了个体之间的关系。在关系网络中不管是否出自带有目的性的互动行为，个体之间的关系都是一种共有特征，在两者或多者之间建立某种联系。这种关系既可以是定向的，也可以是非定向的。

欧亚国家跨境教育合作关系的实证研究运用社会网络分析方法，利用网络结构中的具体指标。通过相应的教育合作矩阵，把社会网络中的国家作为一个个节点，把国家间的跨境教育合作关键要素流动值作为关系的权重，这样就能够构建相对成熟的、并且包含"节点""线的权重"的值得研究的关系集合。根据社会网络理论，社会网络中的关系非常重要，因为相关研究的结果需要站在关系角度进行剖析和解读。根据社会网络结构的相应特征，对社会网络中的关系、各个节点关系进行量化确定、解读是极为重要的研究内容。本研究从欧亚国家教育科学部和国家统计局获取欧亚国家间跨境教育合作数据，构建合作矩阵，通过相应的

---

① ［美］约翰·斯科特（John Scott）、［美］彼得·J. 卡林顿（Peter J. Carrington）：《社会网络分析手册》，刘军等译，重庆大学出版社2018年版，第15页。
② 董贺：《东盟的中心地位：一个网络视角的分析》，《世界经济与政治》2019年第7期。

教育合作矩阵，把网络中的国家作为节点，把国家间的合作指标值作为关系权重，构建相对社会网络模型，以客观直接、明确地展现欧亚跨境教育合作的样态特征。

在社会网络中，网络关系分析的重点主要是构建网络关系模型。利用社会网络分析方法，通过关系矩阵进行网络关系的建模处理，矩阵的变量主要通过关系数据得以体现。关系矩阵能够较为全面地体现个体之间存在的关系，并且这种关系也能够通过双向互动显示出来。一般如果个体间关系集合中的节点相对较少、层次简单，可以直接手动建立矩阵进行分析，但是，如果当节点数量变多，关系变得复杂，层面多样时，需要借鉴软件等进行数据操作，构建模型。通常网络和关系结构不同，数据运用的软件也不相同，但主要可以分为两类：其一是手工录入关系矩阵的相关数值。其二是通过 UCINET、Pajek 等社会网络分析软件进行数据输入。研究者通过对原始数据的输入建立节点及关系的合作集合并以矩阵形式展示。

（三）欧亚国家跨境教育合作地位测算

1. 国家的中心度分析

根据社会网络理论，在社会网络中抽象出的每一个单一国家是没有地位可言的。在网络中一个行为体即国家通过与其他国家搭建合作，建立关系，影响他国，拥有地位。亦或者说，一个国家的地位实际上代表在跨境教育合作网络中的权力以及其他国家对它的依赖性。社会网络分析方法主要从关系测算理念出发，以期通过定量的研究方法把握和确定行为体地位，这个过程需要多维指标量化分析和测量。

如果说在社会关系网络中，关系是分析个体网络地位与权力的核心元素，那么中心度则能够直接反映各个节点即所代表的个体在网络结构中的位置及其重要性。通过分析节点的中心度，能够量化该节点在网络结构中的位置和重要性。中心度能够用以表达社交网络中一个个体在整个网络中所在中心的程度，这个程度通常用数字来表示。

在网络结构中测定中心度的方法可以划分为度中心度、接近中心度、中介中心度等。结合本研究的需要，我们采用了度中心度的数值来分析不同教育合作网络中的合作情况。在社会网络中，度中心度是指某一节点同网络中其他节点直接连接的关系数量总和。度中心度是节点中心度最直接的体现。若节点间连接是有方向的。分为点入中心度和点出中心度。其中点入度表达行为体被关注程度，而点出度则表示关注其他行为体的程度。在社会网络中度中心度的测量依据的主要是各节点间直接相连的边数，在测量时不考虑间接相连情况，反映了该节点在整体网络中的活跃程度。具体公式为：

$$C_D(N_i) = \sum_j^g x_{ij}$$

其中 $i \neq j$，$C_D(N_i)$ 表示节点 i 的度中心度，其中 g 是网络中节点数，X_{ij} 代表节点 i 与节点 j 之间的直接联系。公式表明节点 i 的度中心度是节点 i 与其他 $g-1$ 个 j 节点之间直接联系的数量。因此，节点的度中心度不仅反映该节点与其他节点之间的关联性，也受所在网络规模的影响。

由于本研究有向网络，因此，国家中心度分为国家点入度与国家点出度。其中，国家点入度指的是其他国家所直接指向该国家的总数，即代表某国家的合作要素流入情况；国家点出度指的是该国家直接指向其他国家的总数，代表某国家的合作要素流出情况。其中点入度表达行为体被关注程度，而点出度则表示关注其他行为体的程度。在社会关系网络中，个体节点的中心度越高，那么说明该节点在网络结构中的位置越趋向中心，相应的，该节点对于其他节点和网络整体的影响也就越大。通过分析各国在欧亚跨境教育合作网络中的中心度，能够判断各国在这一网络结构中的位置。如果某一国的中心度最高，那么该国则占据这一网络的中心位置。一国在合作网络中的地位代表着在合作网络中的权利以及其他国家对其的依赖性，进而判断该节点在关系网络中拥有着怎样的权力构成。本研究结合国家点出度与国家点入度的关系，在研究中将欧亚 12 个国家区分为输入国家与输出国家，另外通过核心—边缘结构划分为核心国家、半核心国家、边缘国家。其中国家点出度大于国家点入度的这种情况属于有效输出型，这种国家处于教育合作中的主导地位，国家点入度大于国家点出度的属于输入型，这类国家处于教育合作中的被主导地位。

2. "核心—边缘"结构的核心度分析

根据社会理论，利用社会网络分析中的"核心—边缘"结构分析，能够定量计算出在教育合作网络中的国家核心度，通过已有的文献和经验判断核心度的划分范围，区分教育合作网络中的核心—边缘结构。一般，在教育合作网络中，核心度比较高的国家在网络中的地位相对于网络中的其他国家较高。同时，核心度较高的国家与网络中其他国家联系也更为密切。通过社会网络分析方法中核心—边缘结构分析欧亚国家跨境教育合作中的具体国家的核心度，更具有科学性。

结合本研究中的国家跨境教育合作情况，本研究通过对欧亚国家间跨境教育合作"核心—边缘"的量化分析，可以有效、清晰地刻画出在一个合作网络中哪一些国家是处于核心位置，哪一些国家处于半核心和边缘位置，并且找到这些国家的结构关系。"核心—边缘"结构的分析主要通过测算核心节点即核心度进行划分。核心度与中心度有相似之处，两者都可以进行位置测量，核心度较高的国家具有高中心度，但反之，中心度较高的节点可能与其他高中心度的节点之间联系较少，不存在直接的影响和相互作用，其核心度则可能会变低，因为核心度凸显其在集合网络中的权利地位。[1]结合跨境教育合作关键指标流动数据，由于关系不同，对"核心—边缘"结构的分析一般可分为连续型和离散型两种类别。

本研究主要通过连续型核心—边缘结构进行研究，进一步观测各国的核心度高低，讨论位于合作网络核心国家的影响。由于加权合作网络数据为数值数据，因此构建以下理想的连续—边缘模型。

$$\delta_{ij} = c_i c_j$$

其中，c 是一个非负向量，代表每个节点的核心度。通过测算就可以根据核心度的差异，将各个国家分为核心、半核心和边缘国家，核心度较高的国家是欧亚跨境教育合作中的重点核心国家。核心国家的联动效果能够有效地对倡议实施具有很大的辐射和影响作用。

---

[1]　陈银飞：《2000—2009 年世界贸易格局的社会网络分析》，《国际贸易问题》2011 年第 11 期。

（四）欧亚国家跨境教育合作凝聚子群分析

在社会网络的分析中，研究者不仅可以从个体节点或网络整体视角出发研究社会网络的特征，还可以从网络中的"子群"入手，通过分析网络中子群之内以及之间的关系特征进一步呈现、诠释和分析社会网络结构。子群中的国家间联系相对比较密切紧密，即属于"凝聚子群"的范畴。凝聚子群分析的核心是，当一个网络中某些行动者之间的关系特别密切，以至于结合成一个次级合作团体时，社会网结分析将这样的团体称为凝聚子群。如果一个社会网络中存在凝聚子群，同时凝聚子群的密度较高，则在一定程度上表明，处于这个凝聚子群内部的这些个体之间联系较为紧密，在信息交流、分享和合作等方面交往密切。而如果一个子群中的国家间没有重叠，那就在一定程度上说明，该国家信息的流动可能仅局限于群体内部。在社会网络中派系、n—派系、n—宗派、K—丛等都属于凝聚子群范畴，都可以看成凝聚子群分析的各个类型。

为了揭示欧亚国家间实际存在的或者潜在的关系，进一步对欧亚跨境教育合作网络进行凝聚子群分析。在本研究中，欧亚国家跨境教育合作的凝聚子群是集合相似性较高、合作联系紧密的"小团体"。因此，子群成员之间的关系具有较大的合作联系数值。欧亚国家跨境教育合作网络为有向网络，因此，在凝聚子群分析中主要对其派系进行研究。

二 数据说明

（一）研究范围

根据本研究对跨境教育合作的定义，跨境教育合作是指跨境教育合作主体为满足各方在高等教育领域的实际或预期需求，通过人员、项目和机构跨越国家管辖边界情况下开展的互利共赢的教育活动。跨境教育合作是跨境教育的重要表现形式，而人员、项目和机构的流动是衡量跨境教育合作结构关系和地位的重要指标。为了从整体上分析欧亚国家的跨境教育合作关系情况，需要利用社会网络分析方法对各国家的流动要素数据进行数学矩阵化，其中涉及的内容包括多个方面，如留学生、教师、项目和机构等。由于现阶段从研究可行性和对欧亚国家跨境教育合作样态的前期研究上来看，在统计过程中发现，教师的流动具有短暂性特点，且规模较小，人员流动主要以留学生为主。同时，项目流动数量相对较少难以量化，且项目是人员流动的重要载体，主要通过留学生流动得以实现。因此，为便于软件测量统计将留学生数据作为人员和项目流动的重要量化数据指标。同时获得欧亚国家间合作办学和独立分校的数量作为跨境教育机构流动的数据指标。建立"人员、项目"和"机构"两个合作网络，以分析欧亚国家跨境教育合作的关系和相对地位。

本研究核心是欧亚国家，根据本书对欧亚国家的界定，欧亚国家主要是指冷战时期的苏联 12 个加盟共和国，具体是指俄罗斯、哈萨克斯坦、白俄罗斯、吉尔吉斯斯坦、乌克兰、塔吉克斯坦、乌兹别克斯坦、亚美尼亚、土库曼斯坦、阿塞拜疆、格鲁吉亚、摩尔多瓦。

（二）数据来源及整理

本研究通过欧亚国家教育科学部网站和国家统计局官网分别获得了 2020 年最新公布的 2018/2019 学年欧亚各国留学生统计数据。各国教育科学部和国家统计局数据是官方的年度的数据，数据科学性、有效性、权威性比较高，可以有效地测算和分析欧亚国家跨境教育合作。

在数据整理方面，本研究主要分析欧亚国家间的跨境教育合作关系及地位，通过跨境教育合作流动关键要素数量体现各国家的跨境教育合作联系。为了进一步分析国家的相互联系，建立合作矩阵，将各国人员和项目流动作为一个封闭群体，将机构流动作为一个封闭群体，通过群体网络的指标测算分析，运用不同的合作矩阵多方面分析测算。

1. 无权合作网络

在跨境教育合作网络中，国家间联系通过跨境教育合作关键指标流动的数据体现，这种流动往来是教育输出国与输入国双向进行的。在合作网络中，边的箭头显示的是数据是不同教育要素在国家间的流向。其中在"人员、项目"网络中，边的箭头代表的是人员和项目在欧亚国家间的流向，输出代表本国的人员和项目流向其他国家，即教育要素的流出，输入则代表其他国家的人员和项目流入本国，即教育要素的流入。而"机构"网络中，边的箭头显示的数据是跨境教育机构在欧亚国家间的流向，输出代表教育商品和服务产品的流出，输入则代表教育商品和服务产品的流入。无权合作网络可用一个 $n \times n$ 矩阵 $A = (a_{ij})$ 表示，若 i 国和 j 国存在合作关系，则 $a_{ij} = 1$，否则 $a_{ij} = 0$。用 A^t 表示 t 年无权合作网络。由于合作水平不同，在无权合作网络的基础上，为进一步深入研究，本研究建立了加权贸易网络进行分析。

2. 加权合作网络

矩阵 W^t 中的元素用 ω_{ij}^t 来表示，ω_{ij}^t 表示 t 年 i 国向 j 国的流动值。用 W^t 来表示 t 年的加权跨境教育合作网络。矩阵 A^t 中的元素为 α_{ij}^t，若两国存在跨境教育往来，则 $\alpha_{ij}^t = 1$，否则 $\alpha_{ij}^t = 0$。一个加权合作网络可用 $n \times n$ 矩阵 $W = (\omega_{ij})$ 来表示，ω_{ij} 表示 i 和 j 之间的权重，ω_{ij} 反映了两国跨境教育要素流动数量的大小。

本研究选取 2020 年欧亚各国官方新公布的 2018/2019 学年的欧亚国家留学生数据，建立加权跨境教育合作中人员和项目流动矩阵，2018/2019 学年欧亚国家间跨境教育合作矩阵 I（见表 3.1）。同时，选取 2020 年欧亚各国官方公布的 2018/2019 学年欧亚各国家间机构流动数据，建立跨境教育合作中机构流动矩阵，2018/2019 学年欧亚国家间跨境教育合作矩阵 II（见表 3.2）。其中，在加权跨境教育合作矩阵 I 中，行代表跨境教育人员、项目流入国，列代表跨境教育人员、项目流出国。在加权跨境教育合作矩阵 II 中，行代表高等教育资源的流入国，列代表高等教育资源的流出国。

表3.1

2018/2019 学年欧亚国家跨境教育合作矩阵 I

国家	俄罗斯	乌克兰	白俄罗斯	哈萨克斯坦	塔吉克斯坦	吉尔吉斯斯坦	乌兹别克斯坦	土库曼斯坦	阿塞拜疆	亚美尼亚	格鲁吉亚	摩尔多瓦
俄罗斯	0	627	1444	1273	0	1622	56	0	513	1081	306	58
乌克兰	11248	0	257	71	99	1	0	0	62	35	27	113
白俄罗斯	5673	269	0	14	11	0	0	0	6	2	2	5
哈萨克斯坦	43318	68	225	0	69	2479	42	0	43	28	193	1
塔吉克斯坦	17241	167	449	503	0	2365	0	0	2	0	1	0
吉尔吉斯斯坦	6668	15	0	1084	14	0	10	0	3	2	82	0
乌兹别克斯坦	18557	1494	115	9500	99	2063	0	0	43	6	8	0
土库曼斯坦	30090	3798	7965	2615	356	100	120	0	155	41	5	0
阿塞拜疆	4192	5423	344	144	84	132	0	0	0	0	2124	0
亚美尼亚	2056	0	0	20	27	2	0	0	0	0	4	0
格鲁吉亚	828	1840	0	0	0	1	0	0	0	844	0	0
摩尔多瓦	3787	643	0	13	47	0	0	0	7	0	0	0

注：乌兹别克斯坦 2018/2019 学年数据缺失，因此采用 2016/2017 学年数据，因欧亚国家间相近学年内跨境教育流动数值差异较小，故对研究结果影响不大。

表 3.2   2018/2019 学年欧亚国家跨境教育合作矩阵 II

国家	俄罗斯	乌克兰	白俄罗斯	哈萨克斯坦	塔吉克斯坦	吉尔吉斯斯坦	乌兹别克斯坦	土库曼斯坦	阿塞拜疆	亚美尼亚	格鲁吉亚	摩尔多瓦
俄罗斯	0	2	4	8	4	6	8	1	2	9	0	2
乌克兰	0	0	0	0	0	0	0	0	0	0	0	0
白俄罗斯	0	0	0	0	0	0	0	0	0	0	0	0
哈萨克斯坦	0	0	0	0	1	1	1	0	0	0	0	0
塔吉克斯坦	0	0	0	2	0	2	0	0	0	0	0	0
吉尔吉斯斯坦	0	0	0	2	1	0	0	0	0	0	0	0
乌兹别克斯坦	0	0	0	0	0	1	0	0	0	0	0	0
土库曼斯坦	0	0	0	0	0	0	0	0	0	0	0	0
阿塞拜疆	0	0	0	0	0	0	0	0	0	0	0	0
亚美尼亚	0	0	0	0	0	0	0	0	0	0	0	0
格鲁吉亚	0	0	0	0	0	0	0	0	0	0	0	0
摩尔多瓦	0	0	0	0	0	0	0	0	0	0	0	0

（三）数据缺失说明

为了对欧亚国家跨境教育合作关系和地位进行测算，本书构建欧亚国家跨境教育合作矩阵，将欧亚国家的人员、项目和机构流动数据集合作为封闭群体，通过群体网络的指标进行分析测算。在数据统计过程中一些国家如土库曼斯坦、乌兹别克斯坦等个别年份教育科学部和国家统计局统计数据部分缺失，但缺失数据相对较少，对测算结果并无较大影响，在一定程度上可以保证研究的科学性。

三　欧亚国家间跨境高等教育
合作关系网络特征分析

为分析欧亚国家跨境教育合作通过群体网络的指标联系，通过欧亚国家教育部网站和国家统计局数据库获得 2018/2019 学年欧亚各国跨境教育合作关键指标人员、项目和机构流动数量作为统计数据，构建合作矩阵，将欧亚跨境教育合作集合作为封闭群体，通过群体网络的指标进行分析测算。

（一）欧亚国家群体网络特征分析

欧亚国家共建区域跨境教育合作网络，各国在跨境教育合作网络中交流互动紧密、相互影响。根据 2018/2019 学年欧亚国家间跨境教育合作矩阵 I 和 2018/2019 学年欧亚国家间跨境教育合作矩阵 II，利用社会网络分析软件 Gephi 软件对构建关系矩阵数据进行处理得到 net 格式文本。运用社会网络分析软件 Pajek 32.5.14，读取数据，绘制欧亚国家跨境教育合作网络节点关系网络结构图。（见图 3.1、图 3.2、图 3.3）为进一步分析欧亚跨境教育合作关系网络的整体互动情况，选取 2018/2019 学年欧亚国家间跨境教育合作矩阵 I 进行二值矩阵处理，在二值矩阵中用 "0" 代表无关系，"1" 表示两者有关系。利用社会网络分析工具 Ucinet 软件，测算欧亚国家跨境教育合作互动的网络密度为 0.6894，网络密度的值介于 0 和 1 之间，且数值接近 1，表明欧亚跨境教育合作网络连接较为紧密，各国家间的人员流动、教育交流互动良好。

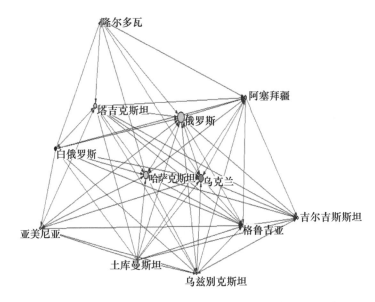

图3.1 欧亚国家间跨境合作人员、项目流动关系网络图

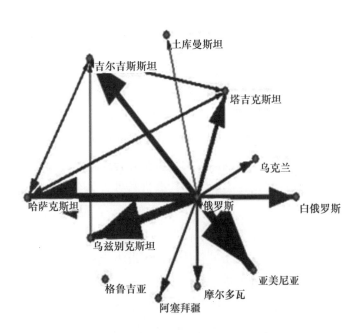

图3.2 欧亚国家间跨境合作机构流动关系网络图

图 3.1 合作网络中，箭头显示的数据是人员和项目在欧亚国家间的流向，输出代表本国的人员和项目流向其他国家，即教育要素的流出，输入则代表其他国家的人员和项目流入本国，即教育要素的流入。

图 3.2 合作网络中，边的箭头显示的数据是跨境教育机构在欧亚国家间的流向，输出代表教育商品和服务产品的流出，输入则代表教育商品和服务产品的流入。通过图 3.2 可以看出，在欧亚国家间的机构流动中，以俄罗斯流出为主，更直观地表明，在欧亚跨境教育合作中，主要以俄罗斯的高等教育资源输出为主，除格鲁吉亚以外，俄罗斯与其他欧亚各国均存在机构流动。在网络中，俄罗斯与哈萨克斯坦、乌兹别克斯坦和塔吉克斯坦机构流动更为紧密。此外，通过图 3.2 也可以看到，哈萨克斯坦、塔吉克斯坦、吉尔吉斯斯坦国家间存在双向流动，跨境教育合作相对紧密。

同时，为更直观显示矩阵 I 中数据之间相互关系，采用和弦图方法进一步绘制欧亚跨境教育合作网络。和弦图（chord diagram）是一种显示矩阵中数据之间相互关系的数据可视化方法，主要用来展示多个对象之间的关系。主要由节点和弦构成，节点数据沿圆周径向排列，连接圆上任意两点的带权重（有宽度）的弧线称为弦，弦（两点之间的连线）就代表着两者之间的关联关系。不同节点和弦之间用颜色将数据加以分类，能够直观地对数据进行比较和区分，适合用来表示欧亚国家间跨境教育流动数据之间的关联关系。其中，和弦图中节点数量表示当前的目标数量，弧线与节点的接触面积（弦的粗细）表示两个目标数据之间的关系程度或比例关系，弧线颜色既可以和目标节点相同，也可以和源节点颜色相同。

在具体测算的过程中，将从各国教育部和国家统计局提取 2018/2019 学年欧亚各国在读留学生数量作为统计数据，录入 Excel 表格合并为二维量表，利用 JavaScript 中的图表库 highcharts 在线绘制工具，选择关系图——和弦图，将示例数据替换为欧亚跨境教育合作关系数据。数据格式为［'出发地'，'目的地'，'数值'］，在 Excel 表格中使用公式 = CONCAT（"['"，A2&"'，"&"'"&B2&"'"&"，"&C2&"]"）整理表格数据。运行程序绘制和弦图关系网络。（如图 3.3 所示）

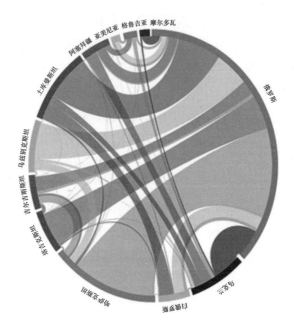

图 3.3　欧亚国家间跨境合作和弦图

　　结合图 3.1 和图 3.3 可以看出，在 2018/2019 学年，欧亚区域内各国跨境教育流动目的地最多的国家分别是俄罗斯和哈萨克斯坦。其中从图 3.3 弧线的权重来看，向俄罗斯跨境教育流入最多的国家依次是哈萨克斯坦、土库曼斯坦、塔吉克斯坦、乌兹别克斯坦。而向哈萨克斯坦流入最多的国家依次是乌兹别克斯坦、吉尔吉斯斯坦、土库曼斯坦，流出最多的是哈萨克斯坦、土库曼斯坦，其次是乌兹别克斯坦，且绝大部分的目的国家是俄罗斯。俄罗斯作为后苏联空间绝对的中心国家，与周边国家的交流密切。而跨境教育流动强度也体现了国家间的联系强度，因此出现了俄罗斯和哈萨克斯坦是欧亚区域内跨境教育流动目的地最多的国家的空间格局。

　　为进一步分析欧亚国家跨境高等教育合作关系网络的整体互动情况，对整体网络密度进行测算。在社会网络中，密度能够反映社会网络中节点联系紧密程度，网络密度越大，表明在网络中群体内行为体之间的联系越紧密，各行为体之间的合作、沟通、交流越顺畅。在本研究中应用网络密度来衡量各群体网络中跨境高等教育合作往来的紧密程度。密度的数值越大，群体内各行为体联系就越为紧密。

$$\Delta = \frac{2L}{g\,(g-1)}$$

公式中，L 代表网络中线的数量，g 代表网络中节点的数量。

选取 2018/2019 学年欧亚国家间跨境高等教育合作矩阵 I 进行二值矩阵处理，在二值矩阵中用"0"代表无关系，"1"表示两者有关系。利用社会网络分析工具 Ucinet 软件，测算欧亚国家跨境高等教育合作互动的网络密度为 0.6894，网络密度的值介于 0 和 1 之间，该网络密度大于 0.5，是一个相对紧凑的网络结构，表明欧亚国家跨境高等教育合作网络联系较为紧密，各国家间的人员流动、教育交流互动良好。这也符合后苏联空间国家构建一体化空间加强国家间跨境高等教育合作，促进紧密联系的目的。

（二）欧亚各国中心性对比分析

根据社会网络理论，在社会网络中抽象出的每一个单一国家是没有地位可言的。在网络中一个行为体即国家通过与其他国家搭建合作，建立关系，影响他国，拥有地位。亦或者说，一个国家的地位实际上代表着在跨境高等教育合作网络中的权力以及其他国家对它的依赖性。社会网络分析方法主要从关系测算理念出发，以期通过定量的研究方法把握和确定行为体地位，这个过程需要多维指标量化分析和测量。

如果说在社会关系网络中，关系是分析个体网络地位与权力的核心元素，那么中心度则能够直接反映各个节点即所代表的个体在网络结构中的位置及其重要性。通过分析节点的中心度，能够量化该节点在网络结构中的位置和重要性。中心度能够用以表达社交网络中一个个体在整个网络中所在中心的程度，这个程度通常用数字来表示。

在网络结构中测定中心度的方法可以划分为度中心度、接近中心度、中介中心度等。结合本研究的需要，在研究中采用了度中心度的数值来分析不同跨境高等教育合作网络中的合作情况。在社会网络中，度中心度是指某一节点同网络中其他节点直接连接的关系数量总和。度中心度是节点中心度最直接的体现。若节点间连接是有方向的。分为点入中心度和点出中心度。其中点入度表示行为体被关注程度，而点出度则表示关注其他行为体的程度。在社会网络中度中心度的测量依据的主要是各节点间直接相连的边数，在测量时不考虑间接相连情况，反映了该节点在整体网络中的活跃程度。具体公式为：

$$C_D(N_i) = \sum_{j}^{g} x_{ij}$$

其中 $i \neq j$，$C_D(N_i)$ 表示节点 i 的度中心度，其中 g 是网络中节点数，X_{ij} 代表节点 i 与节点 j 之间的直接联系。公式表明节点 i 的度中心度是节点 i 与其他 $g-1$ 个 j 节点之间直接联系的数量。因此，节点的度中心度不仅反映该节点与其他节点之间的关联性，也受所在网络规模的影响。

由于本研究的欧亚跨境高等教育合作网络为有向网络，因此，国家中心度分为国家点入度与国家点出度。其中，根据社会网络分析理念，国家点入度指的是其他国家所直接指向该国家的总数，即代表某国家的合作要素流入情况；国家点出度指的是该国家直接指向其他国家的总数，代表某国家的合作要素流出情况。其中，点入度表示行为体被关注程度，而点出度则表示关注其他行为体的程度。在社会关系网络中，个体节点的中心度越高，那么说明该节点在网络结构中的位置便越趋向中心，相应的，该节点对于其他节点和网络整体的影响也就越大。通过分析各国在欧亚国家跨境高等教育合作网络中的中心度，能够判断各国在这一网络结构中的位置。如果某一国的中心度最高，那么该国则占据这一网络的中心位置。一国在合作网络中的地位代表着在合作网络中的权力以及其他国家对其的依赖性，进而判断该节点在关系网络中拥有着怎样的权力构成。

本研究结合国家点出度与国家点入度的关系，在研究中将欧亚 12 个国家区分为输入国家与输出国家，另外通过核心—边缘结构划分为核心国家、半核心国家、边缘国家。其中国家点出度大于国家点入度的这种情况属于有效输出型，这种国家处于教育合作中的主导地位，国家点入度大于国家点出度的属于输入型，这类国家处于教育合作中的被主导地位。

因在欧亚国家跨境高等教育合作网络中，国家间的跨境高等教育合作流动属于双向互动，因此，在对国家间中心度进行测算时，本研究选取度中心度这一关键维度进行考量，其中包含点入度和点出度。对欧亚国家跨境高等教育合作关系网络的国家权力地位的测算，主要是根据各国在社会网络中的度中心度、点入度和点出度数值的测算结果。

为测算各国在欧亚国家跨境高等教育合作关系网络中的中心性，通过社会网络分析软件 Pajek 32.5.14，分别计算欧亚国家各国在跨境高等教育合作网络Ⅰ和网络Ⅱ的度中心度（见表3.3）。因欧亚国家跨境高等教育合作网络为有向网络，进而计算得出各国在合作网络中的点出度和点入度（见表3.3）。

表3.3　欧亚国家间跨境教育合作关系网络度中心度、点出度和点入度

中心度 国家	度中心度		点出度		点入度	
	网络Ⅰ	网络Ⅱ	网络Ⅰ	网络Ⅱ	网络Ⅰ	网络Ⅱ
俄罗斯	17.000	10.000	6.000	10.000	11.000	0.000
乌克兰	12.000	1.000	4.000	0.000	8.000	1.000
白俄罗斯	8.000	1.000	2.000	0.000	6.000	1.000
哈萨克斯坦	10.000	5.000	4.000	2.000	6.000	3.000
塔吉克斯坦	7.000	5.000	5.000	2.000	2.000	3.000
吉尔吉斯斯坦	6.000	6.000	2.000	2.000	4.000	4.000
乌兹别克斯坦	6.000	2.000	5.000	1.000	1.000	1.000
土库曼斯坦	6.000	1.000	6.000	0.000	0.000	1.000
阿塞拜疆	7.000	1.000	5.000	0.000	2.000	1.000
亚美尼亚	3.000	1.000	1.000	0.000	2.000	1.000
格鲁吉亚	5.000	0.000	3.000	0.000	2.000	0.000
摩尔多瓦	3.000	1.000	2.000	0.000	1.000	1.000

从表3.3度中心度的数值可以看出，在欧亚国家中俄罗斯是中心度最高的国家，其次为乌克兰、哈萨克斯坦、白俄罗斯。俄罗斯"中心"特征显著，与其他国家的跨境高等教育合作引力和网络"黏度"较高，在跨境高等教育合作网络中居于主导地位。由于俄罗斯同其他国家之间均

建立了伙伴关系，俄罗斯的度中心度达到了两个合作网络的最高值。中心度越大，网络中影响力越大，可见就俄罗斯与其周边国家组成的这个教育合作圈来看，俄罗斯对周边的教育影响力最大。在欧亚国家跨境高等教育合作网络中，俄罗斯的度中心度最大在一定程度上说明俄罗斯在跨境合作网络中对于其他节点而言具有较高的中心度。同时，可以看出，在网络Ⅰ人员和项目流动网络中，乌克兰、哈萨克斯坦、白俄罗斯等国的中心度较高，而在网络Ⅱ中，吉尔吉斯斯坦、哈萨克斯坦、塔吉克斯坦中心度偏高，白俄罗斯和乌克兰则较低。表明，乌克兰、哈萨克斯坦等国家与他国人员和项目交流合作情况相对较好，而吉尔吉斯斯坦等国则在跨境机构流动中表现突出。

此外，通过测算欧亚各国社会网络中心度、点出度和点入度测算，可以看出，俄罗斯在欧亚国家跨境高等教育流动网络中是最大的教育输出国，土库曼斯坦和塔吉克斯坦等国处于教育输入国地位。本研究采用有向加权合作网络。在有向加权跨境高等教育合作网络矩阵中，加权合作矩阵并不沿对角线对称，因此可分析出两种合作的中心度，即国家的点入度和点出度。对于整个合作网络来说，有入度中心势和出度中心势之分。国家的点入度反映了一国受他国跨境高等教育影响的程度，点出度反映了一国对他国教育的影响程度。从表3.3可以看出，在网络Ⅰ人员和项目流动网络中，俄罗斯的点入度和点出度均处于最高值，且点入度大于点出度，说明俄罗斯是欧亚国家最重要的跨境高等教育输出国，对欧亚其他国的影响较大。土库曼斯坦的点出度与俄罗斯持平，大于其他国家，且点出度明显大于点入度，说明土库曼斯坦人员和项目主要以流出为主，是重要的高等教育输入国。

乌克兰、白俄罗斯、哈萨克斯坦等国的点入度较大，且大于各国的点出度，说明这些国在合作网络中处于教育输出国的地位。摩尔多瓦、格鲁吉亚、亚美尼亚等国的中心度普遍偏低，在欧亚国家跨境高等教育合作网络中主要处于教育输入国地位。

网络Ⅱ机构流动网络中，俄罗斯的点出度较高，表明俄罗斯是重要的高等教育输出国，将其优质的高等教育资源输送到欧亚等其他国家。其次是哈萨克斯坦、塔吉克斯坦、吉尔吉斯斯坦等国。白俄罗斯、乌克兰等国则在欧亚国家跨境高等教育合作网络中仍处于高等教育资源输入国地位。

（三）欧亚国家各国核心—边缘结构分析

核心—边缘最早被用于解释经济空间结构的演变模式，该理论试图解释一个区域如何由互不联系、不均衡发展到互相之间联系紧密、和谐发展的演进过程。核心—边缘结构通过若干元素相互联系，形成核心国家之间紧密联系并且核心国家辐射边缘国家的分散的结构。核心—边缘结构的重要特点就是核心国家与其他周边国家形成有效关系，且无法进一步细分出独立的状况。另外，核心国家和边缘国家之间相互联系，而其他边缘国家仅与各自相对的局部的某些大国保持紧密关系，形成单线的核心—边缘关系，在核心边缘结构中这样的关系主要呈现散射状分布。

利用社会网络分析中的"核心—边缘"结构分析，能够定量计算出在一个合作网络中的国家核心度，并通过已有的相关研究文献和经验进一步判断核心度的划分区域和范围，区分合作网络中的核心—边缘结构。一般，在一个社会网络中，核心度比较高的国家在合作网络中的地位相对于网络中的其他国家较高。同时，核心度较高的国家与网络中其他国家联系也更为密切。通过社会网络分析方法中核心—边缘结构分析欧亚国家跨境高等教育合作中的具体国家的核心度，探索国家间合作关系，更具有科学性。

结合本研究中的欧亚国家跨境高等教育合作情况，通过对后欧亚国家间跨境高等教育合作"核心—边缘"的量化分析，可以有效、清晰地刻画出在欧亚跨境高等教育合作网络中哪一些国家处于核心位置，哪一些国家处于半核心和边缘位置，并且找到这些国家的结构关系。

在社会网络中"核心—边缘"结构的分析主要通过测算核心节点即核心度进行划分。核心度与中心度有相似之处，两者都可以进行位置测量，核心度较高的国家具有高中心度，但反之，中心度较高的节点可能与其他高中心度的节点之间联系较少，不存在直接的影响和相互作用，其核心度则可能会变低，因为核心度凸显其在集合网络中的权力地位。[1]

---

[1] 陈银飞：《2000—2009 年世界贸易格局的社会网络分析》，《国际贸易问题》2011 年第11 期。

结合跨境高等教育合作关键指标流动数据，由于关系不同，对"核心—边缘"结构的分析一般可分为连续型和离散型两种类别。

本研究主要通过连续型核心—边缘结构进行研究，进一步观测欧亚国家各国的核心度高低，讨论位于合作网络核心国家的影响。由于加权合作网络数据为数值数据，因此构建以下理想的连续—边缘模型。

$$\delta_{ij} = c_i c_j$$

其中，c 是一个非负向量，代表每个节点的核心度。通过测算就可以根据核心度的差异，将各个国家分为核心、半核心和边缘国家，核心度较高的国家是欧亚国家跨境高等教育合作中的重点核心国家。核心国家的联动效果能够对倡议实施具有很大的辐射和影响作用。在具体核心度测算中，将网络 I 加权数据导入利用社会网络分析工具 Ucinet 以计算 2018/2019 学年各国的核心度。（如图 3.5 所示）

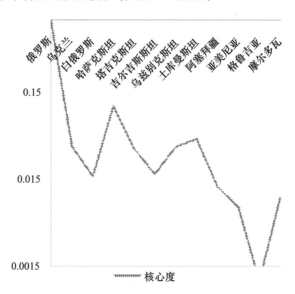

图3.4　2018/2019 学年欧亚国家跨境高等教育合作的核心度

核心度的值越大，说明该国在跨境高等教育合作关系中的"核心"地位越高，通过图3.4我们可以看出，俄罗斯核心度最高，处于网络关系绝对核心位置，对于欧亚国家其他国的影响最大。这也说明，俄罗斯的中心地位不仅建立在对欧亚国家合作机制的参与或主导上，也体现在与各国在教育领域的互动之中。哈萨克斯坦位居第二，其他国家的核心度普遍偏低，难以定义边缘国家的概念，结合文献和对核心度的统计，将欧亚国家进行分类，分为核心、半核心和边缘三种，本研究将核心度大于 0.15 的国家归为核心国家，把核心度为 0.15—0.015 的国家归为半核心国家，把核心度小于 0.015 的国家归为边缘国家（如图 3.5 所示）。俄罗斯稳居核心区域，一直是欧亚国家跨境高等教育合作网络中的大国，核心度稳居第一，是整个合作网络中的绝对大国。中亚国家都处于半核心区域，在合作网络中的影响较大。阿塞拜疆、亚美尼亚、格鲁吉亚和摩尔多瓦是边缘国家。

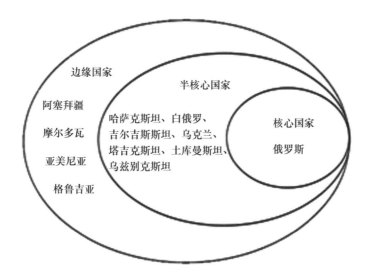

图 3.5　欧亚国家跨境高等教育合作核心—边缘结构图

四　欧亚国家跨境高等教育合作关系特征

根据社会网络分析范式，通过把欧亚国家抽象为复杂网络的节点，各国家之间的跨境高等教育合作流动抽象为节点之间连接的边，构建加权有向复杂网络模型。利用社会网络分析方法对欧亚国家跨境高等教育合作关系的网络密度、中心度、点入度、点出度、核心度等指标测算结果，可以看出，欧亚国家跨境高等教育合作关系主要呈现以下特征。

（一）国家间多边合作关系紧密，具有社团结构特征

欧亚国家跨境高等教育合作关系中，国家间多边合作关系紧密，具有明显的社团结构特征。社会网络的整体网络密度的数值越大，群体内各行为体联系就越为紧密。欧亚国家间跨境高等教育合作紧密程度较高。从欧亚国家间人员和项目流动的整体网络结构看，国家间不仅分别建立了双边的跨境高等教育合作互动交流，而且共同构建了区域层面的跨境高等教育交流合作网络。通过测算欧亚国家跨境高等教育合作互动的网络密度可以发现，其网络密度的值介于 0 和 1 之间，且网络密度大于0.5，表明欧亚国家间跨境高等教育合作网络是一个相对紧凑的网络结构，国家之间多边跨境高等教育合作的紧密程度较高，各国家间的人员流动、教育信息交流互动良好。

同时，通过网络结构结果呈现和整体网络密度分析我们也可以看出，在后苏联空间的区域跨境高等教育合作进程中，整体上各国家都积极参与其中，并非集中于少数国家。欧亚国家人员和项目流动网络具有明显的社团结构特征，国家间多边的跨境高等教育合作互动较好。通过欧亚国家跨境高等教育机构流动网络，可以看出，除了俄罗斯的机构向其他国家流动，哈萨克斯坦、塔吉克斯坦、乌兹别克斯坦和吉尔吉斯斯坦国家间机构跨境流动相对于其他国家来说流动较好，并且构成了区域性的"小团体"。这些国家间同样具有小社团特征。

（二）合作主体依赖关系非对称，以俄罗斯为核心

欧亚国家跨境高等教育合作主体关系非对称，在合作关系中呈现以俄罗斯为"核心"的结构特征。研究结果表明，欧亚国家跨境高等教育合作网络整体上存在不对等的依赖性，合作关系不对称，其他国家对俄罗斯的教育依赖高于俄罗斯对其他国家的教育依赖。在欧亚国家中俄罗斯是中心度最高的国家，其次分别为乌克兰、哈萨克斯坦、白俄罗斯。根据社会网络理论，在合作网络中，中心度越大，说明网络中影响力越大，可见就俄罗斯与其欧亚国家组成的教育合作圈来看，俄罗斯对周边的教育影响力最大。

通过核心—边缘结构分析我们可以看到，俄罗斯在欧亚国家间跨境高等教育合作网络中处于核心地位，白俄罗斯、乌克兰、哈萨克斯坦、吉尔吉斯斯坦、乌兹别克斯坦、塔吉克斯坦和土库曼斯坦处于半核心地位，亚美尼亚、格鲁吉亚、阿塞拜疆和摩尔多瓦处于边缘地位。而俄罗斯与其他国家这种紧密的跨境高等教育联系和不对等的教育依赖在一定程度上有利于俄罗斯形成良好的周边教育合作环境。

（三）教育合作主体角色差异大，国家两极分化显著

欧亚国家跨境高等教育合作主体角色差异大，国家两极分化显著。通过对合作网络中各国的中心度、点入度、点出度进行测算可以看出，欧亚国家跨境高等教育合作主体差异化较大，各国在后苏联空间跨境高等教育合作中扮演的角色不同。俄罗斯、乌克兰、白俄罗斯为典型的教育输出国，这些国家普遍高等教育水平较高，高等教育资源相对丰富，以接收其他国家的留学生等人员流动为主，或将本国的高等教育资源输出到其他国家。这类国家对其他国家的教育影响较大。而土库曼斯坦、乌兹别克斯坦、塔吉克斯坦、哈萨克斯坦等国家为典型的教育输出国，这些国家主要通过去往他国获取教育资源或者接收他国输出的高等教育资源为主，在跨境高等教育合作流动中处于相对被动的地位。

此外，在欧亚跨境高等教育合作流动网络中，国家两极分化显著，只有俄罗斯在区域内的中心性较高，乌兹别克斯坦、摩尔多瓦等绝大多数国家的中心性较低，处于整个区域跨境高等教育合作流动网络的边缘地带。

社会网络分析方法为我们进一步探究欧亚国家跨境高等教育合作关系提供了一个重要的视角和方法。社会网络分析范式中对"关系"的关注与本研究基于地缘政治和国际关系的视角探究欧亚国家的跨境高等教育合作关系的思路十分契合。采用社会网络分析方法对欧亚国家跨境高等教育合作关系进行量化分析，可以突破仅仅基于政策文本探究的单一视角，实现空间国家间关系的网络化和网络关系的空间化，深化对后苏联空间合作环境的认识，能够进一步科学、直接、客观地揭示出欧亚国家跨境高等教育合作的深层次、潜在的特征。

第 四 章

欧亚跨境教育合作的影响因素分析

欧亚国家跨境高等教育合作及教育一体化建设已经走过了三十年的发展历程。虽然欧亚国家基于拥有的"共同历史记忆"一直视彼此为跨境高等教育合作的重要伙伴，但在最初建立教育领域合作关系时期共同达成"教育领域合作协议"，"形成独联体统一教育空间的构想"所提出的建设目标仍未得以全部实现。俄罗斯学者也曾明确表示，虽然各国家间建立了教育领域合作的法律文本和制度框架，具有良好的共同合作愿景，但国家间跨境高等教育合作并未取得预期的效果，迄今为止独联体统一教育空间尚未建立。[①] 那么是什么因素影响着欧亚国家间跨境高等教育合作发展的进程？各国家之间跨境高等教育合作的驱动和制约是什么？是一个值得深入探讨的重要问题。对于欧亚国家跨境高等教育合作的动因与参与，部分学者从地缘、政治、经济、区域等单一视角进行审视，不足以全面揭示其合作的内在机制。对于这一问题，法国巴黎索邦大学国际关系和欧盟研究副教授、欧洲学院（欧盟国际关系部）客座教授劳瑞·德尔科在分析影响欧亚国家对地区机制认知的重要因素中，提出区域认同、国家偏好和结构性限制"三因素"分析框架，为本研究提供了重要的研究视角和分析框架。

受功能主义和新功能主义理论启发，劳瑞·德尔科认为国家加入区域倡议（合作）受结构性限制。结构性限制侧重考量各国所处的国内外环境，包括国际、地区与国内三个层面。相较国际层面的结构而言，地

---

① Комлева В. В. Характеристики и перспективы развития общего образовательного пространства СНГ. Среднерусский вестник общественных наук, 2016（6）：72–82.

区与国内结构的影响更为直接。国内结构则指各国政治、经济、社会文化等领域的相互依赖关系。而地区结构一般折射在地区合作机制内部的权力分配中，权力的分配平衡程度直接影响各国的参与度；建立在自由政府间主义理论基础上的国家偏好是指国家精英对这种限制的认知以及在决策中的价值倾向；建构主义理念下的区域认同强调观念因素，认为地区是通过社会化和基于思想、规范和价值观的（区域）身份构建的，国家参与区域倡议（合作）源于共同的认同感。

借用劳瑞·德尔科的分析框架，从结构制约、国家偏好和区域认同的视角评估欧亚国家参与地区跨境教育合作，可以实现结构与国家能动性两方面的结合。后苏联空间中的欧亚各国所面临的地区结构大同小异，故各国国内结构、国家偏好和区域认同，在很大程度上决定了各国是否以及在多大程度上参与欧亚区域内跨境教育合作的活动。

一　欧亚跨境教育合作的结构性制约

从结构性制约视角出发，可以从国内结构和地区结构两个主要方面进行分析和探究其跨境教育合作的影响因素。国家层面即欧亚国家地缘、政治、经济、文化的相互依赖，区域层面即俄罗斯在欧亚区域的主导地位。

（一）地缘格局对欧亚跨境教育合作的影响

地缘政治学将地缘因素视为影响甚至决定国家对外战略和行为的重要因素。从地理逻辑出发，特定的地理空间内一般表现为不同的地形空间样貌、人口分布、气候环境等因素。而从政治意义和价值逻辑出发，通常在特定的地理空间的地理表征对于不同的政治价值具有不同的政治意义。[1] 按照政治的逻辑分析地理空间的过程即政治地图绘制的过程，通过分析地理空间对于政治的重要作用，能够进一步认清政治的空间特征及目标方向。因此，从地理视角审视欧亚跨境教育合作极为必要。

在现实的地缘格局中，欧亚处于欧洲和亚洲的交汇地带，国家间地

---

① 倪世雄等：《我国的地缘政治及其战略研究》，经济科学出版社 2015 年版，第 29 页。

理位置毗邻，天然的地理位置对欧亚国家的历史发展一直产生着重大影响，正如 19 世纪俄罗斯著名哲学家恰达耶夫所说，"有一个因素支配着我们的历史运动，这就是地理因素"。而地理重要主要体现在战略及战术的军事和政治意义，从文化角度出发的领土意义上，以及资源、人口和物质系统的空间分布意义上。地缘因素对欧亚国家跨境教育合作的影响还表现在留学生等人员流动方面。在推拉理论中，地理因素一直是影响留学生流动的重要考量指标。推拉理论的奠基人英国地理学家恩斯特·莱温斯坦（Ernst G. Ravenstein）在 19 世纪末发表的《人口迁移的定律》一文中明确指出，在正常情况下，人口的迁移是由近及远的渐进式过程，人口迁移的规模与迁移的距离呈正比。短途的迁移最为常见。美国学者埃弗雷特·S. 李（Evereet S. Lee）在对人口迁移的推力与拉力的分析中，表示影响人口迁移的中间障碍因素包括距离、移民法等。也正是地理区位上独特的唇齿相依关系，为双方留学生的流动、项目的开展、机构的建立等多领域、深层次的跨境教育合作奠定了坚实的空间基础。但从地缘理论视角出发，毗邻的地理位置也同样使得各国容易受到周边大国的影响，这也是俄罗斯仍是欧亚大多数国家的重要合作伙伴和主要认同对象的重要原因之一。

（二）政治、经济等因素带来的离心力和向心力对欧亚跨境教育合作的"折中"影响

欧亚国家间的政治、经济等联系是跨境教育合作的基础，在欧亚跨境教育合作中起着积极的重要作用。但政治和经济等因素带来的离心力在一定程度上也阻碍着欧亚跨境教育合作的发展。

追溯历史，欧亚国家由初步形成和建立时期的相互疏远，到逐步探索一体化道路，政治、经济关系持续推进。在政治领域，苏联解体的最初阶段俄罗斯、哈萨克斯坦、乌兹别克斯坦、格鲁吉亚等欧亚国家国内政局不稳、经济低迷，社会处在艰难转型之中。政治方面努力巩固来之不易的国家独立，将保持国内的稳定、维护国家主权置于首要位置。在外交政策中均把对俄罗斯及后苏联空间中的近邻外交列为首要任务，各国纷纷建立外交关系，其中教育外交也是各国交往的组成部分。

反观俄罗斯，苏联解体初期，俄罗斯在从属于"西方文明"还是

"东方文明"的身份迷失中选择了前者，为尽快得到西方国家的支持，实行"一边倒"的亲西方外交政策，唯西方马首是瞻。"甩包袱"成了俄罗斯对欧亚其他各国基本政策。各国虽建立了独联体，但初建立时期成了俄罗斯与其他苏联各加盟国实行"文明离婚"的工具。在此背景下，欧亚各国虽加入独联体，签署了《集体安全条约》与《经济联盟条约》推动各国在政治、军事和经济领域合作，但各国貌合神离，独联体分离趋势十分明显。而"亲西方"和"甩包袱"政策也并未带给俄罗斯想要的结果，受制于国内外的巨大压力，俄罗斯当局不得不进一步调整对西方的外交政策，对外方向开始转为东西方兼顾，开始重视发展同欧亚国家的关系，并于1993年出台了《俄罗斯联邦对外政策构想基本原则》，强调要与欧亚国家建立牢固的关系。随着俄罗斯对外政策的调整，欧亚国家间关系也逐渐摆脱了苏联解体初期的混乱状况，步入了正常发展的道路。各国通过签署双边和多边友好合作条约及协议，建立了发展国家间合作关系的基础。在双边政治关系稳步发展的基础上，在俄罗斯主导的独联体政治一体化进程中，建立了"俄白联盟国家"（俄、白）、"集体安全条约组织"（俄、哈、白、亚、吉、塔六国）、"古阿姆集团"（格、乌、阿和摩）、"高加索4国"（俄、格、亚、阿）等诸多相互重合的次机制。① 欧亚国家政治的联系和互动，国家顶层的政策沟通为双方开展多领域、深层次的跨境教育合作奠定了坚实的政治基础。

在经济领域，欧亚国家不断开展双边及多边经济合作，融合共荣发展。在俄罗斯主导的独联体政治一体化进程中，逐步加快经济一体化步伐。各国共同签署了《独联体自由贸易区协议》《关于建立统一经济空间的协议》《欧亚经济联盟条约》等合作协议，推动国家间经济合作深入发展。借助自贸区平台和区域合作组织机制，欧亚国家在经贸各领域展开优势互补与广泛合作，双边贸易规模不断扩大。2000—2018年，俄罗斯与其他独联体国家贸易额整体呈稳步增长趋势。2018年，白俄罗斯占俄罗斯出口总量的4.8%，哈萨克斯坦占2.9%，乌克兰占2.1%。在进口方面，白俄罗斯的供应占俄罗斯进口总量的5.1%，哈萨克斯坦占2.2%，

---

① 肖影：《独联体区域一体化：路径与进展》，博士学位论文，辽宁大学，2015年。

乌克兰占 2.3%。① 到 2018 年，俄罗斯与独联体国家的出口为 4500 亿美元，占俄罗斯对外贸易出口总额的 53%。俄罗斯与独联体国家的进口总额为 3953 亿美元，占俄罗斯对外贸易进口总额的 52.9%。俄罗斯继续保持为独联体国家第一大贸易伙伴，是其他欧亚各国重要的出口市场和进口来源地。② 俄罗斯从独联体国家进口商品结构主要包括食品和农业原料（纺织品除外）、化工品、矿产品和橡胶、皮革原料、毛皮及其制品、木材和纸浆和纸制品、纺织品、金属、宝石及其制品、机械、设备和车辆。③ 俄罗斯出口到独联体国家的商品包括食品和农业原料（纺织品除外）、化工、矿产和橡胶、皮革原料等，各国家经济依赖程度仍相对较高。欧亚国家间贸易的往来和依赖为双方跨境教育合作奠定了坚实的基础。

但从区域层面来讲，后苏联空间的多领域合作中俄罗斯始终处于中心地位，并多以俄罗斯的利益优先。在这一非对等关系中，俄罗斯与欧亚其他国家必然是既相互合作，又频发冲突和摩擦，欧亚其他国家同时存在对俄抗拒和对俄依赖的矛盾心理。这种既抗拒又依赖的矛盾心理可以从"离心力"与"向心力"这一角度来审视。国家间的政治、经济等的联系是跨境教育合作的基础，在欧亚跨境教育合作中起着积极的促进作用。1991—2021 年，欧亚跨境教育合作经历 30 年的发展历程，虽然跨境教育合作的方向早已确定，但政治、经济等因素带来的离心力和向心力始终是一对"矛盾"，这也使得欧亚国家的跨境教育合作和教育一体化进程未能取得预想的结果。苏联解体以来，欧亚国家纷纷谋求国家政权的独立和民族发展，所表现出来的民族主义、经济利己主义、地方主义等离心力一度成为双方教育合作的重要阻碍，但各国基于历史传统的经济依赖、习惯势力和安全利益等向心力则促使各方"抱团取暖"，在平等

---

① Россия в цифрах 2019. Краткий статистический сборник. ［EB/OL］.（2019 - 05 - 27）［2022 - 03 - 21］. https：//rosstat. gov. ru/storage/mediabank/rus19. pdf.

② Федеральная служба государственной статистики. Россия в цифрах 2019：Краткий статистический сборник ［EB/OL］.（2019 - 08 - 12）［2021 - 12 - 30］. http：//www. demo-scope. ru/weekly/2020/0845/biblio03. php.

③ Федеральная служба государственной статистики. Россия в цифрах 2019：Краткий статистический сборник ［EB/OL］.（2019 - 08 - 12）［2021 - 12 - 30］. http：//www. demo-scope. ru/weekly/2020/0845/biblio03. php.

互惠的基础上推动教育领域合作的深入开展，各国共谋发展的向心力也成为欧亚跨境教育合作的基础和动力来源。

（三）各国宗教信仰、文化传统、族群结构等社会文化对欧亚跨境教育合作的影响

文化之于教育的作用和影响是潜在的、深刻的。以亚历山大·温特为代表的建构主义流派认为，在国际社会结构中，共有的社会文化是确立行为体身份的根本影响因素，所有的一切都是文化作用的使然，国际合作也是如此道理。[①] 除去物质层面对国家行为的影响，还表现为国际结构即观念的分配和共享对国家行为体的意义。这种观念通常指共有文化，即由共同的文化价值观形成的，如习俗、习惯、规则、制度以及法律法规等，是对国家在国际社会体系中身份的一种认同，这种相同的认知有利于国家进行国际合作，对国家的发展起到一定的促进作用。从跨境教育合作的视角看，合作国家双方能否认同对方的文化，抑或是否拥有共同的文化基础，各国家文化的交流融合、冲突对抗以及调适修正，在很大程度上影响甚至决定着双方教育交流与合作的方式和成效。

基于历史传统，欧亚国家的社会文化的共通和联结为各国跨境教育合作的开展奠定了坚实的基础。欧亚国家普遍信奉东正教，有着相同的宗教传统和文明起源。民族节日大多包括洗礼节、谢肉节、复活节等，承载与传递着共生的民族传统。拥有共同的语言基础，国家间族群联系紧密。早在苏联解体20世纪末期，在哈萨克斯坦就居住生活着大约600万俄罗斯人。虽然20世纪90年代初期以来受到苏联解体、失业和通货膨胀、农村剩余人口向城市迁移、劳动力市场种族间竞争加剧等多种因素影响，部分人回到俄罗斯生活，在哈萨克斯坦的俄罗斯居民数量显著减少。[②] 但留下来的俄罗斯人仍然是哈萨克斯坦第二大民族。根据俄罗斯地理学会相关研究数据显示，哈萨克斯坦共生活着125个民族，根据2009年人口普查，人数最多的是7个民族（每个民族在全国总人口中所占比

---

① 宋秀琚：《国际合作理论：批判与建构》，世界知识出版社2006年版，第175页。

② Русские и русский язык в Казахстане. Итоги экспедиции РГО［EB/OL］. （2019 - 12 - 04）［2022 - 01 - 23］. https：//russkiymir.ru/publications/266083/.

例超过 1%）——哈萨克人、俄罗斯人、乌兹别克人、乌克兰人、维吾尔人、鞑靼人和德国人，占全国总人口的 95.6%。截至 2019 年年初，俄罗斯族仍占哈萨克斯坦全国总人口的 19.32%。① 同时，大部分人都说俄语，这不仅是民族间交流的手段，也是哈萨克人日常应用的口语。

截至 2020 年，仍有 400 余万东斯拉夫人居住在中亚。② 俄语仍在欧亚国家国内社会交往和国际交流中占据重要位置。哈萨克斯坦、吉尔吉斯斯坦、白俄罗斯等国仍将俄语作为官方或通用语言使用。俄罗斯科学与教育社会学中心主任亚历山大·阿菲耶夫带领研究团队分析了 1990—2025 年世界各个国家/地区讲俄语的人数趋势，其研究数据显示，近年来，后苏联国家讲俄语的人数虽在逐步下降，但截至 2018 年，仍达到7930 万人，苏联各加盟共和国中俄语学习的学生人数约为 370 万人。③ 语言作为交流的重要工具，不仅是国家扩大国际影响力的标志，在现实生活中还承载着一个国家文化传播传承的重任。欧亚国家间语言的相通和基础对于推动跨境教育合作具有积极的价值和意义。

社会文化的相通性助益于欧亚国家间的跨境教育合作。但反之，也会严重制约着合作的开展。西方主流理论认为苏联的解体归纳起来无外乎三种解释，"市场经济对计划经济的胜利、民主体制对集权体制的胜利以及民族主义的胜利"。④ 族群问题若调控不当，不仅影响着国家民族和睦及社会稳定，往往也会成为制约该国发展的关键性因素。跨境教育合作同样受到国家内部的族群结构制约。苏联解体，新独立的民族国家为提升民族自豪感，提高本民族独立和自觉，纷纷赋予主体民族语言即本民族语言为国语和官方语言的地位。俄语在欧亚国家的地位逐渐受到威

① Русские и русский язык в Казахстане. Итоги экспедиции РГО［EB/OL］.（2019 – 12 – 04）［2022 – 01 – 23］. https：//russkiymir. ru/publications/266083/.

② В Средней Азии проживает 5 млн славян. Еще 30 лет назад их было вдвое больше［EB/OL］.（2020 – 12 – 11）［2021 – 12 – 08］. https：//www. ritmeurasia. org/news – – 2020 – 12 – 11 – – v – srednej – azii – prozhivaet – 5 – mln – slavjan. – esche – 30 – let – nazad – ih – bylo – vdvoe – bolshe – 52313.

③ Арефьев А. Л. Функционирование русского языка в мире：проблемы и пути их решения ［J］. Образование и наука в россии：состояние и потенциал развития，2020，（5）：83 – 138.

④ 孟红莉：《俄罗斯族群复兴的推动者——读丹尼尔·特瑞斯曼〈俄罗斯的"族群复兴"：后共产主义秩序中地方领导人的分离行动主义〉》，《西北民族研究》2010 年第 4 期。

胁。如在中亚，哈萨克斯坦、塔吉克斯坦和土库曼斯坦规定俄语是"族际"交流语言，俄语虽然在各民族相互往来中仍是惯用语言，但其地位仅介于官方语言和通用语言之间，在土库曼斯坦、乌兹别克斯坦等国的官方机构中已经很少应用。随着欧亚国家民族政治地位的提升，俄罗斯族裔的地位迅速下降，欧亚各国说俄语的人和俄语学习人数逐步减少，族群结构和俄语在欧亚国家的变动在一定程度上制约着欧亚国家跨境教育合作的开展。

（四）俄罗斯在欧亚地区的主导性地位对欧亚跨境教育合作具有结构性制约

除欧亚国家政治、经济、文化等维度的相互联结影响和限制着欧亚跨境教育合作外，各国在国际社会所处的地区环境和结构也制约和影响着其合作的开展。地区结构一般折射在地区合作机制内部的权力分配中，权力的分配平衡程度直接影响各国的参与度。新现实主义合作理论从维护相对较高的权势地位和维护自身安全出发，论述了推动国际合作的国际环境压力因素。认为在这个无政府的体系中，国家是主要的行为体，也是理性的行为体，而权力则是理解国际关系的关键。现实主义理论的代表，美国著名国际关系理论家肯尼思·华尔兹（Kenneth Waltz）认为，权力分配决定了国家的国际行为，国家首要关注的并非是权力最大化，而是如何维持其在国际体系中的地位。[①] 因此，国际合作并非不可能实现，但民族国家源于利己考量，会将国际合作看作冲突的缓冲期或"大国维护均势的工具"。霸权合作理论学者直观地表示，国际社会如果存在一个起绝对主导作用的霸权国家，其功能相当于国内的中央权威，而且它也愿意为国际社会提供公共物品，则霸权之下的合作是可以实现的。

基于新现实主义合作理念，国际体系结构严重影响一个国家的国际行为。因此，国家的合作同样也是系统结构影响作用的结果。在欧亚区域层面，俄罗斯拥有欧亚地区的主导地位，这是地区结构的现实。俄罗

[①] 张梦琦、刘宝存：《高等教育国际合作的理论困境与现实出路——推进"一带一路"建设的视角》，《国家教育行政学院学报》2019 年第 8 期。

斯在欧亚区域层面的绝对"主导"作用影响和制约着欧亚国家跨境教育合作的发展。俄罗斯在跨境教育合作网络中同样处于"绝对"核心位置，在推动欧亚跨境教育合作中具有不可替代的地位。在一定程度上也严重影响和制约着欧亚跨境教育合作的开展。

俄罗斯在欧亚跨境教育合作的主导地位主要表现在三个方面：制度设计、物质能力、文化领导力。制度设计层面，俄罗斯主导欧亚区域内多边教育合作的运行程序、决策机制、法律法规等攸关组织运行的机制和规则的确定。在独联体统一教育空间的构建、独联体网络大学的组织运营和发展、上海合作组织大学框架下欧亚国家间跨境教育合作中，俄罗斯均扮演着重要的角色地位。主导推动着国家间合作的深入开展。物质层面，俄罗斯的经济实力遥遥领先，在跨境教育合作领域的投资、独立分校的输出、留学生及科研人员交流领域资金的投入都远远超过欧亚其他国家。2008年8月起，俄罗斯将外国公民进入俄罗斯大学留学的配额从每年的7000人增加到1万人，其中，新增的留学生配额主要用于欧亚国家的留学申请人。[1] 根据俄罗斯2020年统计年鉴，截至目前，俄罗斯在欧亚国家建立的独立分校已达到40余所，向欧亚国家输出本国优质的高等教育资源，实现在地俄罗斯化，建立了如莫斯科罗蒙诺索夫国立大学埃里温分校、俄罗斯普列汉诺夫经济大学明斯克分校，这些学府在欧亚国家受认可度较高，源源不断地为欧亚国家培养各领域的优秀人才。在文化领导力层面，俄罗斯与各国在语言文化、大众传媒、科学研究、族群关系等方面存在复杂的关系。在哈萨克斯坦外国媒体市场上，俄罗斯媒体所占份额高达90%。乌兹别克斯坦新闻报道长期依赖《俄罗斯报》、俄新社、俄罗斯塔斯社等新闻媒体。塔吉克斯坦、吉尔吉斯斯坦国家民众大多通过《共青团真理报》、俄罗斯"第一频道"等俄罗斯主流媒体获知国际时事。[2] 俄语的传播使得俄罗斯媒体成为部分欧亚国家主要的媒体，这些媒体传递着俄罗斯对于全球、区域或者国内外政治事件的观

① ФоминыхАЕ. Российские Университеты На Образовательных Рын – Ках Центральной Азии: ПубличнаяДипломатия, Сотрудничество И Конкуренция［J］. Вестник ТомскогоГосударственного Университета（История），2014（6）：28–31.

② 马强：《大国在中亚的"软实力"政策比较分析》，《俄罗斯学刊》2019年第6期。

点和理念。俄罗斯与欧亚国家在语言文化、大众传媒等方面存在的联系，保证了俄罗斯在后苏联空间拥有较强的软实力。且这种软实力是具有历史惯性，在短时期内不可能被域外国家取代。这与俄罗斯在地区结构层面自视"地区主导者"的角色相符。俄罗斯始终将欧亚国家视为教育外交的"优先"对象，而美国、欧盟、土耳其等介入后苏联空间的行为被俄罗斯视为"秩序挑战者"[①]。俄罗斯的这种思维定式，以及维护主导地位的行为，在推动着欧亚国家间跨境教育合作发展的同时，绝对权威性地位也一定程度上制约着欧亚国家跨境教育合作的选择。

二　精英偏好对欧亚国家跨境教育合作的制约

劳瑞·德尔科将国家偏好赋予核心作用，认为一个国家是否以及在多大程度上参与区域合作，是其国家政治精英在结构所提供的机遇和约束条件下所做出的综合决定。[②] 而影响政治精英决策的标准主要包括两个方面，首先是该合作机制或倡议是否尊重国家权益、遵守国际法律规范和赋予国家权威；其次是本国的参与能否带来所期待的收益。[③] 欧亚国家间的跨境教育合作建立在尊重国家主权的基础上，因此，在跨境教育合作中能否"获益"直接影响着各国的参与。

（一）俄罗斯推动欧亚跨境教育合作的利益考量

从俄罗斯的视角审视，俄罗斯推动欧亚跨境教育合作具有多方的利益考量。

---

① 曾向红：《"规范性力量"遭遇"新大博弈"：欧盟在中亚推进民主的三重困境》，《欧洲研究》2020 年第 2 期。

② Laure Delcour. Between the Eastern Partnership and Eurasian Integration：Explaining Post-Soviet Countries' Engagement in（Competing）Region-Building Projects［J］. Problems of Post-Communism, 2015，（6）：316 – 327.

③ 周明：《哈萨克斯坦对欧亚经济联盟的参与及限度——结构制约与精英偏好的影响》，《俄罗斯研究》2020 年第 3 期。

其一，增强苏联解体后在世界舞台上被稀释的政治"软实力"。① 苏联解体后，俄罗斯在世界坐标体系中的地位一落千丈。为重振强国地位，俄罗斯在积攒传统竞争"硬实力"的同时，也寄希望于教育与科学等"软实力"。实施高等教育国际化战略被俄罗斯学界和政界认为是有利于保障其有效参与全球和重要的地区性发展进程的重要手段。俄罗斯希望通过跨境教育合作推广俄语、传播文化价值观的形式，增强自身在世界舞台上的政治"软实力"，而后苏联空间是俄罗斯实现目标的重要阵地。②

其二，与欧美争夺欧亚教育服务市场的份额。苏联解体后，以美国、欧盟为代表的西方国家积极推动与后苏联空间中国家的跨境教育合作，开拓欧亚国家的高等教育国际市场，抢占高等教育资源。而作为后苏联空间的主导国，俄罗斯希望通过开展教育合作以把握欧亚国家的教育资源。经济危机、全球能源价格的下跌加之西方的经济制裁使得俄罗斯的经济发展萎靡不振，促使俄罗斯尝试新的路径促进本国经济的发展。高等教育市场的获益被俄罗斯视为重要抓手，强调以"实现社会—经济目标"为度量的教育外交。③ 欧亚国家是俄罗斯大学留学生的主要"供应商"④，欧美等西方国家在后苏联空间的教育扩张，在一定程度上争夺了俄罗斯教育服务市场的份额。

其三，强化民族认同、保护俄胞受教育权益的需要。苏联解体后，有近 2500 万俄罗斯族裔散布在欧亚其他各国，客居异乡。⑤ 俄罗斯期望通过开展跨境教育合作，保障这些俄罗斯族裔的受教育权益，同时通过教育传播俄语，维系"俄语文化圈"以增进这些国家对俄罗斯民族的认

---

① 杜岩岩、刘玉媚：《俄美欧中亚跨境教育的战略构想及实施策略》，《教育科学》2020 年第 6 期。

② Арефьев А. Л. О Государственной Политике в Области Экспорта Образования［M］. Москва：Центр социального прогнозирования и маркетинга，2010：1.

③ 秦海波、王瑞璇、李莉莉，等：《俄罗斯对中亚国家的教育外交研究》，《新疆大学学报》（哲学·人文社会科学版）2020 年第 5 期。

④ Арефьев А. Л. Экспорт российских образовательных услуг：Статистический сборник. Выпуск 10 / Министерство науки и высшего образования Российской Федерации.［M］. Москва：ГИРЯ им. А. С. Пушкина，2020：557.

⑤ В. А. Болдырев. Итоги переписи населения СССР［EB/OL］.（2013 – 03 – 19）［2021 – 12 – 05］. https：//search. rsl. ru/ru/record/01007281145.

同，这一目标在其批准颁布的《关于发展俄语的联邦目标纲要》（1995）、《关于俄罗斯联邦国家语言法》（2005）、《2015—2017 年海外侨胞工作计划》（2014）、《发展俄罗斯教育系统的出口潜力项目》（2017）等多项不同阶段的语言和教育政策文本中均有体现。

（二）欧亚其他国家参与欧亚跨境教育合作的利益考量

而对于俄罗斯的绝对主导地位，欧亚其他国家更多地将其视为自然结果，针对俄罗斯所提出的地区教育合作倡议，如构建独联体统一教育空间、上海合作组织框架下教育合作等，欧亚国家表现出来并不排斥，主要采取"追随以获益"策略。各国与俄罗斯开展跨境教育合作，更多的是基于以下原则选择合作策略：其一，维护本国政治安全的需要。面对解体之后单薄的国家实力，以及复杂的外部环境，各国亟须依附于俄罗斯以获得地缘安全感，而教育合作则是拉近与俄罗斯关系的重要方式。其二，获取经济利益的驱使。各国与俄罗斯传统上的经济相互依赖程度较高，独立后各国的经济羸弱，技术落后，对外奉行全方位外交和务实外交的欧亚国家希望通过对外教育合作以获得利益帮助。其三，推进本国高等教育国际化的发展。跨境教育合作是高等教育国际化的主要表现形式和重要途径。俄罗斯作为高等教育强国，各国将推动与俄罗斯跨境教育合作视为提升高等教育国际化水平的重要手段。

我们也要意识到，以"获益"为取向的国家偏好，若各方的利益追求出现偏差或未能获得所求利益目标，将会对欧亚国家间跨境教育合作的开展构成重要影响。近年来，随着俄罗斯经济的下滑、俄语影响力的下降，俄罗斯高等教育竞争力逐渐减弱。各国在后苏联空间获益的前景越来越惨淡，使得俄主导教育一体化空间吸引力逐渐下降。进入 21 世纪后，俄罗斯在充分考虑国内政治、经济和文化因素的影响下积极推进博洛尼亚进程，意图融入欧洲，提升高等教育竞争力，这一行径促使各国追随俄罗斯的脚步。加之欧盟对欧亚国家的教育援助在推动欧亚高等教育现代化进程，改善其教育质量即国际化发展方面取得了显著的成效。

在过去的十几年中，博洛尼亚进程和欧洲高等教育领域的改革对独联体的共同（统一）教育空间产生了重大影响。签署博洛尼亚宣言的独联体成员国包括：阿塞拜疆（2005）、亚美尼亚（2005）、哈萨克斯坦

（2010）、摩尔多瓦（2005）、俄罗斯（2003）、乌克兰（2005）、白俄罗斯共和国（2015），教育改革已成为参与博洛尼亚进程的国家履行义务的一部分。这些参与博洛尼亚进程的国家的高等教育和研究生教育在短时间内建立在欧洲框架内，对国家间合作的立法框架产生巨大影响。[①] 欧亚地区的英语普及程度不断提高，年青一代对美国和西方表现出明显的好感和向往，大量精英学生到西方高校留学等因素，使得欧亚各国的跨境教育合作开展转向西方。各国奉行和实践"利益取向"的教育外交政策构成欧亚跨境教育合作的重要影响因素。

三　区域认同对欧亚跨境教育合作的影响

劳瑞·德尔科认为，面对多样的地区合作倡议或机制，基于思想、规范和价值观等而共有的区域和国家认同感是国家参与合作的重要影响因素。而在一定程度上，合作理念是否契合各国高等教育发展的预设和既有规范，决定着国家对合作倡议的认同和参与程度。

（一）俄罗斯对欧亚跨境教育合作的认同与参与

从俄罗斯视角分析来看，有学者指出，"打感情牌"是俄罗斯对邻国外交的切入口，这一倾向同样体现在教育领域。对于俄罗斯而言，欧亚国家是俄罗斯全球崛起的后备区域，由于担心欧亚国家对其行为的警惕，更为软性的教育成为俄罗斯对欧亚国家首选的公共外交工具之一。在合作理念上主张打造教育一体化空间，将强化民族认同、保护俄胞的受教育权益作为优先方向，致力打造"俄语文化圈"[②]。将欧亚国家学生、学者和俄罗斯侨胞作为交流资助的优先对象，鼓励俄罗斯高校在欧亚国家开办分校和联合大学，把俄罗斯优质高等教育资源输送到各中小国等系

① Кругликова Т. В. Болонский процесс: итоги первого десятилетия. (обзор) [J]. Актуальные проблемы Европы, 2013 (2): 189–221.

② 杜岩岩、刘玉媚：《俄美欧中亚跨境教育的战略构想及实施策略》，《教育科学》2020 年第 6 期。

列措施。

俄罗斯总统普京也曾表示，"独联体是俄罗斯外交轨道上的重要区域，独联体国家是俄罗斯最亲近的国家"，可以说，俄罗斯精英传达的这一理念契合欧亚各中小国捍卫国家主权、寻找民族身份认同①、促进高等教育发展和人才培养的需要。因此，各国积极推动与俄罗斯开展跨境教育合作。

（二）欧亚其他国家对欧亚跨境教育合作的认同与参与

对于欧亚其他国家来说，基于地区和国内的结构特征，各国普遍通过采取与俄罗斯友好的政策应对双边关系的不对称，积极参与俄罗斯主导的跨境教育合作机制和倡议。在跨境教育合作领域，各国对俄罗斯的认同体现为在独联体框架下，积极推进参与俄罗斯主导的教育一体化空间的构建。在独联体统一构建的过程中，欧亚国家通过强调教育政策原则的同一性，即签署《形成独联体统一教育空间的构想》《关于保证独联体成员国公民获得进入普通教育机构平等入学条件的协议》系列合作协议，建立可比互认的教育标准和教育体系及人才培养和认证的一致性标准，在遵守多边和双边教育合作协定中所规定的基本原则下倡导教育资源的共享等多方面。其主要原因在于各国对俄罗斯的教育倡议具有相当高的认同感。

同时，欧亚国家基于历史传统对俄罗斯天然的认同感也是影响合作的重要因素。正如哈萨克斯坦总统纳扎尔巴耶夫（Назарбаев Н. А.）曾表示："我们都是原苏联的加盟共和国，给予我们的历史和命运，我们为共同的联盟准备好了……我们有共同的思想和许许多多的相似之处。"②他的这种期待，在一定程度上反映了邻国的普遍心态。即各国明了共同的民族、语言文化等历史遗留的族群结构是拉近与俄罗斯跨境教育合作的优势所在。但是面对俄罗斯在跨境教育合作机制中的"区域霸权"，令

---

① 封帅：《悲剧的诞生：身份认同困境与克里米亚的命运》，《俄罗斯研究》2014 年第 3 期。

② 冯绍雷：《中俄欧在欧亚大陆的互动——兼论"一带一路"对三方关系的影响》，《俄罗斯研究》2020 年第 4 期。

各国担忧而产生距离感，使各国在推进欧亚跨境教育合作与维护各国主权这两个目的中存在巨大的张力。

通过借用劳瑞·德尔科的分析框架，从结构制约、国家精英偏好和区域认同的视角对欧亚国家跨境教育合作影响因素进行分析，不难看到，欧亚跨境教育合作的影响因素是复杂多维的，共有的历史传统、区域认同、地缘、政治、经济、文化、族群等千丝万缕的紧密联结是欧亚国家跨境教育合作推进的基础和动力，但从国内和国际结构层面也在一定程度上制约着双方合作的开展。欧亚国家的这些联结是天然的，基于历史共生的，这也凸显了欧亚国家教育领域合作的特殊性。但同时，我们也看到，基于历史传统的联结并不能持久，各国家基于国家利益的考量，在跨境教育合作中的"获益"取向也直接影响欧亚国家跨境教育合作的发展。仅仅基于历史传统的联结并不能够实现欧亚国家跨境教育合作持续性发展，在互相尊重国家权力，平等互惠的基础上，通过建立良好的顶层设计和制度框架，正确的路径举措推动跨境教育合作深入发展才是长久之策。

第 五 章

欧亚跨境教育合作的挑战与趋势

欧亚跨境高等教育合作具有地缘、语言、历史文化等方面的优势，经过 30 余年的发展已具备良好的合作基础，且从目前各国高等教育国际化的发展现实和目标来看，推动与欧亚其他国家的教育合作仍是大部分国家跨境高等教育合作的重点。随着知识经济的快速发展、全球竞争愈发激烈以及地区格局的冲突变动，面向未来的远景目标规划对欧亚跨境高等教育合作提出了更高的要求和强有力的挑战。虽然在这三十年间欧亚国家跨境高等教育合作取得了实质性的进展，但距离构建"统一教育空间"的目标还有一定的差距，各国家间的跨境高等教育合作仍面临诸多挑战。

一 欧亚跨境教育合作面临的挑战

（一）政治局势不稳定，跨境教育合作环境复杂多变

欧亚区域内政治局势不稳定，难以为跨境教育合作提供有力的政治环境，在一定程度上阻碍欧亚国家间跨境教育区域合作的发展。无论是经济社会发展，还是高等教育发展，国家和区域政治环境稳定是必要前提，只有稳定的政治环境、良好的政治互动，才能更好地促成国家社会和经济的良好发展。一直以来，欧亚的政治和安全局势都是国际关注的重点，也是欧亚国家和区域教育合作得以发展的重要前提。但受内部民族、宗教冲突以及以美国为首的西方国家对以俄罗斯为主导的后苏联空间的持续"关注"和"干预"，欧亚区域政治安全局势屡有波动。[①] 在苏

---

① 柳丰华：《中美俄在亚太：政策演变与博弈趋势》，《俄罗斯研究》2020 年第 6 期。

联解体近30年后，波罗的海三国早已加入欧盟和北约，寻找到了更符合自身利益的盟友，格鲁吉亚与俄罗斯持续交恶，阿塞拜疆也同土耳其走得更近，中亚五国也逐渐在"去俄化"积极推行"多元化外交"，[①] 乌克兰与俄罗斯的军事冲突也愈演愈烈，虽呈现了缓慢降温的趋势，但仍存在诸多不确定因素。复杂的政治环境对欧亚国家和区域间跨境教育合作发展造成不利影响。在欧亚跨境教育合作过程中，政治保障是最为关键的一步，独联体和其他区域组织在相关政策中也表明，为保障跨境教育合作的顺利发展欧亚各国和相关区域组织应给予强大的政治承诺，但实际实施情况不容乐观。因此，跨境教育合作政策、项目实施举步维艰，甚至可能导致欧亚国家间跨境教育合作停滞不前。

（二）教育水平良莠不齐，跨境教育合作关系非对称

相互依赖是欧亚各国能够融合共生，在多领域形成合作共识的基本逻辑。而合作的不对称性则是导致欧亚各国对跨境教育合作产生分歧的根源。相互依赖理论认为，随着国际交往的日益密切，复杂多样的双边性及多边形、地区性、全球性等领域内的公共矛盾问题如果只单靠一个或几个国家的力量难以得到很好的解决，这就需要各国集体行动、进行积极的合作。跨境教育合作是欧亚国家面对世界全球化趋势和高等教育国际化进程加快等方面的挑战，通过国家对话以促进共同解决教育发展过程中各国面临的迫切问题的重要形式。但欧亚各国经济水平参差，国际影响力相差悬殊，高等教育水平发展不均衡，在跨境教育合作中体现的非对称性合作关系对现阶段以及未来合作的开展构成一定挑战。通常在不对称的合作关系中，国家综合实力的强弱直接影响了对于关系的不同认知，国家实力差距导致合作方在重视程度和发展视角方面的不同，从而可能进一步造成合作关系的恶化。[②]

目前，俄罗斯、白俄罗斯的高等教育发展水平相对较高，大学层次和高等教育质量明显高于欧亚其他国家。通过对欧亚国家间跨境教育合

① 冯玉军：《俄罗斯与"后苏联空间"》，《世界知识》2020年第23期。
② 焦一强：《由认知分歧到合作共识：中俄"一带一盟"对接合作研究——基于不对称性相互依赖的视角》，《当代亚太》2018年第4期。

作中的人员流动、合作项目开展以及合作办学机构的建立也可以看出，欧亚国家间的跨境教育合作关系不对称性早有体现。苏联解体以来，俄罗斯一直处于合作主导地位，也一直在发挥着大国优势，带动周边国家的教育发展，在推动欧亚跨境教育合作网络构建中具有不可替代的地位。这与俄罗斯在地区结构层面自视"地区主导者"的角色相符。俄罗斯在欧亚跨境教育合作中的主导地位主要表现在制度设计、物质能力、文化领导力三个方面。制度设计层面，俄罗斯主导欧亚区域内多边教育合作的运行程序、决策机制、法律法规等攸关组织运行的制度机制和相关规则的制定。物质层面，俄罗斯的经济实力遥遥领先其他欧亚国家，在欧亚高等教育合作领域的投资、独立分校的输出、留学生及科研人员交流领域的资金投入都远远超过欧亚其他国家。文化领导力层面，俄罗斯与欧亚各国在语言文化、大众传媒、科学研究、族群关系等方面存在纷然杂陈的联系，保证了俄罗斯在后苏联空间拥有较强的软实力。且这种软实力具有历史惯性，在短时期内不可能被域外其他国家取代。

对于俄罗斯在欧亚跨境教育合作中的主导地位，欧亚其他国家有着清晰的认知。然而，更多地将俄罗斯的主导地位视为自然结果，各国所持的政治立场和态度虽各有不同，但针对俄罗斯所提出的区域教育合作倡议，如在独联体框架下构建独联体统一教育空间、建立独联体网络大学、欧亚经济联盟框架下推进教育领域交流等，各国并不排斥。换言之，自1991年解体至今，针对俄罗斯与各国之间实力的不对称，各国均采取"追随以获益"策略。与俄罗斯进行教育领域互动，各中小国主要出于维护本国政治安全需要、获取经济利益、推进本国高等教育国际化发展等目的，普遍在政策层面通过采取与俄罗斯友好的政策应对双边关系的不对称，积极参与俄罗斯主导的跨境教育合作机制和倡议。但各国高等教育水平的差异，使得国家间跨境教育合作关系不对称，这种不对称性极易导致各国对区域内跨境教育合作产生认知分歧，从而阻碍国家间和区域合作深度开展。且随着俄罗斯经济实力和高等教育水平的下降，未来这种相对稳定的相互依赖的关系很有可能被打破，从而影响双方合作继续开展。

（三） 对外依附性强，区域跨境教育合作动力不足

欧亚国家普遍高等教育的对外依附性较强，主要体现在两个方面，即经济上的依附和政策上的依附。苏联解体之后，欧亚国家积极发展和完善本国的高等教育体系，但高等教育经费不足一直是欧亚国家高等教育发展中普遍存在的重要问题，而在跨境教育合作中，许多教育合作项目的经费及所需要的基础设施都来源于国外的支持。如欧亚国家与美国之间进行教育合作，接受美国给予的教育援助。通过系列的国家政策支持以吸引美国在欧亚建立大学，如美国中亚大学（АУЦА）、阿拉木图的哈萨克美国大学、比什凯克的吉尔吉斯国际大学、美国和欧盟著名高校在哈萨克斯坦参与纳扎尔巴耶夫大学的项目，开展针对中亚教育领域的援助项目 Fulbright、Mask、Global UGRAD 计划等。[①] 欧盟在苏联解体后陆续启动了"塔西斯计划""伊拉斯谟世界计划"等为苏联国家经济改革和重建提供技术援助，支持中亚等合作伙伴国家的高等教育现代化发展，提高高等教育质量，促进这些国家的高等教育系统与欧盟国家的高等教育系统和博洛尼亚进程的有机融合，在包括欧盟在内的整个欧洲国家中形成稳定有序的教育合作空间网络。目前该计划涵盖了东欧、西巴尔干，北非、中亚和中东的 27 个国家。[②] 坦普斯（Tempus）计划于 1990 年正式启动，1994 年以来，中亚五国开始相继加入坦普斯计划（哈萨克斯坦和乌兹别克斯坦于 1994 年加入，吉尔吉斯斯坦于 1995 年加入，土库曼斯坦于 1997 年加入、塔吉克斯坦于 2004 年加入了该计划）。自加入该计划以来，中亚五国获得的教育援助总预算达 9890 万欧元。其中 1994—1999 年 Tempus Ⅱ 框架内获资助款 1770 万欧元，在 2000—2007 年 Tempus Ⅲ 框架内获资助款 3120 万欧元。自 2008 年以来，已在 Tempus Ⅳ 框架内获资助款 5000 万欧元。从 2007 年到 2012 年，中亚五国大约有 150 所高等教育

---

① Комлякова Ю. Ю. Политика США В Сфере Образования В Некоторых Государствах Центральной Азии：Казахстан，Кыргызстан［J］. Культурная Жизнь Юга России，2015（4）：64 - 68.

② СайтИсполнительного Агентства По Образованию，Аудиовизуальным Средствам И Культуре［EB/OL］. （2016 - 02 - 09）［2022 - 02 - 03］. http：//eacea. ec. europa. eu/tempus/index_ en. php.

机构参加了此项计划，收到的援助总金额由 500 万欧元增加到了 1500 万欧元。① 这些资助款多用于大学内部管理制度改革、教学课程实践、推进高等教育机构和社会层面的联系等，同时积极促进机构能力建设，改良教育管理和制度体制框架，对机构中的非教职工作人员提供短期培训等。

通过物质上的绝对支持，国家和区域组织通过战略发展论坛、双边或多边合作会议等，将本国的发展理念、教育理念直接或间接地逐渐渗透到相关合作项目的政策之中。因高等教育难以实现完全自主化发展，欧亚国家高等教育区域合作协调和管理机构则需要在一定程度上做出妥协。随着美国、欧盟等对欧亚国家高等教育援助的力度不断扩大，欧亚各国对其依附性逐渐加强，欧美等教育强国对欧亚各国在高等教育国际化改革方面逐步扩大"干预"范围，在一定程度上削弱各国参与欧亚区域跨境教育合作的动力和积极性。且随着俄罗斯经济的衰落和高等教育水平的下降，对其他欧亚国家教育援助能力日渐削弱，在各国高等教育国际化发展和推动区域合作交流方面的能力不断下降，致使各国参与区域合作动力不足。

（四）技术相对落后，信息资源难以实现共享

欧亚国家跨境教育合作中，注重信息技术的利用，建立网络大学、利用远程教育系统、数字图书馆、教育管理信息系统等开展合作交流。特别是随着新冠疫情的加剧，以信息技术为支撑的线上、远程教育需求逐渐增长，但高等教育信息资源的共享需要国家保证有足够的人力、物力、资金和技术的支持。乌兹别克斯坦、塔吉克斯坦、土库曼斯坦等部分欧亚国家基础设施相对落后，教育领域信息技术人员缺乏，财政负担过重，导致在以网络和技术为依托的跨境教育合作模式只能在俄罗斯、白俄罗斯等少部分国家中发挥作用。在欧亚大部分国家大学的物质和技术基础薄弱、服务和基础设施不发达，大部分地区和区域层面上难以实

---

① СайтИсполнительного Агентства По Образованию, Аудиовизуальным Средствам И Культуре［EB/OL］.（2016 - 02 - 09）［2022 - 02 - 03］. http：//eacea. ec. europa. eu/tempus/index_ en. php.

现高等教育信息资源的实时共享。一方面，欧亚部分国家的互联网和宽带建设落后且使用费用较为昂贵，国家高等教育远程学习系统仍处于建设中。此外学生需要高等教育机构为线上学习提供相关技术人员支持，但目前在一些欧亚国家高等教育机构内部，保证线上教学网络平台有效运行的技术人员严重短缺，后期无法对基础设施和网络数据平台进行定期的维护和保修等。另一方面，网络学习中心、教育管理信息系统等网络互动学习平台需要教育和信息技术的专业人员进行及时的审核和检验，确保相关数据的真实性、可靠性和信息的有效性，而欧亚国家在高等教育信息化建设仍处于初级阶段，且更多的高等教育信息化和数字化建设还基于欧盟、美国的资金和技术援助，因此，目前难以保证教育信息和教育互动的及时审核与发布。教育资源短缺，在一定程度上限制了欧亚国家高等教育领域的互动和跨境教育合作的开展。

（五）独联体现状不容乐观，区域跨境教育合作推进缓慢

相互依赖理论认为，不同特征的国际制度或者合作机制对国际合作的程度具有重大的影响。独联体的发展在一定程度上制约着欧亚国家跨境教育合作的开展。现阶段，独联体的现状不容乐观。在成立伊始，独联体成员国间签署了上千份文件协议，但大都未发挥出原本的作用。有专家学者指出，俄罗斯所做的一些行为过于"霸道"，严重侵害了独联体其他国家的国家安全和国家利益，再加之独联体其他国家为谋求自身发展，追求国家利益最大化，纷纷结成数个大小的内部合作联盟，这使得区域性国际组织未能发挥出它的积极作用，成了一块"食之无味，弃之可惜"的鸡肋。又有北约东扩，独联体正处于危险之中，在此背景下，独联体框架下的教育合作推进缓慢。2009年6月11日在独联体框架下，白俄罗斯、阿塞拜疆、哈萨克斯坦、亚美尼亚、乌克兰、摩尔多瓦、俄罗斯、塔吉克斯坦和吉尔吉斯斯坦9国的国家元首在莫斯科签署了《关于成立独联体网络大学联盟协议》，成立独联体网络大学以进一步提高各国高等教育的质量和吸引力，加强独联体成员国领域内高等教育领域的合作和大学之间的联系。独联体网络大学可以看作区域层面跨境教育合作的典范。但从目前独联体网络大学的发展来看，在学生流动总量、人才培养层次、专业方向设置等方面仍处于探索和完善阶段，整体合作推

进相对缓慢。独联体网络大学作为联邦教育领域的一种崭新的合作模式，未来仍存在较大的发展潜力与合作空间，但独联体的未来发展走向为独联体网络大学的发展带来诸多不确定性。

二　欧亚跨境教育合作的未来趋势

法国"年鉴学派"代表人物费尔南·布罗代尔（Fernand Braudel）的时段理论认为，历史无非是"长时段""中时段""短时段"三种时段之间的辩证关系。并把它们各自对应的历史事物称为"结构""局势"和"事件"。费尔南·布罗代尔将"短时段"即"事件"比喻为漆黑夜晚中燃放着的烟火，在闪亮一下后就消失在黑暗之中。这就如事件一样，虽发出了一些光亮，却不能穿透黑夜。中时段的历史局势跨越了短时段中的事件，包含了更长的时间维度，它是发生发展短时段事件的根本基础，成为众多历史学家深入探寻历史秘密和历史真相的一个重要依据。这种历史运动尽管在较长的历史发展过程中，很大程度上塑造了每个历史阶段的面貌，但它还远不能成为决定历史发展走向的根本因素。布罗代尔认为，在人类长期的历史社会发展过程中，长时段的历史，即结构起到了决定性作用。因此，应注重人文地理环境、自然生态现实以及其他因素对人类社会生产活动的影响和制约。此外，心理构造也就是精神状态同样被视为结构。地理环境结构、社会结构、文化结构、经济结构和思想结构共同支撑或阻碍着历史的发展脚步，因此只有在长时段中，即结构才能更好地把握和解释一切出现过的历史现象。[①]

经过 30 余年的发展，受地区和国内结构、国家偏好和区域认同的影响和制约，欧亚国家间跨境教育合作形成了相对稳定的结构。虽然"短时段"事件和"中时段"局势的发生会波动欧亚国家间跨境教育合作的发展，但基于"长时段"地缘、族群、文化等结构性因素的制约，未来欧亚国家间跨境教育合作结构在短时间内可能不会被打破，或将呈现由稳定到不稳定再到稳定的循环趋势。

欧亚国家的跨境教育合作具有地缘、语言、文化等优势，经过 30 余

---

① 程光泉：《全球化理论谱系》，湖南人民出版社 2002 年版，第 381 页。

年的发展已具有良好的合作基础，且从目前各国高等教育国际化的发展现实和目标来看，推动与后苏联空间国家的教育合作仍是大部分欧亚国家跨境教育合作的重点。面向未来的远景目标规划，知识经济的高速发展以及全球竞争愈发激烈，对欧亚国家间和区域跨境教育合作提出了更高的要求和强有力的挑战。欧亚跨境教育合作正迈向一个更广阔的领域和更高的起点。

（一）持续推动一体化建构，由规模化向内涵式合作转变

持续推动区域一体化建构仍是当前乃至未来一段时间内欧亚跨境高等教育合作的主要走势。从国家视角出发，欧亚国家跨境高等教育合作以及独联体统一教育空间的构建，是各国追求国家利益，提高国家高等教育水平、融入国际化的重要手段。从区域视角出发，欧亚跨境高等教育合作和教育一体化空间的构建是以学生间的流动和促进就业为主的后苏联空间国家教育共同体。欧亚国家通过高水平、高质量的教育培训，将大幅提高欧亚国家的全民素质。通过合作与交流，培养更多优秀的人才，从而激发欧亚国家的政治、经济、社会文化和科学技术的发展潜力，提高欧亚国家高校在国际高等教育市场的竞争力和吸引力。

面对全球化、区域一体化、信息化、科学技术的高速发展、全球金融危机、以新冠疫情为代表的传染性疾病以及未来更多的机遇和挑战，欧亚国家必须加大在高等教育合作领域的资金投入，建立更加灵活多样、更具国际化的欧亚国家高等教育体系。欧亚各国高校应该共同培养学生的思维能力和水平，适应劳动力市场日新月异变化的能力的综合型人才，以教育为基础，以人才培养为导向推动欧亚区域多领域合作深入发展。在此背景下，欧亚国家立足区域视角和合作组织平台，推动区域跨境教育合作发展，已成为未来欧亚跨境高等教育合作的大势所趋。这不仅是欧亚国家在以往跨境高等教育合作进程中遵从的发展理念和目标，也是各国正在积极实施的行动方案，同时也是欧亚国家跨境教育合作未来发展的美好愿景和蓝图。各国通过重塑"俄语文化圈"、创建教育政策法律文本、互认教育体系促进学术流动，共享教育资源，联合建立高等教育机构，不断深化独联体国家教育系统之间的联系，为欧亚国家的文化合作交流和共同向上发展创造有利条件。

　　此外，欧亚跨境高等教育合作逐步由规模化向内涵式转向，更加注重跨境教育合作的质量深化和模式创新。教育质量是跨境高等教育合作的核心所在。在欧亚国家跨境高等教育合作持续向好发展的过程中，各国应积极参与合力推进教育领域的发展。全面提高欧亚国家跨境高等教育合作质量是将欧亚跨境教育合作推向深入的根本保障。通过对各国家间和欧亚高等教育合作政策文本解读可以看出，未来欧亚国家跨境高等教育合作的优先发展方向，集中对以下一些问题进行细化分析和关注：首先，进一步衔接国家间跨境高等教育合作质量保障体系工作，明确权责分工，提高国家间和高等教育机构间的协调能力，以保障跨境高等教育合作质量的稳步提升；其次，欧亚国家在跨境高等教育合作质量保障体系的发展中尝试构建评估和监管机制，以确保跨境教育合作能够达标预期的计划标准，促进跨境教育的可持续良性发展；最后，随着欧亚区域跨境高等教育合作的开展，跨境高等教育合作质量保证机构的国际网络也将得到进一步发展。

　　同时，欧亚跨境高等教育合作模式创新发展。传统的欧亚国家间的跨境教育合作模式包括双联教育合作项目、联合学位、特许经营、远程教育项目、设置独立院校、输出国际分校等。随着世界全球化和区域化一体化的发展，信息技术的不断变革突破，欧亚跨境教育合作模式也随之不断创新，积极推动远程教育项目的开展。远程教育合作项目是网络时代新的教育合作方式，目前国内外都有不同形式和规模的远程教育合作项目正在陆续开展和实施，远程教育合作项目虽然诞生不久，但却有着深刻的历史发展背景。特别是新冠疫情期间，远程教育项目在世界范围内得到快速发展。俄罗斯等欧亚国家的大学都被迫转为远程学习，远程教育项目也逐渐成为欧亚国家间开展跨境高等教育合作的重要途径之一。远程教育在俄罗斯、白俄罗斯等一些欧亚国家较为普及，它是一种通过政府的相关政策，采取合理有效的方式方法，为国家公民的基础教育和高等教育等提供服务。对于那些想通过学校接受教育但又因为自身和社会原因暂时无法在学校接受教育的公民，可以选择通过远程教育的形式学习自己需要的专业课程。远程教育项目主要集中于高等教育、成人教育和中等职业教育之间。在欧亚高等教育较为发达的国家，如俄罗斯、白俄罗斯、乌克兰等国很多高校都开展了远程教育。公众在选择接受远程教育时，既可以选择学习学校里的普通课程，也可以选择学士、硕士学位的相关课程进行系统学习。为了使远程教育得到社会的普遍认可，白俄罗斯等国政府规定了通过学校线上远程教育系统进行学习的学生，与在校学习的学生一样，享有同等的权利。学生可以根据自身实际情况，选择在校学习或远程学习方式，通过远程教育形式学习的学生，在课程学习结束，考核通过后，颁发与在校生具有同等效力的学历学位证书，不能因为毕业证书不一致等原因使社会对通过远程教育培养出来的学生质量产生质疑。

近年来，欧亚国家中的部分高校呈现以联合办学在海外发展教育合作伙伴的新趋势，利用远程教育模式在当地进行招生，以获得世界教育市场中的一定份额。如莫斯科国立大学、白俄罗斯国立大学等国际知名学府，这些高校在进行传统教育的同时，兼顾远程教育的发展。为获取更多教育市场份额这些欧亚国家的一流大学采取了多种方式，不仅给本土的学生、相对偏远地区的学生以及成人提供了平等接受高等教育的机会，也给其他国家的学生群体提供了出国学习的机会。可以说，以教育信息化的发展带动了教育的现代化发展，俨然已经成为当前及未来欧亚跨境高等教育合作内涵式发展的重要选择。

（二）立足国际区域合作组织和平台推动区域性教育合作深入发展

随着全球化和区域化的发展，欧亚跨境教育合作逐步从国家间的合作拓展外延，立足国际区域合作组织平台，不断创新跨境教育合作模式。传统的欧亚国家间的跨境教育合作模式包括双联教育合作项目、联合学位、特许经营、远程教育项目、设置独立院校、输出国际分校等。随着世界全球化和区域化一体化的发展，信息技术的不断变革突破，欧亚国家跨境教育合作模式也随之不断创新，积极推动远程教育项目的开展。远程教育合作项目是网络时代新的教育合作方式，目前国内外都有不同形式和规模的远程教育合作项目正在陆续开展和实施，远程教育合作项目虽然诞生不久，但却有着深刻的历史发展背景。特别是新冠疫情期间，远程教育项目在世界范围内得到快速发展。俄罗斯等欧亚国家的大学都被迫转为远程学习，远程教育项目也逐渐成为欧亚国家间开展跨境教育合作的重要途径之一。远程教育在俄罗斯、白俄罗斯等一些欧亚国家较为普及，它是一种通过政府的相关政策，采取合理有效的方式方法，为国家公民的基础教育和高等教育等提供服务。对于那些想通过学校接受教育但又因为自身和社会原因暂时无法在学校接受教育的公民，可以选择通过远程教育的形式学习自己需要的专业课程。远程教育项目主要集中于高等教育、成人教育和中等职业教育之间。在欧亚高等教育较为发达的国家，如俄罗斯、白俄罗斯、乌克兰等国几乎所有的高校都开展了远程教育。包括莫斯科国立大学、白俄罗斯国立大学等欧亚国家的知名学府，在进行传统教育的同时，兼顾远程教育的发展。为获取更多教育市场份额这些欧亚国家的一流大学采取了多种方式，不仅给本土的学生、相对偏远地区的学生以及成人提供了平等接受高等教育的机会，也给国外的广大留学生群体提供了出国学习的机会。可以说，以教育信息化的发展带动了教育的现代化发展，俨然已经成为当前欧亚国家教育跨越式发展的重要选择。远程教育在重建信息化时代高校的发展进程中，具有广阔的前景。

除远程教育合作项目，欧亚国家立足独联体和上海合作组织平台积极推动网络大学联盟合作以及院校间联盟合作模式的深化发展。目前，独联体网络大学被看成独联体内部最具潜力的合作项目，独联体人道主义合作执行委员会、一般政治和社会问题司司长阿列克谢·萨佐诺夫表示，"独联体网络大学是独联体教育领域中一种崭新的合作模式。它旨在通过结合不同国家教育机构的能力和资源，实施最受欢迎的高等教育和补充职业教育课程，提高高层次人才的培训质量"。[①] 同时，阿列克谢·萨佐诺夫表示，独联体网络大学具有良好的发展前景和潜力，我们可以期待，独联体网络大学将为实施联合科技项目、引进最现代化的教育和产业实践以及其他类型的教育活动注入新的动力。2019 年上合组织比什凯克峰会上，上合组织秘书长弗拉基米尔·诺罗夫指出，当前世界正处于高速发展中，全球化进程也在不断加快，国家间的联系日益紧密，彼此的依存度逐渐加深，上海合作组织成员国应进一步推动在科技、文化、

---

① А. Сазонов. В наступившем году новое качество обретет деятельность Сетевого университета СНГ [EB/OL]. (2020-01-09) [2021-11-22]. https：//www.vb.kg/doc/384562_ setevoy_ yniversitet_ sng_ obretet_ novoe_ kachestvo.html.

人文和旅游等领域的联系，逐步加强国家的睦邻友好合作关系。目前，独联体网络大学和上海合作组织大学在专业设置、遴选项目院校、人才培养、协调培养方案、运行和保障机制建立等方面已经相对完善，对推动欧亚国家跨境教育合作深入开展具有积极意义，未来随着全球化和区域一体化大发展，将发挥出更大的作用。

（三）探索更为开放的国际化互动空间，搭建新的教育合作机制

探索更为广阔的、开放的、国际化的跨境高等教育交流互动空间，搭建新的跨境互动平台和合作机制是欧亚跨境高等教育合作的未来趋势。教育合作平台作为国家间跨境高等教育合作交流的重要载体，在跨境高等教育合作中有着重要的地位和价值。欧亚国家基于已有的独联体网络大学和上海合作组织大学等平台，各国家间的多所一流高校开展了良好的教育合作互动，在合作办学、人员流动、项目合作等方面取得重要的进展，呈现良好的发展势态。未来欧亚国家的跨境教育合作在巩固已有合作的基础上，将打造更为开放性、国际化的交流互动平台，搭建新的跨境高等教育合作机制。

在欧洲高等教育空间建立更广泛的跨境高等教育合作。一直以来，欧亚国家在推动区域内双边及多边跨境高等教育合作的同时，以俄罗斯、哈萨克斯坦等为代表的欧亚国家，不断拓展同欧盟的教育交流与合作。在过去的十余年中，博洛尼亚进程和欧洲高等教育领域的改革对欧亚国家教育产生了重大影响。后苏联空间中的大多数国家纷纷签署了博洛尼亚宣言，教育改革已成为参与博洛尼亚进程的欧亚国家履行义务的一部分。这些国家在短时间内建立了博洛尼亚框架下的高等教育体系，对国家间跨境高等教育合作的立法框架产生巨大影响。此外，2019 年，欧洲委员会等发布了《欧盟与中亚：更坚实伙伴关系的新机遇》的联合声明，表明与中亚国家在多领域内进一步加强合作伙伴关系的新愿景。欧亚国家参加欧洲高等教育空间对于欧亚各国加速提升高等教育水平及其教育国际化发展也具有积极作用。欧亚国家融入欧洲高等教育空间，各国高等教育改革方向的趋同，共同合作框架的搭建、共同合作项目的开展在一定程度上也促进了欧亚国家间跨境教育的交流与合作。

在"欧亚"区域打造更为开放的国际化交流互动空间。中俄两国于

2015 年共同发表了《中华人民共和国与俄罗斯联邦关于丝绸之路经济带建设和欧亚经济联盟建设对接合作的联合声明》，建立了中俄两国之间多领域合作的政治框架，双方国家领导人就在欧亚大陆发展一体化模式，特别是以上海合作组织为依托平台，两国间开展多领域的相互合作达成了一致协议。哈萨克斯坦总统纳扎尔巴耶夫表示，"上海合作组织与欧亚经济联盟的横向对接、与金砖国家的纵向结合，将为合作各国在经济、贸易、文化等方面的发展提供巨大的动力，为欧亚地区未来进一步联合提供了实现的可能"①。在此背景下，深化教育领域的合作也在 2015 年 7 月举行的上海合作组织元首理事会第十五次会议和金砖国家领导人第七次峰会上通过的《2025 年前上海合作组织发展战略》《上海合作组织成员国元首乌法宣言》中得到确认。学界相关专家学者指出，应该将欧亚高等教育作为一种单独的组织形式，这将有利于学术界各项标准的制定，促进学术流动，对上海合作组织地区和欧亚大陆进行多领域、多形式的合作产生积极影响。这些建议也引起了欧亚国家的关注。目前，充分利用"一带一盟"跨教育交流平台，开展务实跨境高等教育合作交流已成为欧亚国家关注和期待的重要合作新空间。

俄罗斯总统普京于 2016 年在圣彼得堡国际经济论坛上提出建立"大欧亚合作伙伴关系"的战略构想，进一步表明了俄罗斯有意在欧亚国家以外更大的范围推进一体化战略，该提议得到了中国领导人的支持和肯定，两国领导人签署了丝绸之路经济带与欧亚经济联盟对接协议。"一带一盟"的对接为欧亚国家的跨境高等教育合作提供了更广阔的空间和更大的历史发展机遇。

---

① "上海精神"已成为新欧亚大陆象征．[EB/OL]．(2015 – 08 – 10)［2022 – 01 – 22］．http：//www.xinhuanet.com/world/2015 – 07/10/c_ 128007453.htm.

第 六 章

中国与欧亚国家跨境教育
合作的现实发展与路径选择

一 共建中国与欧亚跨境教育
合作的战略背景

（一）我国共建"一带一路"倡议的稳步推进

2013 年 9 月和 10 月，中国国家主席习近平分别提出了建设"丝绸之路经济带"和"21 世纪海上丝绸之路"的合作倡议，即共建"一带一路"倡议。"一带一路"倡议坚持共商、共建、共享的原则，辐射覆盖地域广阔，民族众多，以政策沟通、设施联通、贸易畅通、资金融通、民心相通为主要建设内容，积极推动国际合作，旨在建立政治互信、经济融合、文化包容的经济利益共同体、命运共同体和责任共同体。"一带一路"倡议虽然是由中国提出，但它是沿线各国共同的事业，在发展过程中应与各方充分沟通交流，尊重各国的真实意愿，促进与沿线国家发展战略的对接。"一带一路"倡议基于欧亚国家普遍需求发展的意愿，是民心所向、众望所归。在"一带一路"建设中，应充分发挥各参与国的力量，群策群力共同将各类项目做好做实。各国在合作过程中应遵循"开放合作、和谐包容、市场运作、互利共赢"的原则。包容文化和制度差异，充分发挥市场的决定性作用和各主体积极性实现共同繁荣。在尊重参与合作的各方共同努力的前提下，使各方成为共同的获益者。可以说"一带一路"倡议不仅有利于促进沿线地区的发展，而且有利于探索国际合作和全球治理的新模式。

"一带一路"辐射亚欧非 65 个国家，其中涵盖欧亚区域内的俄罗斯、塔吉克斯坦、哈萨克斯坦、白俄罗斯、乌克兰、吉尔吉斯斯坦、乌兹别克斯坦、土库曼斯坦、阿塞拜疆、格鲁吉亚、亚美尼亚、摩尔多瓦 12 个国家，是中国"一带一路"倡议推动的重要沿线国家和贯通西方的桥梁（如图 6.1 所示）。"一带一路"倡议的提出突出了欧亚国家在中国外交中的重要地位，同时与哈萨克斯坦的"光明之路"、阿塞拜疆倡导的"大丝绸之路"计划、土库曼斯坦等国参与的"复兴古丝绸之路"战略、中亚的"虚拟丝绸之路"项目等欧亚国家和区域战略不谋而合。对于我国与欧亚国家而言，"一带一路"的建设可以将我国与欧亚国家连接起来，为在原有的合作基础上逐步深化我国与欧亚地区的经济一体化，推动欧亚各国以更广阔的视野拓展区域一体化合作，从而实现国家间经济发展的战略对接，促进欧亚各国的共同发展有着重要的意义。其次，与欧亚国家共同建设"丝绸之路经济带"，可以进一步促进我国与欧亚区域，以及欧亚各国的战略合作交流，改善国际战略格局。"一带一路"建设将进一步促进和加强中国同欧亚各国的文化交流与合作，有利于区域认同。

教育是文化交流的重要内容，"一带一路"建设为我国与欧亚国家的教育交流提供了重要的发展契机。随着互联互通对话会的召开、"丝路基金"的运作、《愿景与行动》的发布以及亚洲基础设施投资银行的筹建、"一带一路"建设步入初期运作阶段。作为"一带一路"建设的桥梁，欧亚国家在战略理念上与"一带一路"存在契合之处，我国与欧亚国家在"上海精神"的基础上已在教育领域实现良好互动，未来呈现良好发展之势。

（二）"丝绸之路经济带"与"欧亚经济联盟"建设的对接合作

"丝绸之路经济带"与"欧亚经济联盟"建设的对接为中国同欧亚国家的跨境教育合作提供了更广阔的空间和更大的发展机遇。欧亚经济联盟成立于 2015 年，又称欧亚经济委员会，成员国包括俄罗斯、白俄罗斯、哈萨克斯坦、吉尔吉斯斯坦和亚美尼亚，五国均是"一带一路"建设的重要合作伙伴。欧亚经济联盟的目标定位于到 2025 年前实现欧亚经济联盟内部服务、商品、资本和劳动力自由流动，同时，着力推行协调一致的经济政策。2015 年 5 月，中俄两国元首达成《关于丝绸之路经济带与欧亚经济联盟对接合作的联合声明》。2015 年 7 月在俄罗斯乌法上合、金砖"合金"

双峰会期间，达成了一系列重要的合作协议，提出俄罗斯为丝绸之路经济带建设的重要枢纽，上海合作组织为丝绸之路经济带与欧亚经济联盟对接的重要平台。哈萨克斯坦总统纳扎尔巴耶夫表示："上海合作组织与欧亚经济联盟的横向对接、与金砖国家的纵向结合，将为合作各国在经贸、文化等方面的发展提供巨大的动力，为欧亚地区未来进一步联合提供了实现的可能。"[1] 2016 年 6 月，中国与俄罗斯两国元首在北京会晤，再次强调了加强"一带一盟"对接合作的重大意义。中俄双方表示，要将上海合作组织作为"丝绸之路经济带"与欧亚经济联盟对接合作的重要平台，拓宽两国务实合作空间，带动整个欧亚大陆发展、合作和繁荣。2017 年 5 月中国召开"一带一路"国际合作高峰论坛，普京总统在大会开幕式上发表演讲，认为欧亚经济联盟和"一带一路"的对接将有助于建设新的欧亚大陆交通联盟，这将促进各国的发展和合作，呼吁对接合作，建设欧亚经济联盟，发展大欧亚伙伴关系。普京总统肯定了中国与哈萨克斯坦在关税、交通、贸易等方面的合作成就，指出虽然"一带一路"与欧亚经济联盟两者是不同的发展方向，但二者之间相互补充。同年 11 月，李克强总理和俄罗斯联邦政府总理梅德韦杰夫在北京签署了《中俄总理第二十二次定期会晤联合公报》，进一步明确支持在欧亚大陆建立经济伙伴关系，在"一带一路"平台的基础上，加强与欧亚经济联盟对接合作，在硬件基础设施和软件基础设施两方面对接，齐头并进，开辟"整个欧亚大陆的共同经济空间"。硬件基础设施对接主要是在双边和小多边层面加快基础设施互联互通建设，务实推进经济走廊的畅通。软件基础设施对接主要是解决中国与伙伴国之间贸易和投资规则、技术标准、法律基础等涉及相互贸易、投资和经济合作的各种制度安排的对接和相互适应，并制定相关的统一规则和制度安排。

虽然中俄政界和学界对"丝绸之路经济带"与欧亚经济联盟对接的认识存在不同意见，表现有所不同，支持与反对声音并存。但经过几年的协同推进，双方在政策沟通，基础设施即交通基础设施建设对接、能源基础设施对接、信息网络基础设施对接，贸易畅通即贸易合作、投资合作、自贸区产业园建设，资金融通即本币互换、多边金融机构的建立，以及民心相通即人文、教育等多领域合作已初见成效。在国际政治运行

① 纳扎尔巴耶夫：《"上海精神"已成为新欧亚大陆象征》，中国新闻网，2015 年 7 月 10 日。

中，中国与欧亚国家求同存异、突出合作、互相支持，在理念上、举措上、机制上、与"丝绸之路"建设相向而行，扬长避短，趋利避害，成为"一带一路"建设的强大动力。可以说，随着中国"丝绸之路"建设与欧亚经济联盟对接合作的稳步推进，我国与欧亚跨境教育合作将迎来重要契机，同时为我国与中亚跨境教育合作奠定坚实的基础。

2016 年，中国、俄罗斯、土库曼斯坦、塔吉克斯坦、吉尔吉斯斯坦及丝绸之路经济带沿线 7 个国家的 51 所高校共同发起成立了"中国—中亚国家大学联盟"。"中国—中亚国家大学联盟"旨在打造更为开放性、国际化的交流互动平台，深化"一带一路"科教合作，对中国与沿线 7 国多所一流高校之间的科研、教学等资源的共建、共享起到了积极推动作用，促进各方优势互补，从而达到各国家间教育良性互动，以达到为"一带一路"的建设联合培养人才的目的。[1] 当前阶段，"一带一路"深入发展、"一带一路"与"欧亚经济联盟"建设的对接合作前景明朗、上海合作组织各领域合作稳步发展的背景下，中国与欧亚国家跨境教育合作呈现良好的发展态势。

（三）上海合作组织框架内中国与欧亚国家多维合作的新发展

上海合作组织框架下中国与欧亚国家的多维合作新发展为双方在教育领域合作奠定了坚实基础。上海合作组织（英语：Shanghai CooperationOrganization, SCO；俄语：Шанхайскаяорганизациясотрудничества，ШОС），简称上合组织，成立于 2001 年 6 月 15 日，是中国、哈萨克斯坦、俄罗斯、塔吉克斯坦、吉尔吉斯斯坦、乌兹别克斯坦在上海宣布成立的永久性政府间国际组织。上海合作组织的宗旨是：加强成员国之间的互信与睦邻友好；鼓励成员国在政治、经济、文化、教育和其他相关领域开展有效合作；共同联合致力于维护地区和平与稳定；建立公平、公正、合理的国际政治经济新秩序。上合组织在发展进程中逐渐形成了以"互信、互利、平等、协商、尊重多样文明、谋求联合发展"为基本内容的"上海精神"，成为新世纪上合组织成员国国家关系的基本准则。上合组织成立以来，中国同欧亚国家在政治、经济、文化、

---

① 李和章、林松月、刘进：《70 年来中国与"一带一路"沿线国家的高等教育合作研究》，《河北师范大学学报》（教育科学版）2019 年第 5 期。

教育、地区安全、司法等领域的合作取得了良好成效。

在政治领域的合作。多年来，始终将深化上合组织成员国间的政治合作，作为上合组织发展的主要任务之一。为解决成员国之间的边境问题，巩固成员国间的政治互信，在上合组织框架下，各成员国先后共同签署了《关于在边境地区加强军事领域信任的协定》《关于在边境地区相互裁减军事力量的协定》等文件，解决了中国同俄罗斯以及中亚国家历史遗留的边界问题，消除了冷战遗迹。上合组织各成员国一致协商后决定，不允许利用本国领土武器等从事损害其他成员国方的主权、安全和正常社会秩序等活动。此外，还制定并签署了相关的多边合作协议文件，以遏制非法武装、贩卖非法武器、各种毒品、非法移民和其他违反国家法律的犯罪活动。近年来，上合组织成员国在政治领域的合作上致力于解决各成员国间的边界线问题，支持各成员国在国际问题方面的共同政治立场，在其他问题方面，也一直遵循协商一致的基本原则。2004 年 6 月，在上合组织塔什干峰会上通过了《上海合作组织成员国外交部协作议定书》，该文件规定上合组织各成员国外交部在遇到重大国际和地区等方面问题时，应积极开展多种形式的沟通与协商。上合组织各成员国曾多次在经济全球化、世界多极化、国家人权、多边主义等方面的系列问题表达了共同的观点，为推动国际政治经济关系新秩序的建立贡献了一份力量。

在安全领域的合作。安全领域合作是上合组织的重要合作领域，其核心是打击恐怖主义、极端主义和分裂主义"三股势力"。上合组织各成员国在上海共同签署了《打击恐怖主义、分裂主义和极端主义上海公约》，在国际社会上首次对"三股势力"做出了相对较为清晰明确定义，并提出了成员国共同打击的具体方向以及实施原则。上合组织各成员国在安全领域紧密合作，积极参与联合国组织的各项国际反恐活动，为维护国际安全发挥了重要作用。[①]

在经济领域的合作。经济领域开展合作是上合组织的另一重点合作领域。2003 年 9 月，上合组织成员国总理第二次会晤在北京顺利举行，会议通过了《上海合作组织成员国多边经贸合作纲要》，其中规定了区域

---

① 曾向红、赵柳希：《"多轨上合"：上海合作组织发展状态初探》，《社会科学文摘》2022年第 8 期。

经济贸易合作的目标、重点发展领域、实施步骤以及其他相关机制，各成员国应在经济领域开展密切合作，力争到 2020 年实现服务、商品、资金和技术的自由流动。2004 年 9 月，上合组织成员国在吉尔吉斯斯坦首都比什凯克召开了总理会议，其间通过了《〈上海合作组织成员国多边经贸合作纲要〉措施计划》，该计划中涵盖了经济贸易、金融、交通、能源、科技、环保、教育等众多领域下的 127 个项目。

在国际司法领域的合作。2013 年 9 月，在上合组织成员国元首理事会第十三次会议上，中国国家主席习近平在主题为《弘扬"上海精神"，促进共同发展》的发言中表示，中方将在上海政法学院设立"中国—上海合作组织国际司法交流合作培训基地"，愿意利用这一平台为其他成员国培养司法人才。可以说，"中国—上海合作组织国际司法交流合作培训基地"落户上海政法学院意义重大，是中华人民共和国成立以来上海首个地方高校直接服务国家整体外交战略的案例。中国—上海合作组织国际司法交流合作培训基地主要服务于上合组织成员国的司法、执法部门官员以及律师、反恐维稳界人士的业务交流。基地还担负国际合作研究，汇集上海、囊括整个中国外交领域的资深专家和学者，共同组建开放多元的研究队伍，建设欧亚研究、上合组织研究以及丝绸之路经济带等方面研究的理论和外交智库。

在文化、教育领域的合作。在文化领域，上合组织先后举办了两次文化部长会议，并在 2005 年和 2006 年上海合作组织峰会期间，成功地举办了成员国首届文化艺术节和第二届文化艺术节。在教育领域，2007 年 8 月，在上合组织比什凯克元首峰会上，俄罗斯总统普京倡议成立"上海合作组织大学"，得到上合组织各成员国的一致支持。2009 年上半年，成员国五方协商一致，共同确定区域学、生态学、能源学、IT 技术和纳米技术五个专业为优先合作方向，并按照基本的要求和标准遴选出了本国的项目院校，其中哈萨克斯坦 10 所、塔吉克斯坦 10 所、吉尔吉斯斯坦 7 所、中国 10 所、俄罗斯 16 所，共计 53 所。2010 年 9 月，第三次上海合作组织成员国教育部长会议通过，上海合作组织大学项目院校增加至 62 所，其中哈萨克斯坦 13 所、塔吉克斯坦 10 所、吉尔吉斯斯坦 8 所、中国 15 所、俄罗斯 16 所。中方的 15 所项目院校为：北京大学、清华大学、华中科技大学（纳米技术）；山东大学、东北师范大学、兰州大学（生态学）；长春理工大学、吉林大学（IT 技术）；首都师范大学、北京外国语大学、黑龙江大学、新疆大学（区域学）；华北电力大学、哈尔滨工业大学、中国石油大学（北京）（能源学）。成立至今，上海合作组织大学经历了萌芽、启动、拓展与完善的发展阶段，已走过十余年历程。我国与欧亚国家在上海合作组织大学框架下在人员交流、项目合作、学历学位认证、共建跨境教育合作工作机制、共同推动多元治理以及探索建立教育一体化空间方面取得了显著成绩。且随着我国"一带一路"倡议的逐步启动与落实，上海合作组织框架下我国与欧亚国家多领域合作的深入发展，上海合作组织大学潜力巨大，发展空间广阔。

此外，各成员国在其他领域的合作进展也很顺利，取得丰硕的成果。中国与欧亚各国在上海合作组织框架下的多维合作稳步推进，为日后跨境教育领域的合作打下了良好的基础。

二 中国与欧亚国家跨境教育合作的现状

新中国成立以来，中国与欧亚国家跨境教育领域合作大致可分为三个阶段。一是初步阶段的"启蒙期"，即新中国成立以后到改革开放之前，这一阶段跨境教育合作多是为国家政治、外交服务的，中国与欧亚之外的其他国家在互派留学生等极少数领域存在一定的合作，中国与苏联国家、独联体国家以及"一带一路"沿线国家在跨境教育领域的联系相对紧密；二是步入高速的"发展期"，即改革开放以后至2013年，中国跨境教育在这40年间得到了快速的发展，在实现中国高等教育国际化进程中，中国与"一带一路"沿线国家在教育领域的合作愈发紧密，中国与欧亚国家间的合作形式、合作内容以及合作广度等都有所拓宽。随着中国综合实力和国际地位的不断提升，在高等教育领域的国际竞争力也随之提高，欧亚国家希望能加强同中国在跨境教育领域合作的呼声日益高涨，欧亚国家的学生对前往中国留学也表现出了极大的兴趣；三是日趋完善的"拓展期"，即"一带一路"倡议提出以来至今。随着中国与欧亚国家在多领域内形成了有意识的合作，"一带一路"的区域内涵也逐渐鲜明，高等教育成为"一带一路"民心相通的关键着眼点，中国与欧亚国家间的跨境教育合作进入"爆发期"。当前，中国仍处于这一阶段中，同欧亚国家的跨境教育合作内容日益丰富，中国正稳步成为高等教育强国，提高了在欧亚各国跨境教育领域合作中的凝聚力和向心力。当前，中国与欧亚国家的多所一流高校建立了教育合作关系，在合作办学、人员流动、项目合作等方面取得重要的进展，呈现良好的发展势态。

（一）人员交流日益紧密，规模不断扩大

1. 人员往来日益密切

近年来，中国与欧亚国家之间的关系不断提升，双边及多边的教育合作与交流呈现活跃的趋势。根据相关数据统计，整理出 2003 年至 2018 年俄罗斯来华留学生流动的曲线图，在这 15 年间，欧亚国家来华留学生前两位的国家分别是俄罗斯和哈萨克斯坦（见图 6.2）。从图 6.2 中可见，俄罗斯每年来华留学生人数由最初的 1224 人增至 19239 人。哈萨克斯坦每年来华留学生人数由 215 人增至 11784 人。2018 年俄罗斯位列来华留学生生源国第六名，哈萨克斯坦位列第十。

根据欧亚各国教育科学部和统计局数据显示，近年来，在欧亚国家中的中国留学生人数呈整体上升趋势。俄罗斯教育科学部社会学研究中心的统计数据表明，2014/2015 学年，在俄罗斯高等教育机构中来自中国的国际学生数量总计 2.2 万人，这一数量占在俄全日制国际学生总数的 10% 以上，中国已逐步成为俄罗斯的第二大生源国。

俄罗斯政府每年为外国学生提供 1.5 万个公费赴俄学习的名额，2016 年分配给中国学生的公费学习名额为 800 个，高于独联体国家。[①] 根据俄罗斯 2019 年教育服务出口数据显示，2017/2018 学年，来自中国的留学生数量已达到 29172 人。根据白俄罗斯共和国国家统计委员会统计数据显示，2010/2011 学年在白俄罗斯大学学习的中国留学生人数为 1227 人，2019/2020 学年人数增加至 1435 人。白俄罗斯高等教育机构中的中国留学生数量在 2013/2014 学年为 939 人，2018/2019 学年增加至 1435 人；在乌克兰，外国留学生的队伍也在不断发展壮大，其中大部分留学生来自中国，根据乌克兰《通讯员》（Корреспондент）杂志报道，2009 年，中国

---

① 中国国际教育网：《俄罗斯中国留学生增长至 1.35 万人》［EB/OL］．（2017 - 3 - 15）［2022 - 1 - 12］．http：//www. ieduchina. com/news/201703/22383. html.

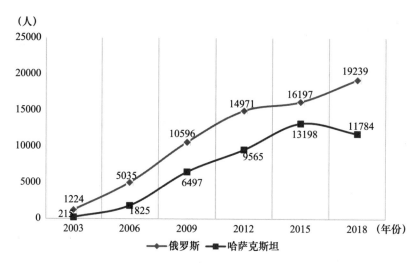

图6.2　2003—2018年俄罗斯和哈萨克斯坦来华留学生人数增长曲线图

数据来源：来华留学生统计年鉴［EB/OL］. http：//www. moe. gov. cn/.

是乌克兰最大的留学生生源地，约有6600人，其次是俄罗斯（5000人）和土库曼斯坦（2600人）。① 乌克兰教育部长谢尔希·什卡莱特（Сергей Николаевич Шкарлет）表示，截至2020年11月，来自全世界158个国家的8万多名外国留学生在乌克兰的大学中学习，他们中的大多数人在哈尔科夫、利沃夫、第聂伯罗、基辅和苏梅学习医学、法律、工程和经济专业。乌克兰外国留学生来源国前十位包括印度（18429人）、摩洛哥（8233人）、阿塞拜疆（5470人）、乌兹别克斯坦（5344人）、尼日利亚（4379人）、土耳其（3764人）、中国（3527人）、埃及（3499人）、加纳（2561人）、土库曼斯坦（2027人）。②

　　亚美尼亚、阿塞拜疆、格鲁吉亚等国接收中国留学生人数相对较少，根据亚美尼亚教育科学部统计数据显示，2017年接收中国留学生人数为6人，2018年为5人。在阿塞拜疆大学学习的中国留学生人数近五年间呈下

　　① Корреспондент：Все больше китайцев едут учиться в Украину［EB/OL］.（2009 - 5 - 9）［2021 - 11 - 23］. https：//korrespondent. net/ukraine/events/852372 - korrespondent - vse - bolshe - kitajcev - edut - uchitsya - v - ukrainu.

　　② Количество иностранных студентов в украине：данные мон［EB/OL］.（2020 - 11 - 27）［2021 - 12 - 24］. https：//ingek. com/ru/2020/11/27/kolichestvo - inostrannyh - studentov - v - u-kraine - dannye - mon/.

降趋势，2013/2014 学年在阿塞拜疆学习的中国留学生人数为 157 人，而 2017/2018 学年为 77 人，2018/2019 学年为 76 人。2017/2018 学年在格鲁吉亚大学学习的中国留学生人数为 19 人，2018/2019 学年为 13 人。

哈萨克斯坦、吉尔吉斯斯坦、塔吉克斯坦等中亚国家的高校与中国留学生往来相对较为密切，接收中国留学生数量较多，且发展前景巨大。根据 2005—2016 年的统计数据显示，哈萨克斯坦来华留学生人数不断增加，与 2005 年相比增长了约 18 倍，大多数中国留学生是自费到哈萨克斯坦高校中学习，只有少数留学生有机会获得教育补助金或奖学金。2003 年，根据中哈两国签署的协议，只有 20 名哈萨克斯坦学生在中国通过交换项目学习，然而，随着两国之间交流合作的日益增多，这个数字也在不断增长。据哈萨克斯坦教育和科学部称，根据与中国的教育合作协议，每年有 120 名获得政府奖学金的学生被派往中国进行公费学习。同时，根据上海合作组织框架内达成的协议，中国高校每年为哈萨克斯坦的留学生提供 10 项助学金。此外，数百名学生可以通过哈萨克斯坦的国家高校计划 "博拉沙克"（Болашак）进入中国大学中学习。2016 年，有 56 名哈萨克斯坦学生获政府资助赴华留学，2015 年有 59 名学生获得资助，2014 年有 61 名①。在中国大学学习的哈萨克斯坦留学生中，最受欢迎的专业分别为：汉语言文学、国际经济与贸易、旅游、石油、银行、法律、市场营销和商业管理等专业。大多数哈萨克斯坦留学生选择在中国的乌鲁木齐、北京、上海、南京、武汉和西安等城市的高校留学。据统计，其中在北京高校学习的留学生有 2500 人左右，上海地区的高校约 600 人，乌鲁木齐 1400 人，西安 600 人，其他城市大约为 100 人。② 中国国际贸易促进委员会（CCIT）副主席、中国馆全国专员、2017 年世博会的中方代表王金珍在接受哈萨克斯坦驻中国记者采访时表示：通过参加阿斯塔纳世博会，我们将鼓励更多的中国学生到哈萨克斯坦学习。目前，有 13000

①　Казахстанские студенты рассказали об учебе в Китае ［EB/OL］. （2014 – 05 – 20）［2022 – 01 – 22］. https：//www. nur. kz/society/314304 – kazahstanskie – studenty – rasskazali – ob – uchebe – v – kitae/.

②　Тянь Е. Взаимоотношения китайской народной республики и республики казахстан на примере сотрудничества в сфере образования ［J］. Международные отношения, 2018 （4）: 8 – 17.

多名哈萨克斯坦留学生在中国的大学中学习，而在哈萨克斯坦学习的中国留学生只有 1300 人左右，未来哈萨克斯坦境内的高校在吸引中国留学生方面仍有较大的上升空间。

2. 中国赴欧亚国家留学人员求学专业"单一化"

中国与欧亚其他国家留学人员在专业选择方面各有侧重，中国赴欧亚国家留学人员呈现专业选择单一化特征。留学生规模作为衡量一个国家高等教育核心竞争力的重要指标，为吸引更多的留学生能够到本国来留学，欧亚国家首先从国家政策层面入手，制定了一系列利好政策，以提高本国高校对留学生的吸引力。俄罗斯教育和科学部将高等教育机构中的留学生占比作为高校效能评估的重要衡量指标，与此同时，将其纳入"俄罗斯世界百强大学建设"项目院校的考核指标，并强调要求参加该计划的项目院校中国际学生比例不能低于 10%。此外，俄罗斯在移民政策方面也向在俄学习的国际学生提出利好政策，为在俄罗斯学习和打算未来在俄就业的国际学生给予了充足的选择空间。

目前，有来自 170 余个国家的留学生在俄罗斯境内的大学中学习，而中国留学生人数比重占俄罗斯全日制国际学生总数的 10% 以上。然而，在对中国留学生的专业选择进行深入调研后会发现，70%—80% 的中国留学生会选择就读教育学、语言学、文学等人文社科领域专业，而物理学、生物学、医学等自然科学领域专业的留学生数量比例明显偏低。新任驻哈萨克斯坦大使张晓曾在文章中指出，2018 年约有 1400 名中国学生来哈学习，这些留学生大都来自中国新疆维吾尔自治区的自费留学生，大部分学生到哈萨克斯坦留学的主要目的是学习俄语。① 究其根本原因是在哈萨克斯坦的学习和生活成本相对要低于俄罗斯。此外，苏联发达的教育体系为哈萨克斯坦教育的发展奠定了良好的基础，这也是哈萨克斯坦教育具有吸引力的重要原因。中国留学生主要在哈萨克斯坦的阿拉木图和阿斯塔纳等城市学习俄语、新闻、商贸等人文领域学科。

2015 年阿塞拜疆总统伊利哈姆·阿利耶夫进行访华，两国间的关系迈上了新台阶。特别是在教育合作领域，两国共同协商在中国的大学中

---

① Тянь E. Взаимоотношения китайской народной республики и республики казахстан на примере сотрудничества в сфере образования [J]. Международные отношения, 2018 (4)：8 – 17.

教授阿塞拜疆的国语。2016 年华东师范大学文学博士阿格申·阿利耶夫带头创建了北京外国语大学阿塞拜疆语系。2017 年，基于学生的自由选择，阿塞拜疆语在北京外国语大学中开始作为第三语言进行教授，并在2018 年设立了阿塞拜疆语专业。2022 年北京外国语大学的 9 名本科毕业生将完成四年的学业，成为中国第一批阿塞拜疆语毕业生。阿格申·阿利耶夫表示，在中国提出"一带一路"倡议后，中国和阿塞拜疆两国的关系便走上了新的台阶，在教育领域的合作关系迅速发展，语言作为文化传播的重要基础，为加强两国之间的理解与互信，起到了桥梁和纽带的作用。因此，在中国开设阿塞拜疆语专业，培养的学生对未来中阿关系的发展具有重要的作用。阿塞拜疆语专业的中国学生在毕业后都打算继续在阿塞拜疆研究领域进行自己的学术研究，多数学生选择攻读区域学、外交学、文学和法律等领域的硕士课程。①

3. 中国与欧亚国家间的教师流动稳步运行

我国与欧亚国家间教师双向流动处于稳步发展阶段，在 2017/2018 学年根据俄罗斯的相关教育计划在俄罗斯教师的参与下，在俄罗斯大学及其合作伙伴/关联组织的联合大学、研究所、外国分支机构、代表处、教育咨询中心、培训中心和其他外国机构分支机构中培训中国公民情况如表 6.1 所示。

表6.1　在俄罗斯大学及其合作伙伴/关联组织的联合大学、研究所、外国分支机构、代表处、教育咨询中心、培训中心和其他外国机构分支机构中培训中国公民情况

大学名称	合作大学及培训地点	培训人数/人
波罗的海国立技术大学	长春大学（吉林省长春市）	110（面授）
别尔哥罗德州立大学	德州学院为基础的俄语大学预科联合培训中心（山东省德州市）	55（面授）

① Как и зачем китайские студенты учат азербайджанский язык в Пекине? Интервью с Агшином Алиевым．［EB/OL］（2022 – 02 – 19）https：//media. az/society/1067847966/devyat – moih – studentov – stanut – pervymi – diplomirovannymi – azerbaydzhanovedami – v – kitae – intervyu – s – agshinom – alievym/.

续表

大学名称	合作大学及培训地点	培训人数/人
东西伯利亚国立科技管理大学	吉林俄语学院（吉林省长春市）	24（面授）
喀山（伏尔加地区）联邦大学	湖南师范大学（湖南省长沙市）	268（面授）
科斯特罗马州立大学	洛阳科技学院，在"机械与自动化"专业的俄语课程中接受培训（河南省洛阳市）	12（面授）
克拉斯诺亚尔斯克国立农业大学	克拉斯诺亚尔斯克国立农业大学在呼和浩特师范大学开展五个月的俄语培训计划，克拉斯诺亚尔斯克国立农业大学老师参加了该计划（内蒙古自治区）	100（面授）
莫斯科罗蒙诺索夫国立大学	深圳北理莫斯科大学（深圳市人民政府、北京理工大学和莫斯科罗蒙诺索夫国立大学三方合作设立的中外合作大学）	325（面授）
莫斯科国立师范大学	渭南师范学院莫斯科艺术学院	169（面授） 96（函授）
新西伯利亚国立大学	新西伯利亚国立大学教师的参与黑龙江大学中俄联合研究院的俄语培训	850（面授）
彼得大帝圣彼得堡工业大学	西安外国语大学俄语教育课程	212（面授）
彼得大帝圣彼得堡工业大学	黑龙江大学的俄语教育课程（哈尔滨市）	315（面授）
彼得大帝圣彼得堡工业大学	浙江大学"俄罗斯语言与文化"教育计划（杭州）	37（函授）
托木斯克国立师范大学	牡丹江师范学院（黑龙江省牡丹江市）	150（函授）

数据来源：Экспорт российских образовательных услугстатистиче－ский сборник 2019［EB/OL］. https：//www.5top100.ru/upload/iblock/63a/Vyp.9_536_－p.2019_v－_1_.pdf.

近年来，越来越多欧亚国家的专家学者通过合作项目、访学、学术会议等形式到中国的大学进行学术交流。俄罗斯联邦教育和科学部副部长柳德米拉·奥戈罗多娃在接受中国《光明日报》专访时强调，俄罗斯喀山联邦大学正在同北京大学、上海大学、湖南师范大学等中国高校积极开展合作项目，不断拓展中俄两国高校间合作范围和交流形式。此外，莫斯科国立大学、俄罗斯国立核能研究大学等俄罗斯院校与哈尔滨工业大学、北京理工大学等中国高校之间展开了密切的科研合作项目。两国高校之间互相签署了关于科研人员间的交流以及联合项目的开发、专家指导和其他相关领域的合作协议。根据俄罗斯高校同北京理工大学签署的教育合作协议看出，双方高校将在教育领域对青年科研人才进行联合培养项目，互派青年科学家参加双边研修班、研讨会以及相关学术会议。①

2021 年 4 月，俄罗斯科学院副院长尤里巴列加指出，俄罗斯科学院同中方的合作与中国高校的科研合作由来已久，发展良好，现今已经处于较高的水平，积极推动与中方的合作一直是我们国际日程上的优先事项。即使在现在艰难的国际社会环境下，我们也在继续加强合作。② 2021 年 4 月 21 日，由中华全国青年联合会主办，中国国际青年交流中心、中国人民大学重阳金融研究院和"青年之桥""一带一路"研究院承办的"一带一路"青年学者研讨会在中国人民大学隆重举行。来自中国社会科学院、清华大学、中国人民大学、陕西师范大学中亚研究所等高校和机构的中青年学者，以及来华参加 2017 年"筑梦丝路——欧亚青年领导人研修交流活动"的俄罗斯、吉尔吉斯斯坦、哈萨克斯坦、白俄罗斯、土库曼斯坦、乌兹别克斯坦和丝绸之路国际青年联盟的青年代表和有关驻华使馆、在京留学生 100 余人参加了此次研讨会，并就欧亚青年参与"一带一路"建设意见和思路进行学术讨论。③

（二）合作项目多元发展，内涵渐次深化

广义的跨境教育合作项目主要包括中外合作办学项目、校际交流项目、国际大学联盟项目等。由于校际交流项目、国际大学联盟项目相对较为松散、随机，无法准确梳理统计，因此，本书在我国跨境高等教育合作办学项目的统计分析中，其合作办学特指中外合作办学项目和中国

---

① 俄中两国教育合作将在哪些领域出彩 [EB/OL]，（2017 - 12 - 13），https：//baijiahao. baidu. com/s？id =1586637096717924078&wfr = spider&for = pc.

② 俄罗斯科学院副院长：与中国的合作在继续开展 [EB/OL]，（2022 - 04 - 15）. https：//baijiahao. baidu. com/s？id =1730141280888104785&wfr = spider&for = pc.

③ "一带一路"青年学者研讨会在中国人民大学隆重举行 [EB/OL]，（2021 - 04 - 15）. [2022 - 1 - 11]. https：//doc. paperpass. com/journal/20170862hwhwjydt. html.

境外办学项目。

1. 合作办学项目以中国引进俄罗斯等国教育资源设立为主

根据 2017 年中国教育部中外合作办学监管工作信息平台发布的"全国中外合作办学机构和项目相关信息"的数据显示，俄罗斯在中国与其他国家的中外合作办学项目中，从开设合作办学机构的数量方面来看，位列第五。根据 2016 年 12 月官方数据统计显示，中国引进俄罗斯高等教育资源在境内共开设中俄合作办学项目 116 个，占中外合作办学项目总数量的6.9%。① 截至 2022 年 4 月，根据教育部中外合作办学监管工作信息平台数据显示，中国引进欧亚各国教育资源在境内开设的中外合作办学项目共计87 个，占中外合作办学项目总数量的 8.1%。② 目前，中国在欧亚国家开设境外合作办学的教育机构有 8 个，其中仅有 1 个教育机构在俄罗斯开设了境外合作办学（2015 年北京交通大学与俄罗斯的圣彼得堡交通大学共同创建的中俄交通学院），这是中国高校在轨道交通领域第一个"走出去"的境外办学机构，也是中国首次向传统的政治大国和高等教育强国进行教育、文化和技术等方面输出的境外办学机构。（见表 6.2、表 6.3）

表 6.2　　　　　　　本科中国与欧亚国家合作办学机构与项目③

地区	项目/机构	名称
北京	合作办学项目	北京联合大学与俄罗斯乌拉尔国立交通大学合作举办轨道交通信号与控制专业本科教育项目
上海	合作办学项目	上海师范大学与俄罗斯彼得罗扎沃茨克国立格拉祖诺夫音乐学院合作举办音乐表演专业本科教育项目
天津	合作办学项目	天津师范大学与莫斯科国立文化学院合作举办音乐学专业本科教育项目
江苏	合作办学机构	江苏师范大学圣彼得堡彼得大帝理工大学联合工程学院

---

① 教育部涉外监管信息网. 教育部审批和复核的机构及项目名单（2017 年 1 月更新）［EB/OL］，（2017 - 1 - 13）［2022 - 1 - 11］. http：//www. crs. jsj. edu. cn/index. php/default/index.

② 中华人民共和国教育部中外合作办学监管工作信息平台，［EB/OL］，（2022 - 4 - 25）［2022 - 4 - 28］. https：//www. crs. jsj. edu. cn/aproval/orglists/1.

③ （含内地与港台地区合作办学机构与项目）名单（机构 7/89 + 项目 80/910）。

续表

地区	项目/机构	名称
江苏	合作办学项目	1. 江苏科技大学与乌克兰马卡洛夫国立造船大学合作举办船舶与海洋工程专业本科教育项目
		2. 江苏师范大学与俄罗斯圣彼得堡亚历山大一世国立交通大学（原俄罗斯圣彼得堡交通大学）合作举办金融工程专业本科教育项目
		3. 徐州工程学院与俄罗斯圣彼得堡国立电子技术大学合作举办电气工程及其自动化专业本科教育项目
		4. 江苏师范大学与俄罗斯圣彼得堡亚历山大一世国立交通大学合作举办轨道交通信号与控制专业本科教育项目
		5. 徐州工程学院与俄罗斯圣彼得堡国立电子技术大学合作举办机械电子工程专业本科教育项目
		6. 盐城师范学院与俄罗斯莫斯科国立文化学院（原俄罗斯莫斯科国立文化艺术大学）合作举办音乐表演专业本科教育项目
浙江	合作办学项目	浙江海洋大学与俄罗斯圣彼得堡国立海洋技术大学合作举办船舶与海洋工程专业本科教育项目
广东	合作办学机构	深圳北理莫斯科大学
海南	合作办学项目	海南师范大学与俄罗斯圣彼得堡国立电影电视大学合作举办广播电视编导本科教育项目
山东	合作办学机构	齐鲁工业大学基辅学院
	合作办学项目	1. 山东交通学院与俄罗斯顿河国立技术大学合作举办交通运输专业本科教育项目（已并入山东交通学院顿河学院）
		2. 山东交通学院与俄罗斯远东国立交通大学举办电气工程及其自动化专业本科学历教育合作项目
江西	合作办学项目	1. 赣南师范大学与俄罗斯奔萨国立大学合作举办音乐学专业本科教育项目
		2. 江西理工大学与俄罗斯阿穆尔共青城国立大学合作举办电子科学与技术专业本科教育项目
四川	合作办学项目	四川师范大学与莫斯科国立师范大学合作举办绘画专业本科教育项目

续表

地区	项目/机构	名称
河北	合作办学项目	华北理工大学与俄罗斯托木斯克国立大学合作举办化学专业本科教育项目
河南	合作办学机构	1. 中原工学院中原彼得堡航空学院
		2. 华北水利水电大学乌拉尔学院
	合作办学项目	1. 河南大学与俄罗斯南联邦大学合作举办视觉传达设计专业本科教育项目
		2. 河南大学与俄罗斯南联邦大学合作举办俄语专业本科教育项目
		3. 郑州大学与白俄罗斯国立音乐学院合作举办音乐表演专业本科教育项目
		4. 河南财经政法大学与俄罗斯人民友谊大学合作举办人文地理与城乡规划专业本科教育项目
		5. 河南财经政法大学与俄罗斯人民友谊大学合作举办金融学专业本科教育项目
		6. 河南大学与俄罗斯南联邦大学合作举办环境设计专业本科教育项目
		7. 河南大学与白俄罗斯国立大学合作举办播音与主持艺术专业本科教育项目
		8. 河南城建学院与俄罗斯圣彼得堡国立建筑工程大学合作举办给排水科学与工程专业本科教育项目
		9. 华北水利水电大学与俄罗斯乌拉尔联邦大学合作举办土木工程专业本科教育项目
		10. 河南科技大学与俄罗斯托木斯克理工大学合作举办自动化专业本科教育项目
		11. 郑州师范学院与白俄罗斯国立文化艺术大学合作举办音乐学专业本科教育项目
		12. 洛阳师范学院与白俄罗斯国立师范大学合作举办音乐学专业本科教育项目

续表

地区	项目/机构	名称
		13. 河南师范大学与白俄罗斯国立体育大学合作举办体育教育专业本科教育项目
		14. 河南科技学院与乌克兰苏梅国立农业大学合作举办动物医学专业本科教育项目
湖南	合作办学项目	湖南师范大学与俄罗斯下诺夫哥罗德国立格林卡音乐学院合作举办音乐表演专业本科教育项目
陕西	合作办学机构	渭南师范学院莫斯科艺术学院
	合作办学项目	榆林学院与俄罗斯罗蒙诺索夫北方（北极）联邦大学合作举办石油工程专业本科教育项目
黑龙江	合作办学项目	1. 齐齐哈尔大学与俄罗斯西伯利亚联邦大学合作举办工商管理专业本科教育项目（停止招生）
		2. 齐齐哈尔大学与俄罗斯后贝加尔车尔尼雪夫斯基国立人文师范大学合作举办数学与应用数学专业本科教育项目（停止招生）
		3. 齐齐哈尔大学与俄罗斯后贝加尔车尔尼雪夫斯基国立人文师范大学合作举办化学专业本科教育项目（停止招生）
		4. 齐齐哈尔大学与俄罗斯后贝加尔车尔尼雪夫斯基国立人文师范大学合作举办生物科学专业本科教育项目（停止招生）
		5. 齐齐哈尔大学与俄罗斯后贝加尔车尔尼雪夫斯基国立人文师范大学合作举办音乐专业本科教育项目（停止招生）
		6. 黑河学院与俄罗斯布拉戈维申斯克国立师范大学合作举办美术学专业本科教育项目
		7. 黑龙江八一农垦大学与俄罗斯符拉迪沃斯托克国立经济服务大学合作举办计算机科学与技术专业本科教育项目
		8. 黑龙江八一农垦大学与俄罗斯符拉迪沃斯托克国立经济服务大学合作举办会计学专业本科教育项目
		9. 东北农业大学与俄罗斯远东国立技术水产大学合作举办工商管理专业本科教育项目

续表

地区	项目/机构	名称
		10. 东北农业大学与俄罗斯远东国立技术水产大学合作举办金融学专业本科教育项目
		11. 东北农业大学与俄罗斯太平洋国立大学合作举办国际经济与贸易专业本科教育项目
		12. 牡丹江医学院与俄罗斯太平洋国立医科大学举办临床医学专业本科教育项目
		13. 牡丹江医学院与俄罗斯太平洋国立医科大学举办麻醉学专业本科教育项目
		14. 黑龙江中医药大学与俄罗斯阿穆尔国立医学院合作举办中西医临床医学专业本科教育项目
		15. 牡丹江医学院与俄罗斯太平洋国立医科大学举办医学影像学专业本科教育项目
		16. 齐齐哈尔医学院与俄罗斯赤塔国立医学院合作举办临床医学本科教育项目
		17. 哈尔滨师范大学与俄罗斯莫斯科国立师范大学合作举办历史学专业本科教育项目
		18. 绥化学院与俄罗斯阿穆尔国立大学合作举办计算机科学与技术专业本科教育项目
		19. 黑河学院与俄罗斯布拉戈维申斯克国立师范大学合作举办计算机科学与技术专业本科教育项目
		20. 黑河学院与俄罗斯布拉戈维申斯克国立师范大学合作举办俄语专业本科教育项目
		21. 黑河学院与俄罗斯布拉戈维申斯克国立师范大学合作举办音乐学专业本科教育项目
		22. 齐齐哈尔大学与俄罗斯伊尔库茨克国立语言大学合作举办俄语专业本科教育项目（停止招生）
		23. 黑龙江科技大学与俄罗斯远东联邦大学合作举办计算机科学与技术专业本科生教育项目

续表

地区	项目/机构	名称
		24. 黑龙江科技大学与俄罗斯远东联邦大学合作举办土木工程专业本科生教育项目
		25. 牡丹江师范学院与俄罗斯乌苏里斯克国立师范学院合作举办旅游管理专业本科教育项目（停止招生）
		26. 黑河学院与俄罗斯布拉戈维申斯克国立师范大学合作举办体育教育专业本科教育项目
		27. 齐齐哈尔医学院与俄罗斯赤塔国立医学院合作举办口腔医学本科教育项目
		28. 佳木斯大学与俄罗斯阿列赫姆国立大学合作举办学前教育专业本科教育项目（停止招生）
		29. 齐齐哈尔医学院与俄罗斯赤塔国立医学院合作举办精神医学本科教育项目
		30. 东北农业大学与俄罗斯太平洋国立大学合作举办机械设计制造及其自动化专业本科教育项目（退出办学）
		31. 齐齐哈尔大学与俄罗斯克麦罗沃食品工业技术学院合作举办食品科学与工程专业本科教育项目（停止招生）
		32. 黑河学院与俄罗斯南乌拉尔国立大学合作举办旅游管理专业本科教育项目
		33. 大庆师范学院与俄罗斯布拉戈维申斯克国立师范大学合作举办化学工程与工艺专业本科教育项目（停止招生）
辽宁	合作办学机构	大连理工大学白俄罗斯国立大学联合学院
	合作办学项目	沈阳化工大学与俄罗斯国家研究型大学伊尔库茨克国立理工大学合作举办能源与动力工程专业本科教育项目
吉林	合作办学项目	1. 长春大学与俄罗斯乌斯季诺夫波罗的海国立技术大学合作举办自动化专业本科教育项目
		2. 长春大学与俄罗斯乌斯季诺夫波罗的海国立技术大学合作举办机械工程专业本科教育项目

续表

地区	项目/机构	名称
		3. 长春大学与俄罗斯伏尔加格勒国立社会师范大学合作举办俄语专业本科教育项目
		4. 吉林建筑大学（原吉林建筑工程学院）与俄罗斯太平洋国立大学合作举办工程管理专业本科教育项目
		5. 长春师范大学与俄罗斯克麦罗沃国立文化学院合作举办音乐学专业本科教育项目
		6. 吉林大学与俄罗斯托姆斯克理工大学合作举办物理学专业本科教育项目
		7. 白城师范学院与俄罗斯莫斯科国立人文大学合作举办音乐表演专业本科教育项目（停止招生）
		8. 长春师范大学与俄罗斯克麦罗沃国立文化学院合作举办视觉传达设计专业本科教育项目
		9. 长春工程学院与俄罗斯南俄国立技术大学（新切尔卡斯克理工学院）合作举办能源与动力工程专业本科教育项目
		10. 白城师范学院与俄罗斯乌拉尔国立师范大学合作举办环境设计专业本科教育项目
云南	合作办学项目	西南林业大学与俄罗斯南乌拉尔国立大学合作举办机械电子工程专业本科教育项目
内蒙古	合作办学项目	呼伦贝尔学院与俄罗斯别尔哥罗德国立工艺大学合作举办土木工程专业本科教育项目
新疆	合作办学项目	1. 新疆农业大学和俄罗斯国立太平洋大学合作举办交通运输专业本科教育项目
		2. 新疆农业大学与俄罗斯托木斯克国立建筑大学合作举办土木工程专业本科教育项目

数据来源：中华人民共和国教育部中外合作办学监管工作信息平台［EB/OL］，https：//www. crs. jsj. edu. cn/aproval/orglists/1.

表6.3　　　　硕士及以上中国与欧亚国家合作办学机构与项目①

地区	项目/机构	名称
北京	合作办学机构	北京理工大学北理鲍曼联合学院
上海	合作办学项目	上海交通大学与俄罗斯莫斯科航空学院合作举办航空航天工程硕士研究生教育项目
江苏	合作办学机构	1. 江苏师范大学圣彼得堡彼得大帝理工大学联合工程学院
		2. 江苏海洋大学马卡洛夫海洋工程学院（中乌）
	合作办学项目	1. 江苏师范大学与俄罗斯莫斯科国立经济统计信息大学合作举办国际贸易学硕士学位教育项目
		2. 江苏师范大学与俄罗斯普列汉诺夫经济大学合作举办国际贸易学硕士教育项目
		3. 江苏科技大学与俄罗斯奥加辽夫莫尔多瓦国立大学合作举办能源动力专业硕士学位教育项目
		4. 常州大学与乌克兰哈尔科夫工艺美术大学合作举办艺术设计专业硕士研究生教育项目
浙江	合作办学机构	杭州师范大学哈尔科夫学院（中乌）
广东	合作办学机构	深圳北理莫斯科大学
山东	合作办学机构	齐鲁工业大学基辅学院
山西	合作办学项目	太原理工大学与俄罗斯乌拉尔联邦大学合作举办电气工程专业硕士研究生教育项目
黑龙江	合作办学机构	哈尔滨师范大学国际美术学院
辽宁	合作办学机构	大连理工大学白俄罗斯国立大学联合学院
吉林	合作办学项目	长春理工大学与俄罗斯圣彼得堡国立研究型信息技术机械与光学大学合作举办光学工程硕士研究生教育项目

数据来源：中华人民共和国教育部中外合作办学监管工作信息平台［EB/OL］，https：// www. crs. jsj. edu. cn/aproval/orglists/1.

---

① （含内地与港台地区合作办学机构与项目）名单（机构8/74 + 项目7/170）。

2. 学历教育层次上以本科项目为主

截至 2022 年 4 月，中国引进俄罗斯等国家的教育资源在境内共开设中外合作办学项目 87 个，其中硕士研究生项目 7 个、本科生项目 80 个。合作办学机构中本科中外合作办学机构 7 所，硕士及以上中外合作办学机构 8 所。① 此外，中国高校在俄罗斯开设本科层次境外教育合作办学机构 1 所（含 4 个合作项目）。双方共计开设的 91 个项目中，本科项目 84 个，占比高达 92.3%。由此可见，从中国与欧亚国家教育合作办学的学历层次方面来看，双方合作主要以本科层次教育为主。

3. 双方部分高水平大学积极参与

根据合作办学监管工作信息平台统计分析，有 52 所本科及以上教育层次的中国教育机构参与中国与欧亚国家合作办学，其中研究生层次的教育机构有 6 所。反观合作对象欧亚国家的高校情况，俄罗斯参与本科及以上层次教育合作的高校有 50 余所，其中 15 所高校开展了研究生层次的教育合作办学和 1 所教育机构（俄罗斯国际教育交流中心）。通过进一步对中国与欧亚国家高等教育机构的研究分析发现，中方有 4 所"211"工程院校（东北林业大学、东北农业大学、哈尔滨工程大学、郑州大学）和 1 所"985"工程院校（北京理工大学）参与其中，外方有俄罗斯的莫斯科国立大学、莫斯科国立师范大学、圣彼得堡国立大学、圣彼得堡帝国理工大学等高等学府，乌克兰的基辅大学、苏梅国立农业大学、乌克兰哈尔科夫工艺美术大学、马卡洛夫海洋工程学院等高等教育机构，白俄罗斯的白俄罗斯国立大学、白俄罗斯国立师范大学、白俄罗斯国立体育大学、白俄罗斯国立文化艺术大学等相关高等教育机构。这些欧亚国家与中国合作的高校在相关合作领域都属于本国的顶尖学府。

4. 合作办学逐渐由规模化发展向提质增效过渡

根据教育部公布的"中外合作办学项目审批结果名单"，在 2010—2016 年的 7 年时间里，经教育部审批的中国与欧亚国家教育合作办学项目的数量和整体比重都呈现稳步上升的趋势，其中 2012 年度中国和俄罗斯在教育合作领域获批了 14 项合作办学项目，这一数量达到了历年的峰

① 中华人民共和国教育部中外合作办学监管工作信息平台［EB/OL］，（2022 - 4 - 25）［2022 - 4 - 28］. https：//www.crs.jsj.edu.cn/aproval/orglists/1.

值。自 2014 年开始，中国教育主管部门逐步在宏观政策方面由规模化发展向质量化发展过渡。因此，近年来，中国严格控制同其他国家中外合作办学项目的审批数量。根据《中外合作办学条例》及其相关实施办法，中国教育部不断发展和完善同其他国家中外合作办学的退出机制，2018年和 2019 年有 286 个中外合作办学项目和机构申请退出合作终止办学，并得到了中国教育部的依法批准。在批准终止合作的项目和机构中，大多数中外合作高校都是经过多次协商后，主动提出终止办学的申请，表示自愿退出合作，还有一小部分因为国家的教育资源不充足、高校教学质量参差和其他方面原因等问题，在中国教育部开展的中外合作办学评估工作中未能达到合格标准而被终止办学资格。① 虽然中国与其他国家的中外合作办学项目数量被整体压缩，但每年均有一定数量的中国与欧亚国家合作办学项目获批设立。根据中华人民共和国教育部中外合作办学监管工作信息平台 2020 年数据显示，2020 年上半年和下半年共计批准举办的中外合作办学项目名单中共有 12 个本科生层次的合作办学项目，其中包括中国的哈尔滨工业大学、辽宁科技大学等高校，外方院校主要集中于俄罗斯、乌克兰和白俄罗斯三国，其中包括俄罗斯利佩茨克国立技术大学、俄罗斯西南国立大学、乌克兰尼古拉耶夫国立师范学院、白俄罗斯国立技术大学等高等学府。

5. 学科专业设置分布广泛，自然科学领域比重偏多

根据中华人民教育部中外合作办学监管工作信息平台数据统计分析，在本科及以上层次的 87 个项目中，55 个合作项目属于自然科学领域，占63.2%；人文社会学科领域的合作项目有 32 个，占 36.8%；在全部 13个大类的学科门类中，涉足除哲学、军事学之外的 11 个学科门类。从中国与欧亚国家合作办学具体专业视角来看，在众多学科和专业中，开设频次相对较多的专业主要为音乐学、俄语、计算机科学与技术、数学与应用数学、国际经济与贸易、医学、电气工程及自动化、旅游管理、美术、金融、会计、土木工程等。由此可见，中国与欧亚国家间跨境教育合作办学项目的学科专业设置分布相对广泛，且自然科学领域偏多，明

① 2018、2019 年共依法批准 286 个中外合作办学机构和项目终止办学 ［EB/OL］，（2021 – 08 – 23）［2022 – 4 – 28］. http：//jsj. moe. gov. cn/n2/7001/7001/1636. shtml.

显侧重于理工科、应用型的专业，社会科学领域则相对较少。

（三）合作办学积极推进，水平稳步提高

中外合作办学机构作为跨境教育合作的重要形式之一，是中外合作办学项目的加强版和升级版，由于合作办学机构在项目申报、建设、评估方面的标准和要求相对较高，因此，中外合作办学机构在一定程度上可以反映出项目合作双方的广度和深度，以及对优质教育资源的吸纳程度。

1. 机构数量相对较少，本科及以上层次偏多

中国与欧亚国家间的教育合作项目虽在积极推进中，双方合作的水平稳步提升，但合作办学机构的体量相对较小，本科及以上层次偏多。中华人民共和国教育部中外合作办学监管工作信息平台数据显示，相对于中国与欧亚国家合作办学项目的数量而言，合作办学机构数量明显较少，2016 年中国与俄罗斯共计开设了 8 所合作办学机构，其中中国境内有 7 所、俄罗斯境内 1 所（中俄交通学院），从学历层次来看，本科及以上层次有 5 所。截至 2022 年 4 月数据显示，中国与欧亚国家共计开设本科及以上层次合作办学机构有十余所，其中包括中国与俄罗斯合作办学机构 8 所，中国与乌克兰合作办学机构 3 所，中国与白俄罗斯合作办学机构 1 所。[①]

2. 瞄准优势学科领域合作，近年呈加快发展态势

近年来，中国与欧亚国家在合作办学中主要向艺术、教育、海洋等领域的优势学科发展，积极推进双边跨境教育合作，并取得了实质性进展。在 2015 年 8 月，中国教育部正式发文批准筹建深圳北理莫斯科大学，这是中国境内首个具有法人资格的中俄合作办学机构，同年北京交通大学与俄罗斯的圣彼得堡交通大学共同合作创建了中俄交通学院，这是首个中俄境外办学机构；2016 年中国教育部批准设立江苏师范大学圣彼得堡彼得大帝理工大学联合工程学院，是中国境内首个不具有法人资格的中俄合作办学机构；2016 年 12 月，哈尔滨师范大学与莫斯科国立苏里科

---

① 中华人民共和国教育部中外合作办学监管工作信息平台 ［EB/OL］，（2022 - 04 - 25）［2022 - 04 - 28］. https：//www.crs.jsj.edu.cn/aproval/orglists/1.

夫美术学院联合设立的哈尔滨师范大学中俄美术学院在哈尔滨师范大学正式揭牌成立。

2017 年 3 月和 4 月间，分别批准大连理工大学和白俄罗斯国立大学共同合作成立大连理工大学白俄罗斯国立大学联合学院、中原工学院与俄罗斯联邦圣彼得堡国立宇航仪器制造大学共同合作建立中原彼得堡航空学院、渭南师范学院与莫斯科国立师范大学合作共同建立渭南师范学院莫斯科艺术学院。2017 年 12 月华北水利水电大学与俄罗斯乌拉尔联邦大学合作建立的"华北水利水电大学乌拉尔学院"，是金砖国家大学框架下成立的第一个合作办学机构实体，为金砖国家大学间的合作共赢探索了可供借鉴的新途径。2020 年 4 月中国教育部正式发文批准设立杭州师范大学和乌克兰哈尔科夫学院共建的杭州师范大学哈尔科夫学院，2021年 5 月批准江苏海洋大学和乌克兰马卡洛夫海洋工程学院共建的江苏海洋大学马卡洛夫海洋工程学院，此外，2021 年批准成立北京理工大学和俄罗斯莫斯科国立鲍曼技术大学合作共建的北京理工大学北理鲍曼联合学院。由此可见，中国与欧亚国家在教育领域合作办学上，紧盯航空航天、轨道交通、海洋开发、精密仪器、水利水电、机械制造、艺术教育等优势学科领域优先开展合作，且近三年来设立了 3 所合作办学机构，呈现快速发展趋势。

3. 机构属性以"不具有法人资格"为主，学科专业侧重自然科学

从中国与欧亚国家合作办学机构的属性视角来看，在中国境内设立的合作办学机构中，仅有中俄合作办学机构（深圳北理莫斯科大学）的机构属性为"具有法人资格"，其他合作办学机构的机构属性均为"不具有法人资格"。从学科专业设置分布来看，主要以凝聚态物理、工程力学、光学工程、国际贸易、能源动力、信息技术机械与光学、航天工程、控制工程、光电信息工程等专业为主。人文社会学科专业则相对较少，主要集中于音乐学、美术学、俄语等。从整体学科专业分布来看，呈现偏重自然科学类专业布局的鲜明特点。

4. 语言学习中心——孔子学院建立发展

孔子学院是中外合作建立的非营利性教育机构，其主旨在于促进中国语言和文化在国际上的传播，加深世界各国人民对中国语言和文化的深入了解，推动中外人文交流，发展中国同其他国家的友好关系，增进

国际理解，构建和谐美好的世界。① 孔子学院作为在欧亚国家推广中华语言和文化等方面的重要载体，其发展建设已初具规模，取得了令人瞩目的成绩。截至 2018 年 12 月，孔子学院注册学员已达到 210 万人，中外专兼职对外汉语教师 4.6 万人。2019 年年底，在全球 162 个国家（地区）建立了 550 所孔子学院和 1172 个孔子课堂。其中，亚洲建立 137 所孔子学院和 155 所中小学孔子课堂，欧洲建立 187 所孔子学院，348 所中小学孔子课堂。②

表6.4　　　　　　　　　孔子学院在欧亚国家分布情况

国别	孔子学院数量	孔子课堂数量
俄罗斯	19	4
哈萨克斯坦	5	–
吉尔吉斯斯坦	4	–
乌兹别克斯坦	2	–
塔吉克斯坦	2	–
格鲁吉亚	2	1
阿塞拜疆	2	–
亚美尼亚	1	–
白俄罗斯	6	2
摩尔多瓦	1	–
乌克兰	6	2

数据来源：孔子学院［EB/OL］. https：//ci. cn/#/site/GlobalConfucius/? key =3。

截至 2022 年，根据中国国际中文教育基金会官方数据资料显示，孔子学院在欧亚国家开设了 49 所孔子学院和 9 个孔子课堂（如表 6.4 所示）。中国国际中文教育基金会积极与欧亚国家大学和语言学院等高等教

① 孔子学院［EB/OL］. https：//www. cief. org. cn/zjkzxy.

② 全球网络［EB/OL］. https：//www. cief. org. cn/qq.

育机构开展合作，在欧亚国家广泛开设孔子学院和孔子课堂。孔子学院在欧亚国家开展汉语教学和中华文化等方面的交流与合作。所提供的主要服务包括：在境外持续开展汉语教学；培训国际汉语教师，提供优质的汉语教学资源；开展汉语考试和汉语教师资格认证工作；提供中国教育、文化等相关信息咨询服务；积极开展中外语言文化交流活动。全球各地孔子学院和孔子课堂充分利用自身的优势，积极在当地开展丰富多彩的教学和文化体验活动，逐步形成符合当地实际情况且各具特色的办学模式，现如今已成为世界各国中华文化爱好者学习中国语言文化、了解现代中国发展的重要场所，受到了当地社会各界的热烈欢迎和一致好评。

三　中国与欧亚国家跨境教育合作的路径选择

近年来，随着"一带一路"倡议的稳步推进，我国与欧亚国家在跨境教育合作领域也得到了快速发展，在人员交流、合作办学项目以及合作办学机构多维度并行，但相较于我国与欧美等国的跨境教育合作，我国与欧亚国家的合作体量相对较小，未能很好地满足我国与欧亚国家共建"一带一路"的现实需求，双方教育领域合作仍存在较大空间。综观已有合作成果和现实发展，未来我国与欧亚国家间跨境教育合作应从理念、政策、模式创新等多维视角出发，进一步推动双方教育合作开展。

（一）优化政策理念导向：由传统援助转向有机互动

1. 增进政策理解，树立开放包容的合作观

跨境教育合作的长期性、稳定性以及可持续性都需要良好的政治环境以及符合当前国情，顺应民心民意的国家政策来支撑。随着共建"一带一路"，中国与沿线的欧亚国家在教育领域的合作逐渐增多。与此同时，以美国和欧盟为代表的西方国家在欧亚国家中也展开战略性博弈，这要求我国同欧亚国家的合作政策应获得欧亚国家人民真正的认同并体现出我国积极正面的大国形象，使得我国跨境教育合作在"相互尊重，平等相待，重信守诺，互利共赢"的基本原则上得到充分的理解与实践。

尤其是在欧亚国家复杂的民族文化背景下，应树立更为开放包容的合作观念，增进彼此相互理解，推动跨境教育合作。

"政策沟通"作为"一带一路"的合作重点之一，是引领跨境教育合作全局发展的关键。在合作中，应充分考虑到欧亚国家本土的社会文化、风土人情以及欧亚国家合作参与的真实意愿。我国与欧亚国家应当在平等互利的基础上进行公平合作，而不是以自身利益为砝码进行利益交换，应保持欧亚国家在双方或多方合作中的参与权与话语权。随着中国综合实力的不断提升，一些西方国家开始大肆宣扬"中国威胁论"，为回应"中国威胁论"，树立起中国负责任、勇担当的大国正面形象，在国际舞台上的制度话语权建设显得尤为重要，这也是妥善解决中国同欧亚国家利益关系的前提条件。中国同欧亚国家在教育领域的合作，是一种建立在平等尊重、互利共赢基础上的合作，与一些西方国家企图通过对欧亚国家进行教育援助以改变国家公民思想意识及文化价值观等方面有着本质性的区别。习近平主席曾表示，中华文明是伟大的文明，我们要高度重视中华文明的传承和发展，指引我们深化文明交流互鉴，在应对风险挑战、迈向美好未来中，发挥好文化文明的作用。① 因此，我们在吸收各国优秀文化的同时，也应重视文化"走出去"，要在交流与合作方面树立正确的思维导向，塑造大国形象，在赢得欧亚国家信任的同时，更要在国际社会舞台上得到认可。

2. 明确合作重点，实施分类教育合作战略

推动与欧亚国家跨境教育合作，在政策理念上应进一步明确合作重点，即甄选和分别重点国家和重点合作领域，实施分类教育合作发展战略。如今国际局势错综复杂，疫情侵袭全球，这使全世界各国的人民意识到人类是一个共同的命运共同体，各国发展紧密相连，各国不可能独立解决所有问题，也不可能关起门来发展高等教育，只有各国一起努力，合作共赢才是大势所趋。合作共赢是目标，但如何推动我国与欧亚国家跨境教育合作深入发展是我们应该正视和解决的重要问题。从现实发展

---

① 习近平：中国人民是伟大的人民，中华民族是伟大的民族，中华文明是伟大的文明 [EB/OL]. (2020-12-15) [2022-02-14]. https：//baijiahao. baidu. com/s? id=1687022013 274245674.

来看，欧亚各国高等教育水平参差不齐，高等教育体制存在一定的差异，这就要求，我们在开展合作中要树立"差别理念"，所谓差别并不是对层次高低不同的国家差别对待，不一视同仁，而是博采众长，促进双方合作优势最大化。

通过对欧亚国家间跨境教育合作核心—边缘等合作结构的分析，可以有效地量化欧亚重点国家和支点国家，为我国有效地实施"一带一路"教育倡议和跨境教育战略布局提供科学依据。在推动与欧亚国家跨境教育合作中我们应当识别核心国家、半核心国家和边缘国家，将核心国家作为跨境教育合作实施的重要支点，进一步开展和加强与核心国家以及区域的合作对话和交流，积极推动与俄罗斯留学生、教师交流，扩大两国高等教育交流与合作的内容。具体可从以下几方面进行实践探索：其一，要不断扩大中俄两国高等教育领域的学生流动，注重留学生培养质量；强化中俄两国语言与历史文化的融通交流；增加两国高等教育机构合作的参与主体，构建实质性合作关系，支持两国高校间直联互通，使校际交流成为两国高等教育领域合作的主要形式之一。其二，积极提高两国高等教育合作办学水平。针对我国与俄罗斯教育合作主体不对等的现实情况，双方应在相关合作政策方面深入沟通，在平等互利、共赢发展的基础上建立健全合作办学法律法规，完善政策制度，简化操作流程等以确保合作项目的顺利开展。[①] 对于中俄两国合作定位偏低的情况，双方应充分利用合作方的优质教育资源，选择市场需求量较大、发展前景广阔的专业方向，进行本科生项目的联合培养，并根据后续实际情况开放硕士生项目和博士生项目的联合培养。其三，不断提升中俄两国高等教育交流与合作的层次。积极推动中俄国家间的科技与创新合作，促进两国高校的教师、科研人员以及专家学者的流动，进一步建立高等教育领域合作保障机制。其四，创新两国高等教育交流与合作的模式。首先，要在互学互鉴的原则下，从单向教育交流走向双向协同互动。我国高等教育应改变以往的以获取和引进为主的内向型输入模式，积极实施"引进来"与"走出去"双管齐下的双向教育模式，做到兼容并蓄，掌

---

① 《关于做好新时期教育对外开放工作的若干意见》［EB/OL］．［2016－04－30］，http：// www. moe. gov. cn/jyb_ xwfb/s6052/moe_ 838/201605/t20160503_ 241658. html.

握高等教育合作的主动权。其次，要遵循共商共建的原则，加强高等教育合作战略对接。中俄两国在高等教育国际化发展、教育理念、教育目标和实施方式等方面要进行切实的对话沟通，在达成共识的基础之上形成完善的合作发展机制，构建中俄教育利益共同体，积极参与全球教育治理。

对于半核心和边缘国家仍要遵循"以援促参，以援促合"的理念。这些国家普遍为发展中国家，高等教育整体水平相对落后。从欧亚跨境教育合作情况也可以看出，中小国家在参与大国提出的区域合作机制时一般奉行多元平衡教育外交，利益是重要权衡杠杆，教育援助仍是推进合作的重要动力来源。为此仍需遵循"以援促参，以援促合"的理念，加入欧亚教育发展援助国家行列，通过增加公费留学生名额、开展跨境教育援助项目和其他形式的教育援助，以展现出大国的责任担当，提升国家形象。教育援助在提升国家教育"软实力"方面具有重要作用。

与哈萨克斯坦、吉尔吉斯斯坦、乌兹别克斯坦、白俄罗等国家在已有合作基础上应加快推动双边及多边的跨境教育合作。这些国家的高等教育合作发展潜力巨大，我国可以和它们有效地进行互补合作。哈萨克斯坦、土库曼斯坦、吉尔吉斯斯坦等国家人口相对密集，是重要的教育输入国，拥有巨大的留学生市场。且近年来，随着我国经济的高速发展和国际影响力的不断增强，在共建"一带一路"背景下，我国与欧亚国家在政治、经济、文化等多领域合作的逐渐加深，以及我国与欧亚各国跨境教育合作交流机制的建立和发展，使这些国家来华留学生数量不断上升，高校之间互派教师、留学生，校际学术交流合作日益频繁。未来，我们在不断提高我国高等教育水平的同时提高吸引力，要进一步加大与半核心国家间的跨境教育对话，不断完善双方跨境教育合作政和合作办学机制，保障教育合作办学质量。扩大针对半核心国家的"丝绸之路"中国政府奖学金、"一带一路"教育文化发展资金等优惠政策，吸引留学生来华留学。这些半核心国家大多为上海合作组织成员国，要充分利用上海合作组织平台加强对话交流，推动跨境教育合作深入发展。

与摩尔多瓦、亚美尼亚、格鲁吉亚、阿塞拜疆边缘国家应减少摩擦，及时反馈双方的意见和问题，不断提升政治经济领域的互通，树立教育合作互惠理念。双方在对话时应始终坚持公正平等、互相尊重、合作共赢的基本原则，要积极为与边缘国家教育主体间的对话提供公平有效的平台，鼓励通过双方或多方对话，增进彼此的理解，消除合作阻碍。在深化合作对话的同时，积极探寻开展务实合作的契合点和对节点，加强合作共识，在教育领域应紧密结合在一起，面向未来实现共同的目标。

中国与欧亚各国在高等教育互联互通方面需要秉持求同存异、互惠共赢的合作理念，应虚心听取和接纳各个国家不同的意见建议，充分尊重欧亚国家教育合作领域的利益诉求，找寻各国合作的利益契合点，促进合作的顺利进行。构建互联互通教育的全球合作伙伴关系，需要优化整合欧亚各国在教育领域的优势，从而使欧亚各国在教育合作中受益，进一步加快各国的开放步伐，为实现教育战略合作对接提供必要的保障。

3. 推进制度建设，优化跨境教育合作环境

跨境教育合作的有序平稳运行需要国家在法律、政策等方面提供强有力的扶持。切实维护好我国与欧亚国家各方的合法权益，是跨境教育合作与交流的基本保障，也是关系到跨境合作能否积极深入发展的头等大事。从国家层面来看，中国与欧亚各国在跨境教育合作领域互相配合，制定了有关教育合作的法律法规，在物质和人员方面都加大了投入。从高校层面来看，我国与欧亚各国的高校积极开展项目合作和人员交流，促进学生、教师及学校间的互动，从而提升教育合作的可能性。从制度、资金与物质保障等方面，进一步完善国家间高等教育领域合作的发展机制，不断优化跨境教育的合作环境。

近年来，我国与欧亚国家在上海合作组织框架下，积极推动多边跨境教育合作深度发展，取得了良好的成效。基于上合组织大学的发展，应该借鉴其有益的经验，引导我国与欧亚跨境教育合作的发展，对跨境教育合作进行统一的规划和管理。我国与欧亚区域跨境教育合作机制的建设首先应该签订"跨境高校合作框架协议"，共同建设区域高校战略联盟，推动与欧亚国家间的合作交流，共商教育合作大计。将跨境教育合作为整体进行谋划和发展，明确合作的目标、宗旨、原则、要求、领域及合作机制，打破区域限制和市场分割，深化跨境高等教育领域合作，拓宽发展路径，提升教育合作水平，致力于教育一体化方面以实现突破发展。其次，积极推动我国与欧亚国家跨境教育合作组织和机构，如设立秘书协调处、我国与欧亚国家跨境教育合作委员会等部门机构，负责

协调、推进、监督和评估跨境教育合作情况，监督跨境教育合作方案落地，推动我国与欧亚国家跨境教育合作深入开展。最后，要从扩大规模的外延式发展逐渐转变为提升质量的内涵式建设，构建跨境教育合作质量治理体系。质量是跨境教育合作的生命线，是维系和保障合作的重要杠杆。面对欧亚复杂的政治环境和新冠疫情的影响，在扎根中国大地，正确预判，按需合作的基础上，以战略性大闭环治理框架和战术性小闭环治理体系相结合布局制度设计①。把握合作准入定位机制，建立定期评估机制，提高合作治理水平和现代化治理能力，实现跨境教育合作质量治理体系升级。

4. 优化政策导向，完善教育合作工作机制

30 年来，我国与欧亚国家在跨境教育合作中取得了实质性的进展和成绩。综观已有合作，未来我们应着力优化政策导向，不断完善我国与欧亚国家跨境教育合作工作机制。跨境教育合作机制是在教育合作过程中各国之间的相互作用关系以及运行发展模式，是保证跨境教育活动有序运行的重要功能。② 由于中国与欧亚国家在政治基础、法律制度、文化体制的差异，各国对高等教育合作的诉求不尽相同，加之欧亚国家的社会舆论等因素，在一定程度上阻碍了中国与欧亚国家跨境教育合作的顺利推进。中国与欧亚国家跨境教育合作要具有前瞻性和持续性，有必要建立由教育行政部门牵头协调、市场、高等学校和社会组织协同参与的长效运行机制。

首先，各级政府制定和完善中国与欧亚跨境高等教育合作的政策机制，以法律法规形式设定跨境教育合作的各项标准。进一步完善教育质量保障和教育体系认证、欧亚各国教育发展政策、社会文化政策等。努力实现学分互认和学位互授、联授，拓宽人员交流渠道。其次，建立中国与欧亚跨境教育合作工作协商机制。现阶段，中国与欧亚一些国家在上合组织框架下逐步形成教育部长会议、教育专家工作组、"教育无国

① 林梦泉、吕睿鑫、张舒，等：《新时代中外合作办学质量治理体系构建理论与实践探究》，《中国高教研究》2020 年第 10 期。
② 《区域教育改革与发展战略目标研究：广西 2020 的实证》课题组：《区域教育改革与发展战略目标研究：广西 2020 的实证》，教育科学出版社 2013 年版，第 281 页。

界"教育周和大学校长论坛等基本工作机制,多种工作机制相互作用,相辅相成,共同促进教育合作发展。但作为非上合组织成员国土库曼斯坦、白俄罗斯、阿塞拜疆等国家并未被列入该工作机制中。中国与欧亚国家可以通过尝试进一步构建包括土库曼斯坦、白俄罗斯等国在内的跨境教育合作定期会议机制,以此来进一步加深与欧亚国家在跨境教育合作上的认同感和信任感,为我国与欧亚跨境教育合作提供良好的沟通平台。

此外,要积极建立监督反馈机制,总结过往经验进一步推动跨境教育合作深度发展。同欧亚国家在合作评估和监管等方面,我国与欧亚国家合作双方应牵头召开相关会议,委托权威的专家组建专家组,到实地进行考察调研,借鉴合作双方在合作领域的经验,最大限度地发挥出"政策沟通"的统领作用。根据合作院校的软硬件设施以及实际情况,专家组应尽快了解合作单位并形成统一的规范化的资质认证标准。此外,还应定期或不定期对双方的教师、学者等从业人员进行考核检查,以确定实际完成的目标是否符合项目申报时提交的资料以及预期的发展情况。通过建立完善的跨境教育评估监管体系,使双方的跨境教育合作具有可持续性和稳定性。特别是在"一带一路"建设中,欧亚国家的教育定位尤为重要,因此,应尽快构建双方跨境教育合作动态监管的合作机制,由"一带一路"的教育培训中心,援外基地以及大数据云计算等平台对数据进行持续的跟踪评估。首先,要对欧亚国家跨境教育合作项目的可行性进行评估,应综合欧亚合作国家的实际情况,对跨境教育合作的范围和数量进行充分的考察,在注重效能价值的同时,还应格外注重跨境教育合作所产生的社会价值。其次,建立中长期动态监测机制,重点发挥政府部门的全局作用,做好长期规划,秉持高效、公开、合理的原则以确保跨境教育合作资金的分配及流动,在保证与欧亚国家跨境教育合作顺利开展的同时,还应与国家教育市场进行联动,以发挥出更重要的作用。最后,应建立多元化的评估体系,将跨境教育合作分级分类确保有效评估,近年来,我国商务部为了加强同"一带一路"沿线国家在商贸合作方面的透明度,启动了"走出去"公共服务平台,这对中国同欧亚国家的跨境教育合作,提供了一个良好的实例。通过大数据和云计算信息管理平台,将跨境合作信用和质量较低的项目院校及时公开,在合作过程中发现的问题也能做到及时的反馈，使得项目合作更加透明和畅通。中国必须与欧亚一道互相加强理解、增进互信，加强自身机制建设，并充分落实已有跨境教育合作协议的积极推进，及时解决跨境教育合作中的现实困境和问题，找到合作契合点，不断创新跨境教育合作模式，积极推进我国与欧亚国家跨境教育合作。

（二）深化上合组织大学建设，推动区域性跨境教育合作深入发展

1. 夯实法律政策基础，巩固合作体制机制

夯实法律政策基础，保障我国与欧亚跨境教育合作深度可持续发展。2006 年上合组织成员国共同签署了《上海合作组织成员国政府间教育合作协定》，为各成员国在教育领域合作明确了发展方向，拉开了成员国在教育领域开展合作的序幕。随后陆续签署了《上海合作组织成员国教育部关于为成立上海合作组织大学采取进一步一致行动的意向书》《关于成立上海合作组织大学的合作备忘录》等重要协议文件，为其上合大学合法有序地稳定运行提供了必要的法律支撑。2011 年 11 月，上合大学项目院校代表在莫斯科共同签署了《上海合作组织大学章程》，就上合大学的目的和任务、基本组织原则、教育合作方向、人才培养模式、课堂教学语言、专业课程设置、学历学位证书、资金来源等方面达成初步共识。《上海合作组织大学章程》的签订以及其他相关法律文件的形成为上合大学的建立提供了重要的法律基础，也可以对日后上合大学的运行起到一定的促进和监督作用。着眼未来，我们应该与俄罗斯、哈萨克斯坦、吉尔吉斯斯坦、塔吉克斯坦等上合组织大学参与国家夯实合作法律基础，加强跨境教育政策沟通，进一步明确跨境教育合作目标，逐步完善跨境教育合作协定，交换所在国颁布的与教育相关的法律法规信息和资料，推动我国与欧亚国家跨境教育合作深度可持续发展。

同时，应进一步巩固和深化上合大学体制机制。经过多年的探索与发展，上合组织大学已初具规模，并且在上合组织大学框架内建立起协调委员会、检察委员会、校长办公室和专家委员会等专门性组织机构，上合组织大学越来越得到上合组织成员国的接受和认可。与此同时，为保障上合大学合作项目的顺利开展，各国在上合大学框架下确立了教育部长会议、教育专家工作组会议、"教育无国界"教育周和大学校长论坛

等教育合作方面的工作机制，对在上合组织框架下的教育合作进行未来部署、规划、方案落实、开展学术交流等，发挥着重要的作用。着眼未来，我们应该进一步巩固上合大学的工作体制，明确分工以充分发挥其角色职能，推动各机构部门协作运转，保障上合大学工作顺利开展。同时，在推动上合组织大学已有的工作机制持续发展的基础上，根据具体合作项目的发展，以及各国对跨境教育合作交流的需求不断建立创新工作机制。逐步建立多层次、多领域的对话和协调平台，开展学术交流，增进彼此了解。围绕上合组织大学规划、运转和发展、教育合作项目计划和清单的落实等提出可行性建议，以推动我国与欧亚国家在上合组织框架下跨境教育合作深入开展。

2. 增强教育服务能力，对接国际市场需求

扩大我国与欧亚在上合大学项目院校的辐射范围。上合大学已历经十余年的发展，但教育间的合作与交流，仍是在五个初始成员国之间开展。其辐射的范围相对较小，发展速度略显缓慢。尽管乌兹别克斯坦、白俄罗斯等欧亚国家与中国开展了系列的双边教育合作，但欧亚部分国家尚未加入上合大学。这不仅阻碍了上合大学为欧亚各国提供教育服务，也不利于中国与欧亚国家间教育领域的深入沟通交流。因此，上合大学可考虑在原有基础之上扩大辐射范围，增加项目合作院校数量，让更多欧亚国家的高校加入联盟中。

增加优先合作领域及专业数量。截至2022年，根据各国教育部门协定，上合大学优先合作领域仅限于区域学、生态学、能源学、信息技术、纳米技术、经济学和教育学7个专业方向。在上合大学发展的初始阶段，较少领域的专业方向有利于对接效率的提升。但随着上合组织成员的不断扩大以及"一带一路"建设的快速发展，仅限在这7个合作领域培养人才，已无法满足国际市场对人才的需求。因此，应根据欧亚及国际市场的人才需求，积极与其达成培养共识，及时增加合作领域以及专业数量。

向下延伸人才培养层次。上合大学于2010年开始招生，2012年正式开展学生间的交流项目，其培养模式主要覆盖本科生、硕士研究生、副博士研究生、博士研究生等学历教育层次。随着"一带一路"倡议的提出，我国企业开始大规模地走出去，扎根于"一带一路"沿线国家，但

由于人力资源的不足，限制了许多企业的发展速度。因此，企业迫切需要一大批了解中华文化，对中国有感情以及了解技术标准、熟练操作设备的技能型人才。而当前，根据教育部《来华留学生简明统计》，欧亚国家来华留学生以本科生为主，专科层次仅占总人数的4%左右，这也就导致了校企合作的"两张皮"现象。因此，上合大学作为区域性国际教育联盟，应对欧亚国家的区域经济发展做出反应，调研欧亚国家和"一带一路"建设所需要的人才，将高等职业教育纳入其合作框架内，联合培养优秀的职业技能人才，为欧亚各国的职业教育提供更多、更优质的教育交流与合作平台。

3. 从政府主导走向多元联动，形成多样化合作格局

从政府主导走向多元联动。教育间的交流与合作通常被视为"教育外交"，其主体包括国家行为体和非国家行为体，国家行为体即中央政府，非国家行为体包括地方政府部门、非政府组织、大学、企业和个人等。① 在上合大学成立初期，各国政府和教育主管部门为各成员国达成共识，促进教育合作快速发展，争取收获早期成果等方面发挥着主导和引领作用，这种主导和引领是极为必要的。而当前上合大学已进入精耕细作、持续发展的历史新阶段，这种以政府部门为主导的自上而下模式的局限性日益凸显出来。因此，深化欧亚国家合作及推动"一带一路"建设的过程中，在保证中央政府为发展上合大学主导的前提下，应积极调动地方政府、企事业单位、非政府组织等非国家行为体参与到上合大学的建设中来。

调动项目院校的主动性，充分发挥地域优势。我国地域辽阔，不同地区周边所面临的国际环境也大不相同，高等教育的发展呈现不平衡、不协调的态势。因此，在大力推动"一带一路"和欧亚国家发展的过程中，应充分发挥出我国天然的地缘优势，实施更加主动、积极、合理的开发战略。根据国家统计局对地区的划分标准，上合大学的中方项目院校有8所位于东部地区、4所位于西部地区、1所位于中部地区、7所位于东北部地区。其中，位于西部地区的项目院校主要集中在乌鲁木齐和

① 房文红、周英：《日本教育外交的演变、内涵与特点》，《国家教育行政学院学报》2018年第9期。

兰州，位置分布与地缘和社会文化等有着密切的关系。例如，新疆与塔吉克斯坦、哈萨克斯坦、吉尔吉斯斯坦、俄罗斯等国接壤，是古丝绸之路的重要通道，现有47个少数民族在此聚居，其中维吾尔族、柯尔克孜族、哈萨克族、乌孜别克族、塔吉克族等与中亚国家的主体民族在语言、宗教信仰、生活方式、传统习俗等方面相似，这就为同欧亚国家间进行高等教育合作提供了天然的地理优势和良好的文化优势。因此，欧亚国家的留学生到新疆学习和生活时，受到的语言障碍和文化冲击较小，容易适应新的生活环境，产生归属感。但从合作项目院校整体来看，高校多集中于东北地区、山东和北京等地，而江浙地区、川渝地区、两广地区等地的高校都未接入上合大学平台。无论是从地缘、社会文化还是高等教育发展层面，都应该按照客观规律，重新思考项目院校的区域布局，发挥欧亚各国的比较优势，促进各类合作要素的合理流动，以增强上合大学的创新发展动力。

4. 积极推进实体化进程，着眼实体大学建设

推动上合大学校长办公室实体化建设。随着上合组织的稳步发展，为更好发挥上合组织在各领域合作中的平台作用，上合组织秘书处新馆舍于2012年在北京举办揭牌仪式，新馆舍位于北京市中心的日坛路，办公面积是原馆舍的近两倍。上合组织秘书处承担着保障组织日常运转、协调成员国务实合作的重要使命。上合大学可据此为依托设立校长办公室，由校长办公室直接选派能力较强的组织人员成立上合大学国际校办，在上合组织秘书处的大楼中进行办公。上合大学校长办公室实体化的形成，具有重要的现实意义：一是对上合大学进行更有效的宣传。除通过线上网络宣传外，还可在特定区域开设各种展览会，例如：上合大学发展历程及成就图片展、上合大学优秀毕业人才就业展等。二是进一步加强项目院校之间的互动与联系。各成员国课分别选派代表常驻在实体校长办公室中，这样在遇到问题时可以实现面对面的快速交流，更容易解决遇到的困难，从而提高各方的工作效率。三是凸显上合大学的积极作用。上合大学是上海合作组织在教育领域合作中的重要环节和组成部分，为上合组织培养了大量急需的专业技术人才，有着不可替代的重要作用。因此，将上合大学校长办公室设立在上合组织秘书处中不仅有利于上合大学国际地位和国际影响力的提升，也更符合上合大学的发展前景与实

际需要。

着眼上合大学实体化建设。上合大学是上海合作组织成员国高校间成立的非实体合作网络，旨在为上合组织的区域性合作培养更多和更高层次的专业人才。欧亚经济论坛副秘书长汪涛在 2013 年欧亚经济论坛西安新闻发布会上公开表示：上合组织作为欧亚经济论坛的主要发起人，本届论坛中最重要的项目就是上合大学有希望落户西安。① 如果上合大学能落户西安，发展成为实体性组织机构，那么上合大学的性质也就随之转变，这不仅有利于上合大学在未来的长久发展，而且更便于学生之间进行沟通和文化交流，有助于项目院校之间的团结协作，尽可能消除成员国间的文化差异。未来，上合大学中的学生可以在上合实体大学中进行语言培训和专业选择，通过语言考试后，可根据学生所选专业，做出最优选择，将学生留在实体大学继续学习或分流至各项目合作院校进行培养。但由于多种复杂的原因，上合大学的实体化建设一直被搁置至今，随着"一带一路"的快速发展以及欧亚各国间的联系更加紧密，上合大学实体化建设将有望再次提到日程上来，当然，建立实体机构只是促进上合大学发展的开端，应充分发挥上合大学教育国际化的积极作用，借助实体机构和网络教育平台，尽快打造区域一体化教育空间，实现各成员国间的学分互认，优质资源共享，为各国的教育交流提供便利。

(三) 依托区域性合作组织，积极参与跨境教育合作治理

1. 依托区域性跨境教育合作平台，不断提升合作话语权

国际话语权通常是指一个国家提出的主张在国际政治舞台和国家外交场合的所占权重与实际影响力。它事关一个国家的综合国力、国际地位和国际影响力。国际话语权的轻重是各国维护其国家和民族利益、捍卫国家主权完整，承担必要的国际责任和义务等方面的重要因素之一。随着经济全球化和区域一体化进程的深化以及多极化格局的演进，在全球治理范围内的权力结构面临着重塑，而逆全球化浪潮的兴起与扩散加剧了地区冲突与紧张局势，因此，全球教育治理也面临着众多难题与发展困境。面对当今世界百年未有之大变局，在从人力资源大国向人力资

① 付亚娟：《上合组织大学有望落户西安》，《华商报》2013 年 9 月 18 日。

源强国转变的过程中，应认真思考在此形势下我国该如何拓展参与区域教育治理和全球教育治理的平台和路径、如何提升中国的国际形象以及如何"讲好中国教育故事"等，并为全球教育治理的良性发展贡献出中国经验等一系列问题变得尤为重要。日益崛起的中国，有能力也有责任担当起与自身实力相符的国际责任，在全球教育治理的理论、机制、制度层面进行更多创新实践。当前，随着"一带一路"倡议的顺利实施，中国与欧亚国家跨境教育合作的深入发展，中国在参与区域和全球教育治理中逐步获得了众多国家的认可。

参与欧亚跨境教育合作，应充分利用上海合作组织、欧亚经济联盟等区域性及其他国际性组织在欧亚跨境教育治理领域的合法性基础，将其作为跨境教育治理主张、维护国家形象、检验自身高等教育质量、打造世界教育品牌以及提高国际影响力的重要平台。与此同时应向国际组织输送培养的高层次专业人才，以增强中国在参与欧亚跨境教育合作中的制度性话语权，让"中国方案"落地生效。

2. 推动区域性国际组织合作，增强跨境教育治理能力

推动我国与欧亚跨境教育合作深度推进，顺应全球区域一体化的发展，就要积极合理利用区域性国际组织平台，以加强区域一体化教育空间的构建，从而大力提升自身在区域教育空间内的实际话语权和影响力。目前，我国与欧亚国家在上海合作组织和金砖国家框架下打造区域性高校网络联盟，建立非实体合作网络，使之成为推进区域统一教育空间建设、促进成员国间人才培养和流动的重要平台。目前，上海合作组织大学和金砖国家网络大学等区域性跨境教育合作领域取得了显著成效，是我国在区域性教育治理领域的重要举措。我国的重要合作倡议和意见获得了各成员国的青睐和支持，各成员国在本科生、硕士和博士多层次，经济、政治、教育等多领域开展合作，目前发展势头良好。

在被以西方主导的全球教育治理组织排挤与边缘化的情况下，我国在区域性国际组织框架内的教育治理活动有助于增强国际竞争力，提升我国在全球教育治理空间内的地位。西方为主导的全球治理组织的首要目标主要是各成员国间在政治和安全领域的合作，而非教育领域合作。相较而言，在全球人口整体下降、信息科学技术迅猛发展的大环境下，我国在区域性国际组织层面的教育治理活动更具有务实性，取得的实际

成效也更为显著。因此，未来推动区域性国际组织合作，增强跨境教育治理能力是我国始终应该坚持和努力的重要方向。

3. 积极参与国际教育援助，重塑大国教育品牌形象

我国应在合理范围内对欧亚国家开展一定的教育援助，展现出大国的责任担当、提升国家正面形象。发挥出教育援助在中国与欧亚跨境教育合作中的重要作用，折射平等合作的教育援助理念，强化双方互利互惠的"共赢"关系，是弱化欧亚地区媒体不当言论的重要举措。针对欧亚国家高等教育现实需求，中国需注重以人才培养为导向，统筹民族国家、教育系统以及社会民间多方教育资源，为欧亚国家和双方各领域合作培训各类科研、技能人才。加大教育援助力度，有针对性地开展对欧亚国家优质教学设施、专业课程教学方案、师资人员培训一体化教育援助。同时按照人才培养和需求比例增加欧亚地区来华留学孔子学院奖学金和"丝绸之路"政府奖学金名额、提供公费留学生名额、开展国际教育援助项目和捐助、支持职业技术教育发展等。

倡议与欧亚国家共同建立由政府组织引导、社会参与的多元化高等教育经费筹措机制，通过国家、社会、民间等多渠道筹集资金，尽早尽快实现中国与欧亚国家的跨境教育合作。与此同时，我们应重视并发挥媒体在中亚的国际传播能力和广泛影响力，塑造中国良好的国际形象。从而回击外国不良媒体不当言论的恶意攻击。同时要充分发挥孔子学院在双方文化交流和沟通的积极作用，打破当前我们面临的被动局面。通过教育援助，中国应不断提升国际地位和国际形象，发展与欧亚受援国间的友好合作伙伴关系，为本国发展创造有利外部条件的同时促进国内教育体系的改革与进步。

4. 推动语言文化传播，助力跨境教育合作交流

我国与欧亚国家之间的跨境教育合作应以双方的语言文化为共同基础。欧亚国家基于苏联的历史传统，公民和学生普遍具有一定的俄语语言基础。自改革开放以来，英语一直作为我国基础教育阶段中学生普遍学习的第二语言，导致在基础教育阶段以俄语作为第一外语学习的生源严重不足，这就增加了俄语零基础的学生进入大学专业学习时学习难度，从而在很大程度上直接影响了双方合作办学教学质量。改革开放以来，俄语作为小语种，并不能算是我国语言类基础教育的主体，许多大学的

俄语专业存在招生难的现象，俄语在我国的总体发展呈滞后状态。据粗略估算，截至 2015 年年底，学习俄语的高校学生仅占我国高校学生总数的 0.02%。与此同时，长期以来，汉语在俄罗斯、哈萨克斯坦、吉尔吉斯斯坦等欧亚国家的学习人数也略显不足，2014/2015 学年，学习汉语的本科生和研究生数量仅占俄罗斯高校学生总数的 0.4%，[①] 而在中国就读的俄罗斯留学生中，大部分需要在语言进修班或培训班中学习，只有 21.1% 攻读本科学位，10.7% 攻读硕士学位，1.2% 攻读博士学位[②]。因此，薄弱的语言基础在一定程度上影响了我国与欧亚国家跨境教育合作和学生交流互动，也影响了我国与欧亚合作办学的推进。因此，面对语言基础教育薄弱，以俄语为基础的教育合作生源单薄的问题，在加强和扩大我国基础和高等教育阶段的本科教学的基础上，要通过孔子学院语言传播机构，不断向欧亚国家推动语言文化传播，为双方跨境教育合作奠定语言基础。要继续完善国际汉语教学体系，保持孔子学院在欧亚国家的高质量平稳增长。完善人才培养机制，培养高层次汉语国际化人才，要针对欧亚各国实际情况向孔子学院输送有针对性的了解欧亚各国当地的风土人情，能够进行实际教学的对外汉语教师和翻译等人才，能够在实际教学中结合当地的文化进行语言教学，从而为中国文化传播服务，促进我国与欧亚国家间深入交流。借鉴俄罗斯"俄语中心"、法国"法语联盟"等语言中心的较为成功的语言教学海外传播的成功经验，我国应不断发展孔子学院课程体系建设，完善机构设置、革新教材等方面的工作，进一步发挥孔子学院在语言和文化传播的功能，为我国与欧亚国家的跨境教育合作铺垫良好的语言和文化基础。

---

① 张赫：《"一带一路"背景下中国与俄语区国家教育合作现状及对策》，《北京联合大学学报》2020 年第 3 期。

② АРЕФЬЕВ А. Л. ，ДМИТРИЕВ Н. М. Тенденции россиско‐китайского сотрудничества в образован‐ии［J］. Социология Образования，2016（11）：91.

参考文献

一 著作类

白云真、李开盛：《国际关系理论流派概论》，浙江人民出版社 2009 年版。

陈时见：《教育研究方法》，高等教育出版社 2016 年版。

程光泉：《全球化理论谱系》，湖南人民出版社 2002 年版。

储东涛：《区域经济学通论》，人民出版社 2003 年版。

辞海编辑部：《辞海》，上海辞书出版社 1980 年版。

［法］兰格林：《跨境高等教育：能力建设之路》，江彦桥等译，高等教育出版社 2010 年版。

顾明远、薛理银：《比较教育导论 ——教育与国家发展》，人民教育出版社 1996 年版。

江彦桥等编著：《跨境教育监管与质量保障》，高等教育出版社 2014 年版。

兰军：《跨境教育研究》，中国社会科学出版社 2012 年版。

李晓述：《跨境教育法律问题研究》，武汉大学出版社 2011 年版。

毛寿龙：《西方政府的治道变革》，中国人民大学出版社 1998 年版。

［美］约翰·斯科特（John Scott），［美］彼得·J. 卡林顿（Peter J. Carrington）：《社会网络分析手册》，刘军等译，重庆大学出版社 2018 年版。

［美］约瑟夫·奈：《软实力》，马娟娟译，中信出版社 2013 年版。

倪世雄等：《我国的地缘政治及其战略研究》，经济科学出版社 2015 年版。

强海燕:《东南亚教育改革与发展（2000—2010）》，广东高等教育出版社 2010 年版。

任雪梅:《上海合作组织的教育合作》，载李进峰《上海合作组织发展报告（2017）》，社会科学文献出版社 2017 年版。

宋秀琚:《国际合作理论：批判与建构》，世界知识出版社 2006 年版。

伍宇星:《欧亚主义历史哲学研究》，学苑出版社 2011 年版。

约瑟夫·奈:《理解国际冲突：理论与历史》，上海人民出版社 2002 年版。

肖影:《独联体区域一体化：路径与进展》，社会科学文献出版社 2018 年版。

俞可平:《全球化：全球治理》，社会科学文献出版社 2003 年版。

俞可平:《治理与善治》，社会科学文献出版社 2000 年版。

郑先武:《区域间主义治理模式》，社会科学文献出版社 2014 年版。

郑羽:《独联体（1991—2002）》，社会科学文献出版社 2005 年版。

中国上海合作组织研究中心:《上海合作组织：回眸与前瞻（2001—2018）》，世界知识出版社 2018 年版，第 83 页。

Вернадский Г. В. Начертание русской истории》，СПб：Издательство《Лань》，2000：23.

Л. Н. Шишелина. Россия и Европа：хрестоматия по русской геополитике［М］. Издательство《Наука》，2007：410 – 411.

Leuze K.，Martens K.，Rusconi A. New Arenas of Education Govemance-the-impact of international organizations and markets on education policy making［M］. New York：Palgrave Macmillan，2007. 8.

Bogne D. J. Internal Migration［M］//HAUSER P，DUNCAN O D. The Study of Population. Chicago：University of Chicago Press，1959：486 – 509.

Altbach P. G. Comparative Higher Education：Knowledge，the University and Development［M］. Hong Kong：The University of Hong Kong，1998：11 – 31，240.

Wellman B.，Berkowitz S. D. Social structures：a network approach［M］. JAI Press，1997.

二 期刊论文类

阿依提拉·阿布都热依木、刘楠：《"一带一路"倡议下中国与哈萨克斯坦教育合作的政策对接与实践推进》，《比较教育研究》2019 年第12 期。

安亚伦、段世飞：《推拉理论在学生国际流动研究领域的发展与创新》，《北京师范大学学报》（社会科学版）2020 年第 4 期。

蔡文伯、侯立杰：《上海合作组织大学项目的发展历程与未来展望》，《兵团教育学院学报》2015 年第 2 期。

蔡芸、陈佳、Julian Chow，等：《"一带一路"倡议下我国跨境高等教育发展路径研究》，《教育理论与实践》2019 年第 18 期。

曹国永：《"一带一路"视域下的轨道交通国际化人才培养》，《中国高等教育》2018 年第 7 期。

陈举：《"一带一路"战略下中国与哈萨克斯坦高等教育合作空间探究》，《教育探索》2017 年第 1 期。

陈银飞：《2000—2009 年世界贸易格局的社会网络分析》，《国际贸易问题》2011 年第 11 期。

初冬梅、陈迎：《变革我们的欧亚地区：中俄的作用和角色——以共同推动联合国〈2030 年可持续发展议程〉为着力点》，《当代世界》2017 年第 11 期。

初智勇：《俄罗斯对外结盟的目标形成及影响因素——基于权力结构、地缘关系、意识形态视角的分析》，《俄罗斯研究》2015 年第 3 期。

笪志刚：《以"一带一路"倡议扩容推动形成东北亚命运共同体》，《东北亚经济研究》2019 年第 2 期。

戴旭：《用大欧亚共同体平衡 C 形包围》，《党政论坛》（干部文摘）2014 年第 9 期。

邓新、李琰：《中国赴中亚地区开办境外大学的政策与环境分析》，《新疆师范大学学报》（哲学社会科学版）2017 年第 6 期。

董贺：《东盟的中心地位：一个网络视角的分析》，《世界经济与政治》2019 年第 7 期。

杜岩岩：《俄罗斯的博洛尼亚进程：困境及走势》，《大学》（研究与评价）2009 年第 5 期。

杜岩岩、刘玉媚：《俄美欧中亚跨境教育的战略构想及实施策略》，《教育科学》2020 年第 6 期。

杜岩岩：《欧洲教育一体化进程中的俄罗斯高等教育改革》，《教育理论与实践》2007 年第 4 期。

杜岩岩、张男星：《博洛尼亚进程与中俄教育交流合作的空间》，《俄罗斯研究》2009 年第 1 期。

段世飞、马雪梅：《高等教育的全球治理：国际组织推动高等教育国际化研究综述》，《现代教育管理》2019 年第 7 期。

封帅：《世界历史中的欧亚空间——源起、建构与衰朽》，《俄罗斯研究》2019 年第 5 期。

冯玉军：《俄罗斯与"后苏联空间"》，《世界知识》2020 年第 23 期。

符巧静：《试析中俄联合办学常规管理模式》，《管理观察》2014 年第 32 期。

高云、闫温乐、张民选：《从"教育服务贸易"到"跨境教育"——三次国际教育服务贸易论坛精要解析》，《全球教育展望》2006 年第 7 期。

顾建新：《跨国教育的发展现状与政策建议》，《教育发展研究》2007 年第 7—8A 期。

郭强、赵风波：《"一带一路"战略下的中俄跨境高等教育》，《中国高教研究》2017 年第 7 期。

焦一强：《由认知分歧到合作共识：中俄"一带一盟"对接合作研究——基于不对称性相互依赖的视角》，《当代亚太》2018 年第 4 期。

瞿振元：《中国教育国际化要注重提高质量》，《高校教育管理》2015 年第 5 期。

卡伦·芒迪、申超：《全球治理与教育变革：跨国与国际教育政策过程研究的重要性》，《北京大学教育评论》2011 年第 1 期。

柯雯靖、周雅琪：《"一带一路"环境下中国与独联体七国中外合作办学模式研究》，《海外华文教育》2017 年第 10 期。

[美] 科林·弗林特、张晓通：《"一带一路"与地缘政治理论创新》，《外交评论》2016 年第 3 期。

孔令帅、张民选、陈铭霞：《联合国教科文组织全球高等教育治理的演变、角色与保障》，《教育研究》2016 年第 9 期。

兰昊、何晓涛、金玲：《"一带一路"国家战略背景下中俄合作办学研究》，《洛阳师范学院学报》2017 年第 9 期。

李丹：《俄罗斯优化高等教育服务市场新举措解析》，《科教文汇》（中旬刊）2015 年第 2 期。

李和章、林松月、刘进：《70 年来中国与"一带一路"沿线国家的高等教育合作研究》，《河北师范大学学报》（教育科学版）2019 年第 5 期。

李睿思：《上海合作组织人文领域合作：现状、问题与对策》，《俄罗斯学刊》2021 年第 63 期。

李盛兵：《中国与"一带一路"国家的高等教育合作：区域的视角》，《华南师范大学学报》（社会科学版）2017 年第 1 期。

李向明、孙春柳、董宇涵：《研究生教育中外合作办学选择动因研究——推拉理论的拓展与延伸》，《清华大学教育研究》2017 年第 3 期。

李秀珍、马万华：《来华留学生就业流向的影响因素研究——基于推拉理论的分析视角》，《教育学术月刊》2013 年第 1 期。

李雪：《教育国际合作新模式的探索实践——浅析上海合作组织大学》，《教育教学论坛》2013 年第 33 期。

李自国：《大欧亚伙伴关系：重塑欧亚新秩序?》，《国际问题研究》2017 年第 1 期。

刘宝存、张惠：《"一带一路"视域下跨区域教育合作机制研究》，《复旦教育论坛》2020 年第 5 期。

刘进、陈劲：《改革开放 40 年：面向"一带一路"的高等教育国际化转向》，《河北师范大学学报》（教育科学版）2018 年第 5 期。

刘鹏昊、孙阳春：《区域间高等教育合作的"碎片化"困境及出路》，《知识经济》2016 年第 17 期。

刘淑华、姜炳军：《独联体统一教育空间的建构》，《比较教育研究》2014 年第 1 期。

刘晓亮、赵俊峰：《美国跨境教育问题研究——基于简·奈特的跨境教育理论框架视角》，《教育科学》2014 年第 4 期。

刘筱：《"一带一路"沿线国家学生跨境流动之"实"与"势"——基于

UNESCO（2008—2017 年）数据的实证分析》，《中国高教研究》2020
年第 4 期。

柳丰华：《中美俄在亚太：政策演变与博弈趋势》，《俄罗斯研究》2020
年第 6 期。

马万华：《跨国教育：不仅是高等教育国际化的新趋势》，《中国高等教
育》2005 年第 21 期。

彭婵娟：《全球留学生教育现实图景与发展趋势研究》，《比较教育研究》
2021 年第 43 卷第 10 期。

乔桂娟、杨冰依：《区域跨境高等教育合作：背景、特征与路径》，《黑龙
江高教研究》2021 年第 9 期。

秦冠英、刘芳静：《海湾地区跨境高等教育发展状况及对中国教育"走出
去"的启示》，《中国高教研究》2019 年第 8 期。

秦海波、王瑞璇、李莉莉，等：《俄罗斯对中亚国家的教育外交研究》，
《新疆大学学报》（哲学·人文社会科学版）2020 年第 5 期。

曲晶：《"一带一路"战略下中俄高等教育国际交流与合作的动力研究》，
《四川劳动保障》2018 年第 S1 期。

屈廖健、刘宝存：《"一带一路"倡议下我国国别和区域研究人才培养的
实践探索与发展路径》，《中国高教研究》2020 年第 4 期。

宋鸽：《中俄联合办学理工科研究生培养模式初探》，《黑龙江教育》（高
教研究与评估）2019 年第 9 期。

宋燕青、李化树、赵晓颖：《西部高等教育区域合作发展战略推进措施》，
《云南开放大学学报》2014 年第 3 期。

苏梦夏、徐向梅：《欧亚高等教育一体化构想》，《欧亚经济》2016 年第
1 期。

覃云云：《橘生淮北则为枳？——跨境合作大学的制度两难》，《清华大学
教育研究》2020 年第 1 期。

陶美重、何雪茹：《跨境教育中的意识形态风险浅析》，《大学》2021 年
第 12 期。

王海运：《关于进一步深化中俄战略协作伙伴关系的思考》，《西伯利亚研
究》2018 年第 4 期。

王璐：《国外跨境教育研究十年》，《现代教育管理》2014 年第 12 期。

王晓泉：《"欧亚全面伙伴关系"带来的历史性机遇与挑战》，《俄罗斯学刊》2017 年第 2 期。

王正青、王铖：《建设教育共同体：俄罗斯强化与中亚国家教育合作的路径与机制》，《外国教育研究》2021 年第 2 期。

吴安娜、张子豪：《俄罗斯面向"后苏联空间"教育服务出口的特征及对华启示》，《西南大学学报》（社会科学版）2022 年第 4 期。

郄海霞、刘宝存：《"一带一路"教育共同体构建与区域教育治理模式创新》，《湖南师范大学教育科学学报》2018 年第 6 期。

肖甦、王玥：《21 世纪俄罗斯高校海外办学：动因、现状与特征》，《比较教育研究》2020 年第 4 期。

辛越优：《阚阅"一带一路"倡议下的高等教育合作：国家图像与推进战略》，《高等教育研究》2018 年第 5 期。

薛卫洋：《境外大学海外分校发展的特点分析及经验借鉴》，《高校教育管理》2016 年第 4 期。

薛卫洋：《跨境高等教育发展的价值取向与中国应对》，《江苏第二师范学院学报》2021 年第 6 期。

薛卫洋：《区域跨境高等教育合作新模式的探析与借鉴——以巴伦支海跨境大学为例》，《比较教育研究》2016 年第 12 期。

于晓丽：《俄罗斯在华留学生境况调查结果分析》，《俄罗斯学刊》2017 年第 4 期。

曾向红：《"规范性力量"遭遇"新大博弈"：欧盟在中亚推进民主的三重困境》，《欧洲研究》2020 年第 2 期。

张赫：《"一带一路"背景下中国与俄语区国家教育合作现状及对策》，《北京联合大学学报》2020 年第 3 期。

张梦琦、刘宝存：《高等教育国际合作的理论困境与现实出路——推进"一带一路"建设的视角》，《国家教育行政学院学报》2019 年第 8 期。

张民选：《跨境教育与质量保障的利益相关者分析》，《教育发展研究》2007 年第 23 期。

张艳辉：《新世纪俄语对外推广政策及其对汉语海外推广的启示》，《中国俄语教学》2016 年第 1 期。

张琸玡：《"一带一路"背景下我国高等教育服务贸易的发展现状及启

示》，《对外经贸实务》2019 年第 4 期。

赵俊峰：《跨境教育——高等教育国际化的重要途径》，《外国教育研究》
2009 年第 1 期。

郑刚、刘金生：《"一带一路"战略中教育交流与合作的困境及对策》，
《比较教育研究》2016 年第 2 期。

郑刚：《上海合作组织框架内开展教育合作与交流的思考》，《河北师范大
学学报》（教育科学版）2013 年第 10 期。

钟龙彪：《相互依赖理论的变迁及批判》，《天津行政学院学报》2009 年
第 5 期。

庄腾腾、张志强、孔繁盛：《中亚五国的高等教育现实：发展与挑战》，
《教育学术月刊》2019 年第 7 期。

Laure Delcour. Between the Eastern Partnership and Eurasian Integration：Ex-
plaining Post-Soviet Countries' Engagement in（Competing）Region-Build-
ing Projects［J］. Problems of Post-Communism，2015（6）：316 – 327.

Смирнова Д. С. Анализ процесса евразийской интеграции в условиях
глобализациии его влияние на российский рынок труда［J］. Проблемы
формирования единого научного пространства. Сборник статей
Международной научно – практической конференции，2016：137 –
142.

Максимцев И. А.，Межевич Н. М. Экономическая интеграция в большой
евразии: возможности и вызовы［J］Известия санкт – петербургского
государственного экономического университета，2018：7 – 10.

Караганов С. От поворота на Восток к Большой Евразии［J］. XI
Международный форум 《Партнерство государства，бизнеса и
гражданского общества при обеспечении международной
информационной безопасности》，2017：6 – 18.

Герасимов Г. И. Трансформации высшего образования в условиях
глобализации и евроазиатской интеграции［J］. Наука，культура и
образование на грани тысячелетий. 2018（7）：49 – 56.

Арефьев А. Л. Тенденции экспорта российского образования в 2005 –
2015 гг［J］. Вестник российской академии наук，2016：902 – 908.

Мариносян Т. Э. Межгосударственные образовательные связи как фактор укрепления гуманитарного сотрудничества между странами СНГ ［J］. Проблемы современного образования, 2012（4）: 108 - 116.

Любская К. А. Российско - китайский рынок образовательных услуг как площадка для установления долгосрочных деловых связей ［J］. Проблемы дальнего востока. 2017: 150 - 156.

Арефьев А. Л. Тенденции экспорта российского образования в 2005 - 2015 гг ［J］. Вестник российской академии наук, 2016: 902 - 908.

Иванова Т. Д. Учебные мигранты из стран снг на российском рынке образовательных услуг（по результатам социологического исследования） ［J］. Научные труды: Институт народнохозяйственного прогнозирования РАН. 2010（8）: 627 - 643.

Арефьев А. Л. , Арефьев П. А. Международная академическая мобильность на постсоветском пространстве ［J］. СОТИС - социальные технологии, исследования, 2017（4）: 95 - 102.

Лукашова С. , Омиржанов Е. , Чонгаров Е. Перспективы и реалии создания международных университетов в казахстане ［J］. Concorde, 2015（4）: 75 - 82.

Краснова Г. А. , Гусейнова К. Н. О проекте создания сетевого открытого университета снг ［J］. Вестник Российского университета дружбы народов. Серия: Информатизацияобразования. 2008（4）: 5 - 9.

Краснова Г. А. , Можаева П. Н. Перспективы набора азербайджанских студентов на обучение в российские вузы ［J］. Аккредитация в образовании. 2019（2）: 18 - 27.

Широбоков С. Н. Роль международной академической мобильности в подготовке будущих учителей ［J］. Вестник "Өрлеу" - kst, 2014 （1）: 20 - 26.

Филиппов В. М. Интернационализация региональных вузов: тенденции, стратегии, пути развития: материалы Междунар ［J］. Вестник РУДН, 2015（3）: 203 - 210.

Краснова Г. А. , Байков А. А. , Арапова Е. Я. Модель экспорта образования： совместные образовательные программы ［J］. Аккредитация в образовании，2018（01）：38 – 41.

Лиджиева З. И. ，Спиридонова П. А. Развитие дистанционного образования в россии ［J］. Науки об образовании，Проблемы педагогики，2020（4）： 21 – 25.

Соболева М. К. Перспективы развития онлайн – образования в россии ［J］. В книге：Университет в глобальном мире：новый статус и миссия. сборник материалов XI Международной научной конференции. Московский государственный университет имени М. В. Ломоносова， Социологический факультет，2017：240 – 242.

Соболева М. К. Перспективы развития онлайн – образования в россии ［J］. В книге：Университет в глобальном мире：новый статус и миссия. сборник материалов XI Международной научной конференции. Московский государственный университет имени М. В. Ломоносова， Социологический факультет，2017：240 – 242.

Каландарова С. К. Опыт дистанционного образования в кыргызстане ［J］. Приволжский научный вестник，2011（3）：80 – 85.

Каландарова С. К. Опыт дистанционного образования в кыргызстане ［J］. Приволжский научный вестник，2011（3）：80 – 85.

Абрамова М. О. ， Филькина А. В. ， Сухушина Е. В. Вызовы интернационализации для российского высшего образования：влияние пандемии COVID – 19 на образовательный опыт иностранных студентов ［J］. Вопросы образования，2021（4）：117 – 146.

Комлякова Ю. Ю. Политика США В Сфере Образования В Некоторых Государствах Центральной Азии： Казахстан，Кыргызстан ［J］. Культурная Жизнь Юга России，2015（4）：64 – 68.

Тянь Е. Взаимоотношения китайской народной республики и республики казахстан на примере сотрудничества в сфере образования ［J］. Международные отношения，2018（4）：8 – 17.

Antony Stella. Quality Assurance of Cross – border Higher Education ［J］. Quality in Higher Education，2006，12（3）：310 – 330.

RAVENSTEIN E. G. The Laws of Migration [J]. Journal of the Royal Statistical Society, 1889 (2): 241 – 305.

CUMMINGS W. K. Going Overseas Higher Education: the Asian Experience [J]. Comparative Education Review, 1984 (2): 241 – 257.

MCMAHON M. E. Higher Education in a Eorld Market: An Historical Look at the Global Context of International Study [J]. Higher Education, 1992 (4): 465 – 482.

三 学位论文类

陈柯旭:《美国中亚战略研究》,华东师范大学,2012 年。

冯燕:《独立后中亚高等教育与国际合作研究》,新疆师范大学,2013 年。

姜梦茵:《规范性力量的传播》,广东外语外贸大学,2019 年。

康丽娜:《俄罗斯与中亚国家教育空间的建构:现实与困境》,兰州大学,2015 年。

厉梦圆:《"一带一路"背景下甘肃与中亚高等教育合作研究》,华东师范大学,2019 年。

刘琪:《中俄高等教育合作办学人才培养模式研究》,厦门大学,2019 年。

罗剑平:《"跨国高等教育"发展历程考察》,硕士学位论文,中南大学,2009 年。

麦克(RUSINOV Mikhail):《俄罗斯外国留学生培养研究》,东南大学,2020 年。

申建良:《中国新疆与中亚国家高等教育合作研究》,新疆农业大学,2014 年。

孙雨蒙:《欧盟的中亚政策研究》,外交学院,2022 年。

王丽鹏:《俄罗斯教育服务出口问题研究》,黑龙江大学,2021 年。

张进清:《跨境高等教育研究》,西南大学,2012 年。

周言艳:《中俄教育交流与合作问题研究》,北京外国语大学,2021 年。

四 其他类

教育部关于印发《推进共建"一带一路"教育行动》的通知 [EB/OL],(2016 – 07 – 15)[2021 – 08 – 01], http://www.moe.gov.cn/srcsite/

A20/s7068/201608/t20160811_ 274679. html.

中华人民共和国教育部 . 2018 年来华留学统计 [EB/OL]，（2019 – 04 –
12）［2021 – 07 – 01］，http：//www. moe. gov. cn/jyb_ xwfb/gzdt_ gzdt/
s5987/201904/t20190412_ 377692. html.

上海合作组织大学（中国）官网 [EB/OL]，http：//www. usco. edu. cn/.

黄轶男 . 普京就上海合作组织成员国之间合作提出多项建议 [EB/OL]，
http：//rusnews. cn/eguoxinwen/eluosi_ duiwai.

上海合作组织（中文）网 . 上海合作组织成立宣言 [EB/OL]，http：//
chn. sectsco. org/load/43485/.

上海合作组织（中文）网 . 上海合作组织宪章 [EB/OL]，http：//
chn. sectsco. org/load/43921/.

隋然 . 上合组织大学中方项目院校的协调和工作机制 [EB/OL]，ht-
tps：//learning. sohu. com/20110925/n320473186. shtm.

哈萨克斯坦教育科学部 . [EB/OL]，https：//www. gov. kz/memleket/enti-
ties/edu#.

塔吉克斯坦教育科学部 [EB/OL]，https：//www. maorif. tj/.

阿塞拜疆国家统计委员会，https：//stat. gov. az/.

白俄罗斯共和国国家统计委员会 [EB/OL]，https：//www. belstat. gov.
by/ofitsialnaya – statistika/solialnaya – sfera/obrazovanie/publikatsii_ 8/in-
dex_ 16031/.

亚美尼亚共和国国家统计委员会 [EB/OL]，https：//www. armstat. am/
ru/? nid = 586&year = 2021.

格鲁吉亚共和国国家统计委员会 [EB/OL]，https：//www. geostat. ge/ka/
modules/categories/61/umaghlesi – ganatleba.

吉尔吉斯斯坦共和国国家统计委员会 [EB/OL]，http：//www. stat. kg/
ru/statistics/obrazovanie/.

摩尔多瓦共和国国家统计委员会 [EB/OL]，https：//statistica. gov. md/
pageview. php? l = ru&id = 2193&idc = 263.

塔吉克斯坦共和国国家统计局 [EB/OL]，https：//stat. tj/ru/.

乌兹别克斯坦国家统计委员会 [EB/OL]，https：//new. uzedu. uz/ru.

乌克兰教育和科学部，https：//studyinukraine. gov. ua/navchannya – v –

ukraini/universiteti/？types = State.

孔子学院［EB/OL］，https：//ci. cn/#/site/GlobalConfucius/？key = 3.

中国国际教育网. 俄罗斯中国留学生增长至 1. 35 万人［EB/OL］，（2017 – 3 – 15）［2022 – 1 – 12］http：//www. ieduchina. com/news/201703/22383. html.

Корреспондент：Все больше китайцев едут учиться в Украину［EB/OL］，（2009 – 5 – 9）［2021 – 11 – 23］，https：//korrespondent. net/ukraine/e-vents/852372 – korrespondent – vse – bolshe – kitajcev – edut – uchitsya – v – ukrainu.

Количество иностранных студентов в украине：данные мон［EB/OL］，（2020 – 11 – 27）［2021 – 12 – 24］，https：//ingek. com/ru/2020/11/27/kolichestvo – inostrannyh – studentov – v – ukraine – dannye – mon/.

Казахстанские студенты рассказали об учебе в Китае［EB/OL］，（2014 – 05 – 20）［2022 – 01 – 22］https：//www. nur. kz/society/314304 – kazah-stanskie – studenty – rasskazali – ob – uchebe – v – kitae/.

Россия и Китай наращивают объемы сотрудничества в научно – образовательной сфере［EB/OL］，（2019 – 07 – 09）［2021 – 04 – 23］，http：//www. sib – science. info/ru/fano/rossiya – 08072019.

Ректоры российских и китайских вузов обсудили сотрудничество в условиях пандемии［EB/OL］，（2020 – 12 – 17）［2021 – 04 – 20］，ht-tps：//news. myseldon. com/ru/news/index/242970982.

Смирнова Л Н. Научно – образовательное сотрудничество – основа инновационной модели отношений России и Китая［EB/OL］，（2016 – 03 – 11）［2021 – 04 – 23］，https：//www. elibrary. ru/download/elibrary_ 30026344_ 36281716. pdf.

Таир Мансуров. Как рождается новая Евразия//Российская газета. №. 277. 30 ноября 2012. C. 17.

Татьяна Шаклеина. Современный мировой порядок：на пороге нового этапа развития?［EB/OL］.（2013 – 04 – 08）［2021 – 07 – 01］. ht-tp：//www. perspektivy. info/book/sovremennyj_ mirovoj_ poradok_ na_ poroge_ novogo_ etapa_ razvitija.

Больше всего в составе студентов вузов РСФСР было выходцев с Украины, Белоруссии, Армении и Грузии. См.: Состав студентов высших учебных заведений и учащихся средних специальных учебных заведений по национальностям союзных и автономных республик и автономных областей [3. С. 197].

Возможность учиться за границей (в основном на старших курсах и, как правило, не более одного года) имели до начала 1980 – х гг. менее 0, 1% студентов и аспирантов высших учебных заведений СССР.

СОГЛАШЕНИЕО СОТРУДНИЧЕСТВЕ В ОБЛАСТИ ОБРАЗОВАНИЯ [EB/OL]. (1992 – 05 – 15) [2022 – 02 – 05]. https://lex. uz/docs/ 2601725.

Информация о сотрудничестве государств – участников СНГ в сфере образования, http://www. cis. minsk. by/ main. aspx? uid = 6870.

Соглашение между государствами – участниками СНГ о гуманитарном сотрудничестве [EB/OL]. (2005 – 08 – 26) [2020 – 04 – 20]. http:// www. mfgs – sng. org/sgs/gum_ sotr/.

Паспорт Совета по сотрудничеству в области образования государств – участников СНГ. [EB/OL]. https://e – cis. info/cooperation/3057/ 77791/.

Совет по гуманитарному сотрудничеству государств – участников Содружества Независимых Государств [EB/OL]. http://www. mfgs – sng. org/sgs/sostav/.

Межгосударственный фонд гуманитарного сотрудничества государств – участниковСНГ (МФГС) [EB/OL]. http://www. mfgs – sng. org/ac- tivity/education/.

О плане мероприятий по дальнейшему развитию общего образовательного пространства и сотрудничества государств – участников СНГ в области образования на период до 2010 года [EB/OL]. (2009 – 05 – 22) [2022 – 02 – 16]. https://www. conventions. ru/int/14390/.

А. Сазонов. В наступившем году новое качество обретет деятельность Сетевого университета СНГ. (2020 – 01 – 09) [2021 – 11 – 22]. https：//www. vb. kg/doc/384562_ setevoy_ yniversitet_ sng_ obretet_ no-voe_ kachestvo. html.

Сетевой открытый университет СНГ. ［EB/OL］（获取日期 2022 - 03 - 27）http：//www. mfgs - sng. org/projects/obrazovanie/86. html.

Эксперт рассказал об иностранных студентах в туркменских вузах ［EB/OL］. （2019 - 12 - 16）［2022 - 01 - 01］. https：//centralasia. news/5715 - jekspert - rasskazal - ob - inostrannyh - studentah - v - turkmenskih - vuzah. html.

Сотрудничество с российскими вузами – важное и стратегическое направление, – ректор БГУ ［EB/OL］. （2017 - 04 - 27）［2022 - 02 - 12］https：//www. postkomsg. com/science/213774/.

Сотрудничество с российскими вузами – важное и стратегическое направление, – ректор БГУ ［EB/OL］. （2017 - 04 - 27）［2022 - 02 - 12］https：//www. postkomsg. com/science/213774/.

Дистанционное обучение в Казахстане：где получить высшее образование, особенности Читайте больше：https：//www. nur. kz/family/school/1720482 - distancionnoe - obucenie - v - kazahstane - spisok - vuzov/ ［EB/OL］. （2020 - 8 - 31）［2022 - 02 - 12］https：//www. nur. kz/family/school/1720482 - distancionnoe - obucenie - v - kazah-stane - spisok - vuzov/.

Общая информация о Совете глав государств СНГ ［EB/OL］. https：//e - cis. info/page/3379/80502/.

СайтИсполнительного Агентства По Образованию，Аудиовизуальным Средствам И Культуре ［EB/OL］. （2016 - 02 - 09）［2022 - 02 - 03］. http：//eacea. ec. europa. eu/tempus/index_ en. php.

А. Сазонов. В наступившем году новое качество обретет деятельность Сетевого университета СНГ ［EB/OL］. （2020 - 01 - 09）［2021 - 11 - 22］. https：//www. vb. kg/doc/384562_ setevoy_ yniversitet_ sng_ ob-retet_ novoe_ kachestvo. html.

Как и зачем китайские студенты учат азербайджанский язык в Пекине? Интервью с Агшином Алиевым ［EB/OL］. （2022 - 02 - 19）. https：//media. az/society/1067847966/devyat－moih－studentov－stanut－pervymi－diplomirovannymi－azerbaydzhanovedami－v－kitae－intervyu－s－agshinom－alievym/.

俄中两国教育合作将在哪些领域出彩［EB/OL］．（2017－12－13），https：//baijiahao. baidu. com/s？id＝1586637096717924078&wfr＝spider&for＝pc.

俄罗斯科学院副院长：与中国的合作在继续开展［EB/OL］．（2022－04－15），https：//baijiahao. baidu. com/s？id＝1730141280888104785&wfr＝spider&for＝pc.

"一带一路"青年学者研讨会在中国人民大学隆重举行［EB/OL］．（2021－04－15），https：//doc. paperpass. com/journal/20170862hwhwjydt. html.

教育部涉外监管信息网．教育部审批和复核的机构及项目名单（2017年1月更新）［EB/OL］，（2017－01－13）［2022－01－11］，http：//www. crs. jsj. edu. cn/index. php/default/index.

中华人民共和国教育部中外合作办学监管工作信息平台［EB/OL］，（2022－04－25）［2022－04－28］，https：//www. crs. jsj. edu. cn/aproval/orglists/1.

2018、2019年共依法批准286个中外合作办学机构和项目终止办学［EB/OL］．（2021－08－23）［2022－4－28］http：//jsj. moe. gov. cn/n2/7001/7001/1636. shtml.

习近平：中国人民是伟大的人民，中华民族是伟大的民族，中华文明是伟大的文明［EB/OL］，（2020－12－15）［2022－02－14］，https：//baijiahao. baidu. com/s？id＝1687022013274245674.

Knight J. GATS－Higher Education Implications, Opinions and Questions, First Glob－al Forum on International Quality Assurance, Accreditation and the Recognition of Qualifications in Higher Education："Globalization and Higher Eiducation", UNESCO, 17－18 October, 2002.

Bogue D. J. , Internal migration. Hauser P, Duncan O D. The study of population. Chicago：University of Chicago Press, 1959, pp. 486－509.

Lee, K. H. and Tan, J. P. , International Flow of Third Level Lesser Developed Country Students to Developed Countries：Determinants and Implications, Higher Education, 1984, 13 (6), pp. 687 – 707.

Cummings W. K. , Going overseas higher education: the Asian experience, Comparative Education Review, 1984, 28 (2), pp. 241 – 257.

John Meyer et al. , "Higher Education as Institution" in Sociology of Higher Education: Contributions and their Contexts, ed. Patricia Gumport (Baltimore: The Johns Hopkins University Press, 2007), 187 – 221.

Stefan Wiederkehr. II. Zwischen den Beiden Weltkiegen: Die Eurasier in der Emigration // Die Eurasische Bewegung: Wissenschaft und Politik in der russischen Emigration der Zwischenkriegszeit und im

postsowjetischen Russland. Böhlau Verlag Köln Weimar, 2007. T. 39. P. 36.

K. Weisbrode, "Central Eurasia: Prize or Quicksand? Contenting Views of Instability", in Karabakh, Ferghana and Afghanistan, The International Institute for Strategic Studies, Adelphi Paper 338, Oxford University Press, New York, 2001, pp. 11 – 12.

OECD, Intemationalisation and Trade in Higher Education-Opportunities and Chal-lenges, 2004.

Fred Halliday, "Global Governance: Prospects and Problems," Citizenship Studies, Vol, No. 1 (2000), p. 19.

Andreas Hasenclever, Peter Mayer and Volker Rittberger, "Integrating Theories of International Regimes," Reviee of International Stadies, Vol. 26, No. 1 (2000), pp. 3 – 33.

附　　录

附录1　跨境教育的教育框架

类型	描述	安排	备注
1. 人员			
学生/受训者	– 完全的学术项目 – 学期/学年国外学习 – 实习项目 – 研究/田野工作	☑交换安排 ☑奖学金 ☑政府/公共/私人赞助 ☑自费	涉及基于学分的教育活动和项目
教师、讲师、学者、专家	– 教学和/或研究目的 – 技术援助/咨询 – 学术/专业发展	☑自费或机构提供费用 ☑政府/公共/私人资助 ☑合同/服务费	
2. 提供者			
机构、提供者、组织、公司	– 外国提供者承担项目的教学责任 – 颁授外国学位、文凭 – 提供者在接收国以实体或虚拟的方式存在	☑可能在接收国进行学术、财务方面的合作，但并不一定 ☐包括私立的、公立的、商业的或非商业的提供者	– 分校 – 特许 – 在国外单独提供 – 某种双联安排

续表

类型	描述	安排	备注
3. 项目			
基于学分/文凭的学术合作项目	－涉及接收国授予国内资格或双文凭/联合文凭 －课程与项目流动，但学生不流动	☑基于输出与接收院校的学术联系 ☑可以是商业的或非商业的	主要涉及校际联系；某种双联与授权安排
4. 项目与服务			
与教育相关的广泛的计划与服务	－不涉及授予文凭 －项目包括如研究、课程设计、专业发展、能力建设、技术援助与服务等	☑包括发展/援助计划，伙伴项目和商业合同	涉及各类高等教育机构、提供者、教育组织/公司

资料来源：Knight J. GATS, Trade and Higher Education Perspective 2003 – Where are we？［J］. observatory on borderless higher education, 2003.

附录2　跨境教育活动的类型

类型	主要形式	案例	规模
1. 人员			
学生/受训者	学生流动	☑完全在国外完成国外学位学习 ☑获取国内学位或联合学位的学术伙伴合作的组成部分 ☑交换项目	可能是跨境教育中规模最大的部分
教师/培训者	学术/ 培训者流动	☑专业发展 ☑学术合作 ☑到海外分校任教	教育部门的传统，随着对专业人员流动的强调，规模会有所扩大
2. 项目			
教育项目	教学合作 电子学习	☑与国外学校联合举办课程或项目 ☑电子学习项目 ☑出售/特许经营	教学合作占比较大；电子学习与特许经营规模不大，但发展迅速
3. 机构/教育服务提供者			
国外分校 国外投资	☑开设国外分校 ☑收购国外教育机构或部分收购 ☑在国外建立教育供给机构	起步慢，但趋势是发展很快	

资料来源：OECD Scretariat. Cross-Border Education：An Overview. OECD/Norway Forum on Trade in Educational Services，2–3 November，2003；顾建新：《跨国教育发展理念与策略》，学林出版社2008年版，第62页。

附录3 上海合作组织大学中方项目院校一览表

序号	学校名称	专业方向
1	北京大学	纳米技术、区域学
2	清华大学	纳米技术、区域学、能源学
3	华中科技大学	纳米技术、能源学、信息技术
4	首都师范大学（区域学牵头院校）	区域学、教育学
5	北京外国语大学	区域学
6	黑龙江大学	区域学、信息技术、经济学
7	新疆大学	区域学、生态学、纳米技术、信息技术
8	大连外国语大学	区域学
9	琼州学院	区域学、生态学
10	兰州大学（生态学牵头院校）	生态学、区域学
11	山东大学	生态学、区域学、经济学
12	东北师范大学（教育学牵头院校）	教育学、生态学、区域学、经济学
13	华北电力大学（能源学牵头院校）	能源学、信息技术
14	中国石油大学（北京）	能源学、经济学
15	哈尔滨工业大学	能源学、纳米技术、信息技术
16	兰州理工大学	能源学、信息技术
17	吉林大学（信息技术牵头院校）	信息技术、区域学、能源学
18	长春理工大学（纳米技术牵头院校）	纳米技术、信息技术、能源学
19	大连理工大学（经济学牵头院校）	经济学、信息技术
20	新疆师范大学	教育学、区域学、经济学

附录4　上海合作组织大学俄方
项目院校一览表

序号	学校名称	专业方向
1	圣彼得堡国立信息技术机械与光学大学	信息技术
2	莫斯科国立国际关系学院	区域学
3	莫斯科国立语言大学	区域学
4	莫斯科国立大学	区域学
5	俄罗斯人民友谊大学	区域学、生态学、纳米技术、经济学、教育学
6	西伯利亚联邦大学	生态学、信息技术
7	南乌拉尔国立大学	生态学、能源学、信息技术、经济学
8	莫斯科动力学院	能源学、经济学
9	乌拉尔联邦大学	区域学、生态学、能源学、纳米技术
10	新西伯利亚国立技术大学	能源学
11	新西伯利亚国立大学	
12	阿斯特拉罕国立大学	信息技术、经济学、教育学
13	莫斯科钢铁合金学院	纳米技术、经济学
14	圣彼得堡国立电子技术大学	纳米技术
15	阿尔泰国立大学	区域学、生态学、信息技术、经济学、教育学
16	国家工艺研究大学（高等经济学院）	经济学
17	太平洋国立大学	区域学、生态学、经济学
18	莫斯科国立师范大学	教育学
19	巴什基尔国立师范大学	教育学
20	俄联邦总统直属国民经济与国家行政学院	区域学、经济学
21	别尔哥罗德国立大学	区域学、生态学、纳米技术、经济学、教育学

附录5　上海合作组织大学哈方
项目院校一览表

序号	学校名称	专业方向
1	哈萨克斯坦民族大学	区域学、生态学、能源学、信息技术、纳米技术、教育学、经济学
2	卡拉干达经济大学	能源学、信息技术、经济学
3	哈萨克斯坦萨特帕耶夫国立技术大学	生态学、能源学、信息技术、纳米技术
4	巴甫洛达尔州托赖格罗夫国立大学	生态学、能源学、信息技术、教育学、经济学
5	哈萨克斯坦阿贝莱·汗国际关系与世界语言大学	区域学
6	卡拉干达国立技术大学	生态学、能源学
7	欧亚古米廖夫民族大学	区域学、生态学、信息技术、纳米技术
8	阿拉木图能源与通讯大学	能源学
9	阿拉木图创新技术大学	生态学、纳米技术
10	东哈萨克斯坦谢尔卡巴耶夫国立技术大学	信息技术
11	哈英科技大学	能源学、信息技术、经济学
12	南哈萨克斯坦奥埃佐夫国立大学	生态学、能源学、经济学
13	纳尔霍兹大学	经济学
14	塔拉兹图兰国立大学	教育学

　　注：根据上海合作组织大学中方校办2014年5月12日发布的信息，哈萨克斯坦项目院校数为14所，但纳尔霍兹大学（经济学）和塔拉兹图兰国立大学（教育学）两校未在其列，提供的是关于哈萨克斯坦雷斯库洛夫经济大学（区域学）和哈萨克斯坦国际研究生教育学院（生态学、能源学、纳米技术、信息技术）的信息。

附录6　独联体网络大学专业方向设置

序号	方向	专业
1	法学	国际法
2	管理学	国际管理、国际项目管理、 高新技术企业物流管理等
3	经济学	国际贸易、通信经济学与企业管理
4	语言学	俄罗斯语言文学、俄罗斯语言文学：语言修辞方法
5	国际关系学	世界政治、能源外交
6	旅游学	旅游中的跨文化交流、国家旅游规划与发展
7	油气	输气系统检测与技术诊断
8	机电一体化与机器人	工业机器人与机器人系统、机器人系统控制
9		工艺流程与生产自动化
10	印刷	印刷包装生产技术
11	能源	电力与电气工程、基于非传统和可再生 能源的动力装置、发电站和（航空）综合体
12		信息学与计算机技术
13	核物理	
14	建筑	
15	无线电工程	
16	有机物化技术	炼油化学技术
17	材料科学与技术	火箭与空间复合结构
18	软件工程	
19	数学	微分方程中的函数方法与交叉学科研究
20	基础信息学与信息技术	信息通讯与智能系统管理
21	化学	药品生产和质量控制中的药物分析

续表

序号	方向	专业
22	体育	运动中的动机以我实现
23	社会学	青年社会与职业设计
24	社会工作	卫生保障系统中的社会工作
25	青年工作组织	青年环境中的预防学
26	物理学	引力、宇宙学和相对论天体物理学
27	热力工程与热电工程	火力发电
28	电力与电气工程	电力行业项目管理
29	心理学	
30	化学技术	燃料和气体化学技术、有机物质化学技术
31	生物技术	

数据来源：Сетевой университет Содружества Независимых Государств. https：//e‐cis. info/cooperation/3063/78389/% EF% BC% 89。

附录7　独联体网络大学成员国及院校

阿塞拜疆	1. 巴库斯拉夫大学
亚美尼亚	2. 埃里温国立语言与社会科学大学
	3. 埃里温国立大学
	4. 亚美尼亚国立理工大学
白俄罗斯	5. 白俄罗斯国立大学
	6. 白俄罗斯国立技术大学
哈萨克斯坦	7. 欧亚国立大学
	8. 哈萨克斯坦国立大学
	9. 北哈萨克斯坦国立大学
	10. 南哈萨克斯坦国立大学
	11. 南哈萨克斯坦师范大学（丝绸之路国际大学）
	12. 哈萨克斯坦国立技术大学
吉尔吉斯斯坦	13. 吉尔吉斯斯坦共和国外交部外交学院
	14. 吉尔吉斯斯坦国立技术大学
	15. 吉尔吉斯斯坦国立大学
	16. 吉尔吉斯斯坦—俄罗斯斯拉夫大学
摩尔多瓦	17. 斯拉夫大学
俄罗斯	18. 库班国立技术大学
	19. 莫斯科国立法学院
	20. 俄罗斯外交部莫斯科国立国际关系学院（大学）
	21. 国立研究型大学
	22. 新西伯利亚国立研究型国立大学
	23. 俄罗斯人民友谊大学

续表

	24. 萨马拉国立技术大学
	25. 圣彼得堡国立大学
	26. 莫斯科鲍曼国立技术大学
	27. 俄罗斯国立石油天然气大学
	28. 乌拉尔联邦大学
	29. 南方联邦大学
	30. 莫斯科汽车和公路国立技术大学
	31. 俄罗斯交通大学
塔吉克斯坦	32. 塔吉克斯坦国立大学
	33. 俄罗斯—塔吉克斯坦斯拉夫大学
	34. 塔吉克斯坦技术大学
乌克兰	35. 第聂伯罗彼得罗夫斯克国立大学
	36. 顿涅茨克国立大学
	37. 伊万诺—弗兰科夫斯克国立石油和天然气技术大学
	38. 国家航空航天大学

附录 8　独联体网络大学框架内在俄罗斯教育机构接受培训的学生人数（按培训领域划分）

学年 培养方向	学生数量											总计
	2010/ 2011	2011/ 2012	2012/ 2013	2013/ 2014	2014/ 2015	2015/ 2016	2016/ 2017	2017/ 2018	2018/ 2019	2019/ 2020	2020/ 2021	
法学、国际法专业	45	43	33	12	16	18	15	22	20	11	7	242
管理学、国际管理、国际项目管理专业	49	50	48	22	26	23	16	15	17	14	14	294
经济学、国际贸易专业	20	16	24	6	13	15	8	17	16	10	9	154
语言学、俄罗斯语言文学、俄罗斯语言文学：语言修辞方法专业	32	33	30	10	11	11	9	14	24	8	5	187
国际关系学、世界政治、能源外交	—	21	32	10	17	17	10	23	25	26	7	188

续表

学年 培养方向	学生数量											总计
	2010/ 2011	2011/ 2012	2012/ 2013	2013/ 2014	2014/ 2015	2015/ 2016	2016/ 2017	2017/ 2018	2018/ 2019	2019/ 2020	2020/ 2021	
旅游学、旅游中的跨文化交流、国家旅游规划与发展专业	-	-	9	3	9	8	4	7	13	6	4	63
油气、炼油技术专业	-	-	3	2	2	-	-	-	-	-	-	7
机电一体化与机器人、工业机器人系统专业	-	-	2	2	3	5	-	-	1	-	-	13
工艺流程与生产自动化	-	-	3	1	1	-	-	-	-	-	-	5
电力与电气工程	-	-	-	-	2	-	-	1	-	6	4	13
材料科学与技术、火箭与空间复合结构专业	-	-	2	1	-	-	-	-	-	-	-	3

续表

学年 培养方向	学生数量											总计
	2010/ 2011	2011/ 2012	2012/ 2013	2013/ 2014	2014/ 2015	2015/ 2016	2016/ 2017	2017/ 2018	2018/ 2019	2019/ 2020	2020/ 2021	
印刷，印刷包装生产技术专业	-	-	-	-	2	-	1	-	-	-	-	3
核物理	-	-	-	-	-	1	-	-	-	-	-	1
建筑学	-	-	-	-	-	1	1	-	-	-	-	2
无线电工程	-	-	-	-	-	4	-	-	-	-	-	4
计算机科学	-	-	3	-	1	1	1	1	2	-	-	9
基于非传统和可再生能源的动力装置，发电站和（航空）综合体专业	-	-	3	-	1	1	-	1	-	-	-	6
社会工作，卫生保健系统中的社会工作专业	-	-	-	-	-	-	-	1	1	-	-	2

续表

培养方向＼学年	学生数量											总计
	2010/2011	2011/2012	2012/2013	2013/2014	2014/2015	2015/2016	2016/2017	2017/2018	2018/2019	2019/2020	2020/2021	
体育，运动中的动机和自我实现专业	-	-	-	-	-	-	-	1	3	2	1	7
社会学，青年社会与职业规划专业	-	-	-	-	-	-	-	1	-	-	-	1
物理学，重力与宇宙学专业	-	-	-	-	-	-	-	2	3	3	3	11
软件工程	-	-	-	-	-	-	-	1	1	1	-	3
化学，药品生产和质量控制中的药物分析专业	-	-	-	-	-	-	-	1	2	-	-	3
青年工作组织，青年预防犯罪专业	-	-	-	-	-	-	-	2	1	2	-	5
热能学与热力工程	-	-	-	-	-	-	-	-	6	1	-	7
生物技术	-	-	-	-	-	-	-	-	5	-	-	5

续表

学年 培养方向	学生数量											总计
	2010/ 2011	2011/ 2012	2012/ 2013	2013/ 2014	2014/ 2015	2015/ 2016	2016/ 2017	2017/ 2018	2018/ 2019	2019/ 2020	2020/ 2021	
化学技术	–	–	–	–	–	–	–	–	6	–	–	6
总计	146	163	192	69	104	105	65	110	146	90	53	1243
其中接受国际人道主义基金会资助人数	65	72	138	0	47	42	48	48	0	27	0	487

数据来源：Сетевой университет Содружества Независимых Государств. https://cis.minsk.by/page/show? id = 19157.

附录 9　独联体网络大学框架内在俄罗斯教育机构接受培训的学生人数（按独联体成员国划分）

学年 / 国家	学生数量											
	2010/2011	2011/2012	2012/2013	2013/2014	2014/2015	2015/2016	2016/2017	2017/2018	2018/2019	2019/2020	2020/2021	总计
阿塞拜疆	-	3	3	-	2	-	-	1	0	-	-	9
亚美尼亚	4	20	24	8	20	12	6	8	13	5	-	120
白俄罗斯	12	12	1	2	1	-	-	-	1	5	-	34
哈萨克斯坦	45	48	58	17	37	53	29	39	59	44	30	459
吉尔吉斯斯坦	31	35	39	14	26	23	19	43	49	23	18	320
摩尔多瓦	5	4	6	1	1	2	1	1	4	0	2	27
塔吉克斯坦	27	23	28	9	17	15	10	18	20	13	3	183
乌克兰	22	18	33	18	-	-	-	-	-	-	-	91
总计	146	163	192	69	104	105	65	110	146	90	53	1243
其中接受国际人道主义基金会资助人数	65	72	138	0	47	42	48	48	0	27	0	487

数据来源：Сетевой университет Содружества Независимых Государств. https://cis. minsk. by/page/show? id=19157.

附录 10

2018/2019 学年根据俄罗斯的教育计划在俄罗斯教师的参与下，在俄罗斯大学及其合作伙伴/关联组织的联合大学，研究所，外国分支机构，代表处，咨询中心，培训中心和其他外国分支机构中培训外国公民情况

大学的名称，属性/所有制形式	教育机构（组织）及其所在地	培训人数/人
独联体（欧亚）国家		
阿塞拜疆		
莫斯科罗蒙诺索夫国立大学（俄罗斯联邦政府）	分校，巴库	557（面授）
第一莫斯科谢切诺夫国立医科大学（卫生部）	分校，巴库	452（面授）
亚美尼亚		
莫斯科斯克里亚宾国立兽医与生物工艺学院（农业部）	分校，埃里温	34（面授）
莫斯科罗蒙诺索夫国立大学（俄罗斯联邦政府）	分校，埃里温	144（面授）
俄罗斯普列汉诺夫经济大学（科学和高等教育部）	分校，埃里温	120（面授） 83（函授）
俄罗斯国际旅游学院	亚美尼亚旅游学院（分校，埃里温）	19（面授） 23（函授）
俄罗斯国立旅游与服务大学 莫斯科州切尔基佐沃（科学和高等教育部）	分校，埃里温（2019 年关闭）	2017/2018 学年： 82（面授） 64（函授）
俄罗斯—亚美尼亚（斯拉夫语）大学（科学和高等教育部）	八个研究所（学院）	2359（面授） 279（函授）

续表

大学的名称，属性/所有制形式	教育机构（组织）及其所在地	培训人数/人
圣彼得堡对外经济关系大学	分校，埃里温	18（面授） 25（函授）
白俄罗斯		
别尔哥罗德州立艺术学院（俄罗斯联邦）	在合作伙伴以戈梅利索科洛夫斯基命名的戈梅利州立艺术学院命名的大师班	2017/2018 学年： 30（面授）
白俄罗斯—俄罗斯大学（科学和高等教育部）	莫吉廖夫	4900 名学生，其中484 人参加了俄罗斯教育课程（面授）
俄罗斯普列汉诺夫经济大学（科学和高等教育部）	分校，明斯克	196（面授） 896（函授）
俄罗斯国立社会大学，莫斯科（科学和高等教育部）	分校，明斯克	240（面授） 844（函授）
哈萨克斯坦		
国际管理学院"LINK"（Learning International NetworK 学习国际网络）茹科夫斯基	哈萨克斯坦市场营销与管理学院（合作组织），阿拉木图	2017/2018 学年： 14（函授）
莫斯科占星学院	分校，阿拉木图	12（面授）
莫斯科航空研究所（科学和高等教育部）	"日出"分校，拜科努尔	187（面授） 47（函授）
莫斯科罗蒙诺索夫国立大学（俄罗斯联邦政府）	欧亚国立大学分校，阿斯塔纳	595（面授）
俄罗斯普列汉诺夫经济大学（科学和高等教育部）	乌斯季卡缅诺戈尔斯克分公司；哈萨克斯坦—俄罗斯大学；阿尔卡雷克市；博拉沙克大学分校，克孜勒奥尔达市，阿拉木图代表处	84（面授） 150（函授）

续表

大学的名称，属性/所有制形式	教育机构（组织）及其所在地	培训人数/人
莫斯科电力工程学院（科学和高等教育部）	在阿拉木图能源与通信大学的基础上，由莫斯科电力工程学院的老师参加的莫斯科电力工程学院的学士学位课程，阿拉木图	2017/2018 学年：156（函授）
圣彼得堡人道主义工会大学（俄罗斯独立工会联合会）	分校，阿拉木图	501（面授）662（函授）
车里雅宾斯克州立大学（科学和高等教育部）	分校，科斯塔奈	748（面授）3477（函授）
吉尔吉斯斯坦		
波罗的海乌斯蒂诺夫国立技术大学，圣彼得堡（科学和高等教育部）	俄罗斯—吉尔吉斯斯坦技术大学联盟，比什凯克	2017/2018 学年：110（面授）
喀山国立研究技术大学（科学和高等教育部）	康德分公司	73（面授）107（函授）
吉尔吉斯斯坦共和国俄罗斯教育学院（俄罗斯教育学院创始人）全称：高等职业教育民办教育机构"吉尔吉斯斯坦—俄罗斯教育学院"私立	根据俄罗斯课程授课比什凯克程培训	456（面授）648（函授）
吉尔吉斯斯坦—俄罗斯斯拉夫大学（科学和高等教育部）	七个学院比什凯克	8487（面授）705（函授）
国际斯拉夫研究所（莫斯科）	分校，比什凯克	42（面授）69（函授）
莫斯科电力工程学院（科学和高等教育部）	在吉尔吉斯斯坦国立大学校内由莫斯科电力工程学院教师参与的本科学位课程，比什凯克	2017/2018 学年：127（面授）
俄罗斯国立社会大学，莫斯科（科学和高等教育部）	分校，奥什	268（面授）398（函授）

续表

大学的名称，属性/所有制形式	教育机构（组织）及其所在地	培训人数/人
摩尔多瓦		
莫斯科占星学院（天文）	天文研究中心分校，基希涅夫	60（面授）
俄罗斯新大学（私立）	分校，蒂拉斯波尔	78（面授） 119（函授）
塔吉克斯坦		
莫斯科罗蒙诺索大国立大学（俄罗斯联邦政府）	分校，杜尚别	495（面授）
莫斯科电力工程学院（科学和高等教育部）	杜尚别分校（2013 年）	441（面授） 168（函授）
莫斯科钢铁学院（教育和科学部）	分校，杜尚别	467（面授） 499（函授）
俄罗斯塔吉克斯坦斯拉夫大学（科学和高等教育部）	杜尚别	3920（面授） 1736（函授）
乌兹别克斯坦		
莫斯科国立罗蒙诺索夫国立大学（俄罗斯联邦政府）	分校，塔什干	435（面授）
俄罗斯普列汉诺夫经济大学（科学和高等教育部）	分校，塔什干	571（面授） 88（函授）
俄罗斯国立石油天然气大学（科学和高等教育部）	分校，塔什干	937（面授）
俄罗斯国立石油天然气大学	筹备部门，塔什干	218（面授）
莫斯科国立国际关系学院（俄罗斯外交部）	塔什干分校（于 2019 年 9 月建立）	96（面授）
国立核研究大学，莫斯科（科学和高等教育部）	分校，塔什干（2019）	100（面授）

大学的名称，属性/所有制形式	教育机构（组织）及其所在地	培训人数/人
俄罗斯国立体育运动青年与旅游大学，莫斯科（体育，旅游和青年政策部）	分校，撒马尔罕（2019 年成立）	150（面授）
国立研究技术大学，莫斯科（科学和高等教育部）	阿拉木图分校（2018 年成立）	148（面授）
俄罗斯化学技术大学，莫斯科（科学和高等教育部）	分校，阿拉木图（2019 年成立）	182（函授）
乌克兰		
别尔哥罗德国立艺术学院（文化部）	顿涅茨克国立学术爱乐协会的大师班，顿涅茨克	20（函授）
国际管理学院"LINK"（Learning International NetworK 学习国际网络），茹科夫斯基	"俄罗斯花园学校"商学院有限责任公司（伙伴机构），顿涅茨克	10（面授）
国际管理学院"LINK"（Learning International NetworK 学习国际网络），茹科夫斯基	咨询局"Deepkeeper"（深渊守护者）（合作组织），基辅	18（函授）乌克兰语
国际管理学院"LINK"（Learning International NetworK 学习国际网络），茹科夫斯基	"现代管理计划中心"（合作伙伴组织—区域中心 MIM "LINK"），波尔塔瓦	20（函授）乌克兰语
国际管理学院"LINK"（Learning International NetworK 学习国际网络），茹科夫斯基	"MBA 战略中心"有限责任公司（合伙机构），哈尔科夫	40（函授）乌克兰语
莫斯科占星学院（天文）	分校，基辅 Факультет（филиал）ММА（莫斯科国际学院）в школе GNOSIS（知识），基辅	25（函授）

续表

大学的名称，属性/所有制形式	教育机构（组织） 及其所在地	培训人数/人
莫斯科占星学院（天文）	分校，敖德萨	50（函授）
莫斯科物理技术学院（国立大学） （科学和高等教育部）	乌克兰国家科学院的物理技 术教育和科学中心，基辅	36（面授）

数据来源：俄罗斯教育科学部 2019 年统计数据，https：//docviewer. yandex. ru.

附录11　俄语中心在欧亚国家的分布

俄语中心	合作机构	所在城市（国家）
阿塞拜疆		
巴库国立大学俄语中心	巴库国立大学	巴库（阿）
亚美尼亚		
埃里温国立大学俄语中心	埃里温国立大学	埃里温（阿）
白俄罗斯		
白俄罗斯俄语中心	布列斯特国立技术大学	明斯克（白）
哈萨克斯坦		
哈萨克斯坦国立大学俄语中心	哈萨克斯坦国立大学	阿拉木图（哈）
哈俄国际大学俄语中心	哈俄国际大学	阿克托别（哈）
吉尔吉斯斯坦		
比什凯克人文大学俄语中心	比什凯克人文大学	比什凯克（吉）
俄罗斯国立社会大学奥什分校俄语中心	俄罗斯国立社会大学奥什分校	奥什（吉）
楚河州图书馆俄语中心	楚河州图书馆	卡尼特（吉）
塔吉克斯坦		
俄塔斯拉夫大学俄语中心	俄塔斯拉夫大学	杜尚别（塔）
塔吉克斯坦国家语言学院俄语中心	塔吉克斯坦国家语言学院	杜尚别（塔）
塔吉克斯坦国立师范大学俄语中心	塔吉克斯坦国立师范大学	杜尚别（塔）
塔吉克斯坦国立大学俄语中心	塔吉克斯坦国立大学	杜尚别（塔）
格鲁吉亚		
第比利斯俄语中心	《Азбука》（字母）	第比利斯（格）

续表

俄语中心	合作机构	所在城市（国家）
摩尔多瓦		
巴尔蒂国立大学俄语中心	巴尔蒂国立大学	巴尔蒂（摩）
摩尔多瓦国立大学俄语中心	摩尔多瓦国立大学	基希讷乌（摩）
德涅斯特国立大学俄罗斯中心	德涅斯特国立大学	蒂拉斯波尔（摩）
康姆拉特国立大学俄语中心	康姆拉特国立大学	康姆拉特

数据来源：俄罗斯世界基金会，https：//russkiymir. ru/rucenter/catalogue. php.

附录 12　欧亚国家间建设独立分校情况统计表

教育输出国及大学的名称	教育机构（组织）及其所在地
独联体（欧亚）国家	
阿塞拜疆	
俄罗斯，莫斯科罗蒙诺索夫国立大学（俄罗斯联邦政府）	分校，巴库
俄罗斯，第一莫斯科谢切诺夫国立医科大学（卫生部）	分校，巴库
亚美尼亚	
俄罗斯，莫斯科斯克里亚宾国立兽医与生物工艺学院	分校，埃里温
俄罗斯，莫斯科罗蒙诺索夫国立大学	分校，埃里温
俄罗斯，俄罗斯普列汉诺夫经济大学	分校，埃里温
俄罗斯，俄罗斯国际旅游学院	亚美尼亚旅游学院（分校，埃里温）
俄罗斯，俄罗斯国立旅游与服务大学	分校，埃里温
俄罗斯，圣彼得堡对外经济关系大学	分校，埃里温
乌克兰，捷尔诺波尔国立经济大学埃里温教育和科学研究所	分校，埃里温
白俄罗斯	
俄罗斯，俄罗斯普列汉诺夫经济大学	分校，明斯克
俄罗斯，俄罗斯国立社会大学	分校，明斯克
俄罗斯，莫斯科天文学院（占星术）	分校，明斯克（2021）
哈萨克斯坦	
俄罗斯，莫斯科天文学院	分校，阿拉木图
俄罗斯，莫斯科航空学院	分校，拜科努尔
俄罗斯，莫斯科罗蒙诺索夫国立大学	分校，阿斯塔纳
俄罗斯，莫斯科国立经济、统计与信息大学	分校，乌斯季卡缅诺戈尔斯克
俄罗斯，圣彼得堡人道主义工会大学	分校，阿拉木图

续表

教育输出国及大学的名称	教育机构（组织）及其所在地
俄罗斯，车里雅宾斯克州立大学	分校，科斯塔奈
吉尔吉斯斯坦	
俄罗斯，喀山国立研究技术大学	分校，康德
俄罗斯，国际斯拉夫研究所	分校，比什凯克
俄罗斯，俄罗斯国立社会大学	分校，奥什
摩尔多瓦	
俄罗斯，莫斯科天文学院	天文研究中心（分校），基希涅夫
俄罗斯，俄罗斯新大学（私立）	分校，蒂拉斯波尔
塔吉克斯坦	
俄罗斯，莫斯科罗蒙诺索夫国立大学	分校，杜尚别
俄罗斯，国立研究型大学	分校，杜尚别
俄罗斯，国立研究技术大学	分校，杜尚别
乌兹别克斯坦	
俄罗斯，莫斯科罗蒙诺索夫国立大学	分校，塔什干
俄罗斯，俄罗斯普列汉诺夫经济大学	分校，塔什干
俄罗斯，俄罗斯国立石油天然气大学	分校，塔什干
俄罗斯，莫斯科国立国际关系学院	塔什干分校（于2019年9月建立）
俄罗斯，国立核研究大学	分校，塔什干（2019）
俄罗斯，俄罗斯国立体育运动青年与旅游大学，莫斯科（体育，旅游和青年政策部）	分校，撒马尔罕（2019年成立）
俄罗斯，国立研究技术大学	分校，阿拉木图（2018年成立）
俄罗斯，俄罗斯化学技术大学	分校，阿拉木图（2019年成立）
乌克兰	
俄罗斯，莫斯科天文学院	分校，基辅

教育输出国及大学的名称	教育机构（组织）及其所在地
俄罗斯，莫斯科天文学院	分校，敖德萨
土库曼斯坦	
俄罗斯，俄罗斯国立石油天然气大学分校	分校，阿什哈巴德（2008—2012）

附录13 欧亚国家间合作办学情况表

合作国家及大学的名称	教育机构（组织）所在地
俄罗斯—亚美尼亚：俄罗斯—亚美尼亚斯拉夫大学	亚美尼亚，埃里温
俄罗斯—亚美尼亚：姆基塔尔·戈什亚美尼亚—俄罗斯国际大学（私立）	亚美尼亚，瓦纳佐尔
俄罗斯—白俄罗斯：白俄罗斯—俄罗斯大学	白俄罗斯，莫吉廖夫
俄罗斯—哈萨克斯坦：哈萨克斯坦—俄罗斯医科大学	哈萨克斯坦，阿拉木图
哈萨克斯坦—塔吉克斯坦—吉尔吉斯斯坦：中亚大学	哈萨克斯坦，阿拉木图
哈萨克斯坦—塔吉克斯坦—吉尔吉斯斯坦：中亚大学铁克利分校	哈萨克斯坦，铁克利
俄罗斯—哈萨克斯坦：哈萨克斯坦—俄罗斯国际大学	哈萨克斯坦，阿克托比
俄罗斯—吉尔吉斯斯坦：俄罗斯—吉尔吉斯斯坦技术大学联盟	吉尔吉斯斯坦，比什凯克
俄罗斯—吉尔吉斯斯坦：吉尔吉斯斯坦—俄罗斯斯拉夫大学医学院	吉尔吉斯斯坦，比什凯克
哈萨克斯坦—塔吉克斯坦—吉尔吉斯斯坦：中亚大学	吉尔吉斯斯坦，比什凯克
俄罗斯—吉尔吉斯斯坦：吉尔吉斯斯坦—俄罗斯斯拉夫大学	吉尔吉斯斯坦，比什凯克
乌兹别克斯坦—吉尔吉斯斯坦：吉尔吉斯斯坦—乌兹别克斯坦大学	吉尔吉斯斯坦，奥什
哈萨克斯坦—吉尔吉斯斯坦：吉尔吉斯斯坦—哈萨克斯坦大学	吉尔吉斯斯坦，比什凯克
俄罗斯—塔吉克斯坦：俄罗斯—塔吉克斯坦斯拉夫大学	塔吉克斯坦，杜尚别
哈萨克斯坦—塔吉克斯坦—吉尔吉斯斯坦：中亚大学	塔吉克斯坦，杜尚别

数据来源：根据欧亚国家教育部信息自行整理。

附录14　独联体教育合作委员会理事会会议

会议	会议时间	举办地
第 19 届	2007. 5. 3—4	杜尚别
第 20 届	2007. 10. 25—26	埃里温
第 21 届	2008. 6. 9—13	比什凯克
第 22 届	2009. 5. 14—15	明斯克
第 23 届	2010. 7—8	莫斯科
第 24 届	2011. 6. 19—20	杜尚别
第 25 届	2012. 10. 19	埃里温
第 26 届	2013. 11. 8	明斯克
第 27 届	2014. 10. 1	明斯克
第 28 届	2015. 9. 9	阿斯塔纳
第 29 届	2016. 10. 3	莫斯科
第 30 届	2017. 4. 11	莫斯科
第 31 届	2018. 4. 19	莫斯科
第 32 届	2019. 4. 19	比什凯克
第 33 届	2020. 10. 21	视频会议
第 34 届	2021. 10. 7	埃里温

附录 15　独联体成员国在教育领域的基础组织

序号	基本组织
1	联邦国家预算高等教育机构"莫斯科国立语言大学" ——独联体成员国语言和文化的基本组织
2	联邦国家预算高等教育机构"莫斯科国立大学" ——独联体成员国培训基础自然科学领域人才的基本组织
3	联邦国家预算高等教育机构"圣彼得堡国立大学" ——独联体成员国培养人文和社会经济科学领域的人才的基本组织
4	教育机构"白俄罗斯国立技术大学" ——独联体成员国高等教育技术教育的基础组织
5	教育机构"白俄罗斯国立信息和无线电电子大学" ——独联体成员国在信息学和无线电电子领域教育的基础组织
6	教育机构白俄罗斯国立大学"国际国立生态学院" ——独联体成员国环境教育的基础组织
7	联邦国家预算高等教育机构"俄罗斯人民友谊大学" ——独联体成员国在独联体成员国教育系统信息支持领域的基础组织
8	联邦国家预算高等教育机构"莫斯科国立技术大学" ——独联体成员国在工程技术领域进行专业再培训和人员高级培训的基本组织
9	联邦国家预算科学研究所"俄罗斯教育学院教育管理学院" ——独联体成员国成人教育和教育活动的基本组织
10	教育机构"白俄罗斯国立技术大学" ——独联体成员国在林业和林业领域进行教育的基本组织
11	联邦国家高等教育机构"俄罗斯国立农业大学—莫斯科农业学院" ——独联体成员国用于农业教育领域人员的培训、高级培训和再培训的基本组织
12	白俄罗斯共和国大学"共和国职业教育学院" ——独联合体成员国在职业和中等职业教育系统中对人员进行职业培训、再培训和高级培训的基本组织

续表

序号	基本组织
13	联邦国家预算高等教育机构"普希金俄语学院" ——独联体成员国俄语教学的基本组织
14	联邦国家预算高等教育机构"俄罗斯联邦总统领导下的俄罗斯国民经济和公共行政学院" ——独联体成员国培训公共行政领域人才的基本组织
15	联邦国家预算高等教育机构"俄罗斯国立人文大学" ——独联体成员国在历史教育领域培养人才的基本组织
16	教育机构"白俄罗斯国立师范大学" ——独联体成员国在全纳教育和特殊教育领域对教师和专家进行培训、再培训、高级培训的基本组织
17	联邦国家预算高等教育机构"莫斯科国立师范大学" ——独联体成员国教育师资培训的基本组织

附录16　本科中国与欧亚国家合作
办学机构与项目

（含内地与港台地区合作办学机构与项目）名单（机构7/89＋项目80/910）

地区	项目/机构	名称
北京	合作办学项目	北京联合大学与俄罗斯乌拉尔国立交通大学合作举办轨道交通信号与控制专业本科教育项目
上海	合作办学项目	上海师范大学与俄罗斯彼得罗扎沃茨克国立格拉祖诺夫音乐学院合作举办音乐表演专业本科教育项目
天津	合作办学项目	天津师范大学与莫斯科国立文化学院合作举办音乐学专业本科教育项目
江苏	合作办学机构	江苏师范大学圣彼得堡彼得大帝理工大学联合工程学院
	合作办学项目	1. 江苏科技大学与乌克兰马卡洛夫国立造船大学合作举办船舶与海洋工程专业本科教育项目
		2. 江苏师范大学与俄罗斯圣彼得堡亚历山大一世国立交通大学（原俄罗斯圣彼得堡交通大学）合作举办金融工程专业本科教育项目
		3. 徐州工程学院与俄罗斯圣彼得堡国立电子技术大学合作举办电气工程及其自动化专业本科教育项目
		4. 江苏师范大学与俄罗斯圣彼得堡亚历山大一世国立交通大学合作举办轨道交通信号与控制专业本科教育项目
		5. 徐州工程学院与俄罗斯圣彼得堡国立电子技术大学合作举办机械电子工程专业本科教育项目
		6. 盐城师范学院与俄罗斯莫斯科国立文化学院（原俄罗斯莫斯科国立文化艺术大学）合作举办音乐表演专业本科教育项目
浙江	合作办学项目	浙江海洋大学与俄罗斯圣彼得堡国立海洋技术大学合作举办船舶与海洋工程专业本科教育项目
广东	合作办学机构	深圳北理莫斯科大学

续表

地区	项目/机构	名称
海南	合作办学项目	海南师范大学与俄罗斯圣彼得堡国立电影电视大学合作举办广播电视编导本科教育项目
山东	合作办学机构	齐鲁工业大学基辅学院
	合作办学项目	1. 山东交通学院与俄罗斯顿河国立技术大学合作举办交通运输专业本科教育项目（已并入山东交通学院顿河学院）
		2. 山东交通学院与俄罗斯远东国立交通大学举办电气工程及其自动化专业本科学历教育合作项目
江西	合作办学项目	1. 赣南师范大学与俄罗斯奔萨国立大学合作举办音乐学专业本科教育项目
		2. 江西理工大学与俄罗斯阿穆尔共青城国立大学合作举办电子科学与技术专业本科教育项目
四川	合作办学项目	四川师范大学与莫斯科国立师范大学合作举办绘画专业本科教育项目
河北	合作办学项目	华北理工大学与俄罗斯托木斯克国立大学合作举办化学专业本科教育项目
		北华航天工业学院与乌克兰哈尔科夫国立茹科夫斯基航空航天大学合作举办通信工程专业本科教育项目
河南	合作办学机构	1. 中原工学院中原彼得堡航空学院
		2. 华北水利水电大学乌拉尔学院
	合作办学项目	1. 河南大学与俄罗斯南联邦大学合作举办视觉传达设计专业本科教育项目
		2. 河南大学与俄罗斯南联邦大学合作举办俄语专业本科教育项目
		3. 郑州大学与白俄罗斯国立音乐学院合作举办音乐表演专业本科教育项目
		4. 河南财经政法大学与俄罗斯人民友谊大学合作举办人文地理与城乡规划专业本科教育项目
		5. 河南财经政法大学与俄罗斯人民友谊大学合作举办金融学专业本科教育项目

地区	项目/机构	名称
		6. 河南大学与俄罗斯南联邦大学合作举办环境设计专业本科教育项目
		7. 河南大学与白俄罗斯国立大学合作举办播音与主持艺术专业本科教育项目
		8. 河南城建学院与俄罗斯圣彼得堡国立建筑工程大学合作举办给排水科学与工程专业本科教育项目
		9. 华北水利水电大学与俄罗斯乌拉尔联邦大学合作举办土木工程专业本科教育项目
		10. 河南科技大学与俄罗斯托木斯克理工大学合作举办自动化专业本科教育项目
		11. 郑州师范学院与白俄罗斯国立文化艺术大学合作举办音乐学专业本科教育项目
		12. 洛阳师范学院与白俄罗斯国立师范大学合作举办音乐学专业本科教育项目
		13. 河南师范大学与白俄罗斯国立体育大学合作举办体育教育专业本科教育项目
		14. 河南科技学院与乌克兰苏梅国立农业大学合作举办动物医学专业本科教育项目
湖南	合作办学项目	湖南师范大学与俄罗斯下诺夫哥罗德国立格林卡音乐学院合作举办音乐表演专业本科教育项目
陕西	合作办学机构	渭南师范学院莫斯科艺术学院
	合作办学项目	榆林学院与俄罗斯罗蒙诺索夫北方（北极）联邦大学合作举办石油工程专业本科教育项目

地区	项目/机构	名称
黑龙江	合作办学项目	1. 齐齐哈尔大学与俄罗斯西伯利亚联邦大学合作举工商管理专业本科教育项目（停止招生）
		2. 齐齐哈尔大学与俄罗斯后贝加尔车尔尼雪夫斯基国立人文师范大学合作举数学与应用数学专业本科教育项目（停止招生）
		3. 齐齐哈尔大学与俄罗斯后贝加尔车尔尼雪夫斯基国立人文师范大学合作举办化学专业本科教育项目（停止招生）
		4. 齐齐哈尔大学与俄罗斯后贝加尔车尔尼雪夫斯基国立人文师范大学合作举办生物科学专业本科教育项目（停止招生）
		5. 齐齐哈尔大学与俄罗斯后贝加尔车尔尼雪夫斯基国立人文师范大学合作举办音乐专业本科教育项目（停止招生）
		6. 黑河学院与俄罗斯布拉戈维申斯克国立师范大学合作举办美术学专业本科教育项目
		7. 黑龙江八一农垦大学与俄罗斯符拉迪沃斯托克国立经济服务大学合作举办计算机科学与技术专业本科教育项目
		8. 黑龙江八一农垦大学与俄罗斯符拉迪沃斯托克国立经济服务大学合作举办会计学专业本科教育项目
		9. 东北农业大学与俄罗斯远东国立技术水产大学合作举办工商管理专业本科教育项目
		10 东北农业大学与俄罗斯远东国立技术水产大学合作举办金融学专业本科教育项目
		11. 东北农业大学与俄罗斯太平洋国立大学合作举办国际经济与贸易专业本科教育项目
		12. 牡丹江医学院与俄罗斯太平洋国立医科大学举办临床医学专业本科教育项目
		13. 牡丹江医学院与俄罗斯太平洋国立医科大学举办麻醉学专业本科教育项目

续表

地区	项目/机构	名称
		14. 黑龙江中医药大学与俄罗斯阿穆尔国立医学院合作举办中西医临床医学专业本科教育项目
		15. 牡丹江医学院与俄罗斯太平洋国立医科大学举办医学影像学专业本科教育项目
		16. 齐齐哈尔医学院与俄罗斯赤塔国立医学院合作举办临床医学本科教育项目
		17. 哈尔滨师范大学与俄罗斯莫斯科国立师范大学合作举办历史学专业本科教育项目
		18. 绥化学院与俄罗斯阿穆尔国立大学合作举办计算机科学与技术专业本科教育项目
		19. 黑河学院与俄罗斯布拉戈维申斯克国立师范大学合作举办计算机科学与技术专业本科教育项目
		20. 黑河学院与俄罗斯布拉戈维申斯克国立师范大学合作举办俄语专业本科教育项目
		21. 黑河学院与俄罗斯布拉戈维申斯克国立师范大学合作举办音乐学专业本科教育项目
		22. 齐齐哈尔大学与俄罗斯伊尔库茨克国立语言大学合作举办俄语专业本科教育项目（停止招生）
		23. 黑龙江科技大学与俄罗斯远东联邦大学合作举办计算机科学与技术专业本科生教育项目
		24. 黑龙江科技大学与俄罗斯远东联邦大学合作举办土木工程专业本科生教育项目
		25. 牡丹江师范学院与俄罗斯乌苏里斯克国立师范学院合作举办旅游管理专业本科教育项目（停止招生）
		26. 黑河学院与俄罗斯布拉戈维申斯克国立师范大学合作举办体育教育专业本科教育项目
		27. 齐齐哈尔医学院与俄罗斯赤塔国立医学院合作举办口腔医学本科教育项目

地区	项目/机构	名称
		28. 佳木斯大学与俄罗斯阿列赫姆国立大学合作举办学前教育专业本科教育项目（停止招生）
		29. 齐齐哈尔医学院与俄罗斯赤塔国立医学院合作举办精神医学本科教育项目
		30. 东北农业大学与俄罗斯太平洋国立大学合作举办机械设计制造及其自动化专业本科教育项目（退出办学）
		31. 齐齐哈尔大学与俄罗斯克麦罗沃食品工业技术学院合作举办食品科学与工程专业本科教育项目（停止招生）
		32. 黑河学院与俄罗斯南乌拉尔国立大学合作举办旅游管理专业本科教育项目
		33. 大庆师范学院与俄罗斯布拉戈维申斯克国立师范大学合作举办化学工程与工艺专业本科教育项目（停止招生）
辽宁	合作办学机构	大连理工大学白俄罗斯国立大学联合学院
	合作办学项目	沈阳化工大学与俄罗斯国家研究型大学伊尔库茨克国立理工大学合作举办能源与动力工程专业本科教育项目
吉林	合作办学项目	1. 长春大学与俄罗斯乌斯季诺夫波罗的海国立技术大学合作举办自动化专业本科教育项目
		2. 长春大学与俄罗斯乌斯季诺夫波罗的海国立技术大学合作举办机械工程专业本科教育项目
		3. 长春大学与俄罗斯伏尔加格勒国立社会师范大学合作举办俄语专业本科教育项目
		4. 吉林建筑大学（原吉林建筑工程学院）与俄罗斯太平洋国立大学合作举办工程管理专业本科教育项目
		5. 长春师范大学与俄罗斯克麦罗沃国立文化学院合作举办音乐学专业本科教育项目
		6. 吉林大学与俄罗斯托姆斯克理工大学合作举办物理学专业本科教育项目

续表

地区	项目/机构	名称
		7. 白城师范学院与俄罗斯莫斯科国立人文大学合作举办音乐表演专业本科教育项目（停止招生）
		8. 长春师范大学与俄罗斯克麦罗沃国立文化学院合作举办视觉传达设计专业本科教育项目
		9. 长春工程学院与俄罗斯南俄国立技术大学（新切尔卡斯克理工学院）合作举办能源与动力工程专业本科教育项目
		10. 白城师范学院与俄罗斯乌拉尔国立师范大学合作举办环境设计专业本科教育项目
云南	合作办学项目	西南林业大学与俄罗斯南乌拉尔国立大学合作举办机械电子工程专业本科教育项目
内蒙古	合作办学项目	呼伦贝尔学院与俄罗斯别尔哥罗德国立工艺大学合作举办土木工程专业本科教育项目
新疆	合作办学项目	1. 新疆农业大学和俄罗斯国立太平洋大学合作举办交通运输专业本科教育项目
		2. 新疆农业大学与俄罗斯托木斯克国立建筑大学合作举办土木工程专业本科教育项目

数据来源：中华人民共和国教育部中外合作办学监管工作信息平台. https：//www. crs. jsj. edu. cn/aproval/orglists/1.

附录17　硕士及以上中国与欧亚国家合作办学机构与项目

（含内地与港台地区合作办学机构与项目）名单（机构 8/74 ＋ 项目 7/170）

地区	项目/机构	名称
北京	合作办学机构	北京理工大学北理鲍曼联合学院
上海	合作办学项目	上海交通大学与俄罗斯莫斯科航空学院合作举办航空航天工程硕士研究生教育项目
江苏	合作办学机构	1. 江苏师范大学圣彼得堡彼得大帝理工大学联合工程学院
		2. 江苏海洋大学马卡洛夫海洋工程学院（中乌）
	合作办学项目	1. 江苏师范大学与俄罗斯莫斯科国立经济统计信息大学合作举办国际贸易学硕士学位教育项目
		2. 江苏师范大学与俄罗斯普列汉诺夫经济大学合作举办国际贸易学硕士教育项目
		3. 江苏科技大学与俄罗斯奥加辽夫莫尔多瓦国立大学合作举办能源动力专业硕士学位教育项目
		4. 常州大学与乌克兰哈尔科夫工艺美术大学合作举办艺术设计专业硕士研究生教育项目
浙江	合作办学机构	杭州师范大学哈尔科夫学院（中乌）
广东	合作办学机构	深圳北理莫斯科大学
山东	合作办学机构	齐鲁工业大学基辅学院
山西	合作办学项目	太原理工大学与俄罗斯乌拉尔联邦大学合作举办电气工程专业硕士研究生教育项目
黑龙江	合作办学机构	哈尔滨师范大学国际美术学院
辽宁	合作办学机构	大连理工大学白俄罗斯国立大学联合学院
吉林	合作办学项目	长春理工大学与俄罗斯圣彼得堡国立研究型信息技术机械与光学大学合作举办光学工程硕士研究生教育项目

数据来源：中华人民共和国教育部中外合作办学监管工作信息平台［EB/OL］，https：//www.crs.jsj.edu.cn/aproval/orglists/1.

附录 18 1991/1992—1996/1997 学年在俄罗斯大学学习的外国公民人数（按原籍国，千人）

国家	1991/1992	1992/1993	1993/1994	1994/1995	1995/1996	1996/1997
乌克兰	-	29.9	23.2	17.4	9.5	6.9
白俄罗斯	-	9.3	8.0	6.0	4.4	3.2
哈萨克斯坦	-	22.0	19.0	14.3	11.6	11.1
塔吉克斯坦	-	2.6	2.1	1.3	0.7	0.5
吉尔吉斯斯坦	-	4.8	3.5	2.5	1.7	1.3
乌兹别克斯坦	-	8.1	6.0	4.5	3.2	3.2
土库曼斯坦	-	1.9	1.6	1.0	0.7	0.5
阿塞拜疆	-	5.8	4.0	2.6	1.7	1.1
亚美尼亚	-	5.6	3.6	2.2	1.7	1.2
格鲁吉亚	-	11.4	7.5	4.9	3.1	1.9
摩尔多瓦	-	2.5	2.3	2.0	1.5	1.6
合计	-	103.9	80.8	58.7	39.8	32.5

数据来源：Российский статистический ежегодник, 1999 [EB/OL]. https：//istmat.org/node/45390.

附录19　1997/1998—2005/2006 学年在俄罗斯大学学习的外国公民人数（按原籍国，千人）

国家	1997/1998	1998/1999	1999/2000	2000/2001	2001/2002	2002/2003	2003/2004	2004/2005	2005/2006
乌克兰	6.5	5.0	4.7	5.0	5.5	4.7	5.2	5.4	5.5
白俄罗斯	3.1	3.3	4.2	3.4	4.3	2.6	4.8	4.7	5.5
哈萨克斯坦	10.7	11.5	13.6	16.7	17.9	16.4	18.1	19.0	17.2
塔吉克斯坦	0.4	0.3	0.2	0.3	0.4	0.5	0.6	1.0	1.2
吉尔吉斯斯坦	1.2	0.7	1.0	1.2	1.2	0.6	0.7	0.8	0.8
乌兹别克斯坦	3.3	2.8	2.8	3.2	2.4	1.4	2.3	3.0	4.1
土库曼斯坦	0.4	0.3	0.3	0.5	0.7	1.4	1.3	1.1	1.1
阿塞拜疆	1.0	1.0	1.0	1.2	3.1	2.0	0.9	1.1	1.4
亚美尼亚	1.1	0.9	0.8	1.1	0.8	1.4	1.0	1.3	1.4
格鲁吉亚	1.4	1.2	0.8	0.8	0.7	0.8	0.9	0.9	1.1
摩尔多瓦	1.6	1.5	2.6	1.0	1.1	1.1	1.1	1.1	1.4
合计	30.7	28.5	32.0	34.4	38.1	32.9	36.9	39.4	40.7

数据来源：Российский статистический ежегодник，2001 [EB/OL]. https://istmat.org/node/21317.；Российский статистический ежегодник，2007 [EB/OL]. https://istmat.org/node/21311.

附录 20 2006/2007—2018/2019 学年在俄罗斯大学学习的外国公民人数（按原籍国，人）

国家	2006/2007	2007/2008	2008/2009	2009/2010	2010/2011	2011/2012	2012/2013	2013/2014	2014/2015	2015/2016	2016/2017	2017/2018	2018/2019
乌克兰	4508	4426	4236	4067	4919	4717	4737	6029	12568	13865	13653	13078	11248
白俄罗斯	2270	2595	3542	3837	4229	4480	4361	4695	4998	4621	5012	5482	5673
哈萨克斯坦	12257	13540	13720	14294	16616	19189	23656	27524	33730	35111	39757	41285	43318
塔吉克斯坦	1399	1877	2226	2657	3556	4835	5660	6561	8789	11284	13672	16291	17241
吉尔吉斯斯坦	1304	1354	1394	1516	2050	2564	2627	3591	3957	4541	5699	6896	6668
乌兹别克斯坦	3468	3522	3710	3289	3466	3996	5605	6288	8831	11769	14168	16954	18557
土库曼斯坦	1300	1 387	2315	3783	5297	7661	10954	12114	12192	14004	17264	22093	30090
阿塞拜疆	1819	2450	2818	3345	4166	4411	4934	5479	5700	5327	4701	4631	4192
亚美尼亚	1904	2019	1871	1901	1964	2278	2058	2639	2731	2234	2160	2329	2056
格鲁吉亚	1508	1913	1169	956	903	907	936	977	997	812	767	991	828
摩尔多瓦	1268	1417	1531	1753	2543	2889	2668	3398	3638	3960	3967	4088	3787
合计	33005	36500	38532	41398	49709	57927	68196	79295	98131	107528	120820	134118	143658

数据来源：Экспорт российских образовательных услуг статистический сборник 2020 [EB/OL]. https：//www. isras. ru/index. php? page_ id =1198&tid =9162.

附录 21　2008/2009—2020/2021 学年在阿塞拜疆大学学习的欧亚学生数量（按原籍国，人）

国家	2008/2009	2009/2010	2010/2011	2011/2012	2012/2013	2013/2014	2014/2015	2015/2016	2016/2017	2017/2018	2018/2019	2019/2020	2020/2021
俄罗斯	220	261	218	174	218	190	241	274	418	549	513	477	425
乌克兰	7	19	13	11	46	12	21	36	32	52	62	24	24
白俄罗斯	4	29	-	2	6	9	8	7	11	10	6	8	6
哈萨克斯坦	22	33	24	17	19	43	50	48	50	40	43	48	42
塔吉克斯坦	1	-	2	2	5	22	4	3	4	8	2	31	34
吉尔吉斯斯坦	35	20	21	2	8	25	10	6	7	10	3	16	15
乌兹别克斯坦	9	8	8	3	5	14	13	26	30	59	43	35	33
土库曼斯坦	87	139	24	161	187	169	229	204	191	211	155	138	131
亚美尼亚	-	-	-	-	-	-	-	-	-	-	-	-	-
格鲁吉亚	-	-	-	-	-	-	-	-	-	-	-	-	-
摩尔多瓦	-	2	3	4	17	5	5	2	5	4	7	6	5
合计	387	511	413	376	511	489	581	606	748	943	834	783	715

数据来源：阿塞拜疆国家统计委员会，https：//stat. gov. az/.

附录22 2010/2011—2019/2020 学年在白俄罗斯大学学习的欧亚学生数量（按原籍国，人）

国家	2010/2011	2011/2012	2012/2013	2013/2014	2014/2015	2015/2016	2016/2017	2017/2018	2018/2019	2019/2020
俄罗斯	2197	2163	1669	1749	1567	1554	1594	1499	1389	1439
乌克兰	196	181	169	164	215	290	283	223	252	248
哈萨克斯坦	83	100	122	172	203	256	302	232	210	214
塔吉克斯坦	126	30	51	123	243	376	417	455	438	418
吉尔吉斯斯坦	0	-	-	0	15	13	-	-	-	-
乌兹别克斯坦	0	-	-	37	43	51	60	72	112	404
土库曼斯坦	3408	5134	6535	7863	8342	8191	7911	7108	7749	9788
阿塞拜疆	272	299	279	268	328	404	446	389	325	291
亚美尼亚	0	-	-	-	43	24	-	-	-	-
格鲁吉亚	-	-	-	-	-	-	-	-	-	-
摩尔多瓦	0	-	-	-	21	13	-	-	-	-
合计	6282	7907	8825	10376	11020	11172	11013	9978	10475	12802

数据来源：白俄罗斯共和国国家统计委员会 [EB/OL]. https: //www. belstat. gov. by/ofitsialnaya－statistika/.

附录 23　2008/2009—2020/2021 学年在亚美尼亚大学学习的欧亚学生数量（按原籍国，人）

国家	2008/2009	2009/2010	2010/2011	2011/2012	2012/2013	2013/2014	2014/2015	2015/2016	2016/2017	2017/2018	2018/2019	2019/2020	2020/2021
俄罗斯	1294	1130	1081	2011	903	1208	1050	1165	1211	1127	1081	1167	1452
乌克兰	39	50	56	42	33	67	56	63	64	50	35	35	34
白俄罗斯	4	3	5	5	4	13	2	3	4	4	2	2	3
哈萨克斯坦	25	20	25	19	20	22	31	24	30	25	28	27	19
塔吉克斯坦	2	-	-	-	-	1	-	1	1	-	-	0	9
吉尔吉斯斯坦	-	-	-	-	-	-	-	-	-	-	2	2	3
乌兹别克斯坦	5	5	2	5	6	11	13	8	7	5	6	11	11
土库曼斯坦	47	39	27	26	35	52	50	60	57	51	41	36	30
阿塞拜疆	-	-	-	-	-	-	-	-	-	-	-	0	0
格鲁吉亚	1145	812	998	771	769	981	922	840	876	1031	844	843	863
摩尔多瓦	-	-	3	2	1	1	1	1	-	-	-	2	6
合计	2561	2059	2197	2881	1771	2356	2125	2165	2250	2293	2039	2125	2430

数据来源：亚美尼亚共和国国家统计委员会 [EB/OL]. https：//www. armstat. am/ru/？ nid＝586&year＝2021.

附录24　2008/2009—2020/2021 学年在格鲁吉亚大学学习的欧亚学生数量（按原籍国，人）

国家	2008/2009	2009/2010	2010/2011	2011/2012	2012/2013	2013/2014	2014/2015	2015/2016	2016/2017	2017/2018	2018/2019	2019/2020	2020/2021
俄罗斯	-	-	-	-	-	-	2	252	249	257	306	312	367
乌克兰	9	5	16	10	11	7	13	34	40	31	27	35	29
白俄罗斯	1	1	1	1	3	1	-	2	0	2	2	5	2
哈萨克斯坦	14	5	7	2	7	15	18	74	32	106	193	48	56
塔吉克斯坦	-	-	-	-	-	-	-	3	1	1	1	8	7
吉尔吉斯斯坦	-	-	-	-	-	8	2	33	4	17	82	9	7
乌兹别克斯坦	-	-	-	1	1	18	3	4	5	3	8	3	4
土库曼斯坦	5	5	2	1	1	-	-	1	2	1	5	12	14
阿塞拜疆	86	229	136	280	583	860	1372	2388	2650	2702	2124	1344	901
亚美尼亚	-	-	-	-	-	-	-	-	3	3	4	12	0
摩尔多瓦	-	1	-	-	-	-	-	-	-	-	-	-	2
合计	115	246	162	295	606	909	1408	2539	2737	2866	2446	1476	1022

数据来源：格鲁吉亚共和国国家统计委员会［EB/OL］. https：//www. geostat. ge/ka/modules/categories/61/umaghlesi – ganatleba.

附录 25　2008/2009—2020/2021 学年在吉尔吉斯斯坦大学学习的欧亚学生数量（按原籍国，人）

国家	2008/2009	2009/2010	2010/2011	2011/2012	2012/2013	2013/2014	2014/2015	2015/2016	2016/2017	2017/2018	2018/2019	2019/2020	2020/2021
俄罗斯	748	842	818	847	927	1225	1337	1186	910	1535	1622	1844	2005
乌克兰	26	71	11	10	18	33	9	9	12	2	1	3	4
白俄罗斯	-	41	-	3	8	-	-	-	-	-	-	-	42
哈萨克斯坦	3370	3107	2700	2941	4357	4338	4828	5184	4655	3294	2479	2083	2178
塔吉克斯坦	1495	1196	570	1113	885	1130	1423	1840	1864	1856	2365	2439	1932
乌兹别克斯坦	10173	5967	4122	1544	1219	1094	620	519	540	882	2063	14538	37571
土库曼斯坦	1008	1751	1567	571	369	240	129	111	60	51	100	121	146
阿塞拜疆	13	16	21	29	41	132	57	56	153	33	132	21	11
亚美尼亚	-	2	3	8	1	-	-	-	-	-	2	-	-
格鲁吉亚	289	11	5	4	3	1	2	1	-	-	1	2	1
摩尔多瓦	1	1	2	2	152	3	23	3	-	-	-	-	-
合计	17123	13005	9819	7072	7980	8196	8428	8909	8194	7653	8765	21051	43890

数据来源：吉尔吉斯斯坦共和国国家统计委员会 [EB/OL]. http://www.stat.kg/ru/statistics/obrazovanie/.

附录26　2008/2009—2020/2021学年在摩尔多瓦大学学习的欧亚学生数量（按原籍国，人）

国家	2008/2009	2009/2010	2010/2011	2011/2012	2012/2013	2013/2014	2014/2015	2015/2016	2016/2017	2017/2018	2018/2019	2019/2020	2020/2021
俄罗斯	140	141	118	113	102	82	71	67	53	57	58	52	59
乌克兰	271	235	202	157	165	164	160	139	117	108	113	119	110
白俄罗斯	15	13	15	11	10	5	3	6	6	2	5	5	4
哈萨克斯坦	1	3	4	3	4	3	4	3	3	3	1	2	6
塔吉克斯坦	-	-	-	-	-	-	-	-	-	-	-	-	-
吉尔吉斯斯坦	-	-	-	-	-	-	-	-	-	-	-	-	-
乌兹别克斯坦	-	-	-	-	-	-	-	-	-	-	-	-	-
土库曼斯坦	-	-	-	-	-	-	-	-	-	-	-	-	-
阿塞拜疆	-	-	-	-	-	-	-	-	-	-	-	-	-
亚美尼亚	-	-	-	-	-	-	-	-	-	-	-	-	-
格鲁吉亚	-	-	-	-	-	-	-	-	-	-	-	-	-
合计	427	392	339	284	281	254	238	215	179	170	177	178	179

数据来源：摩尔多瓦共和国国家统计委员会［EB/OL］. https：//statistica. gov. md/pageview. php？ l = ru&id = 2193&idc = 263.

附录 27　2014/2015—2018/2019 学年在塔吉克斯坦大学学习的欧亚学生数量（按原籍国，人）

国家	俄罗斯	乌克兰	白俄罗斯	哈萨克斯坦	吉尔吉斯斯坦	乌兹别克斯坦	土库曼斯坦	阿塞拜疆	亚美尼亚	格鲁吉亚	摩尔多瓦
2014/2015	–	73	14	86	11	73	72	96	43	–	86
2015/2016	–	97	13	66	11	97	185	125	32	–	73
2016/2017	–	108	12	113	6	108	235	66	36	–	62
2017/2018	–	106	9	79	12	106	36	88	29	–	64
2018/2019	–	99	11	69	14	99	356	84	27	–	47
合计	–	483	59	413	54	483	884	459	167	–	332

数据来源：塔吉克斯坦共和国国家统计局［EB/OL］. https：//stat.tj/ru/.

附录 28　2017/2018 学年在乌兹别克斯坦大学学习的欧亚学生数量（按原籍国，人）

国家	俄罗斯	乌克兰	白俄罗斯	哈萨克斯坦	塔吉克斯坦	吉尔吉斯斯坦	土库曼斯坦	阿塞拜疆	亚美尼亚	格鲁吉亚	摩尔多瓦
2017/2018	56	-	-	42	-	10	120	-	-	-	-
合计	56	-	-	42	-	10	120	-	-	-	-

数据来源：乌兹别克斯坦国家统计委员会［EB/OL］. https：//new. uzedu. uz/ru.

附录29　2018/2019—2020/2021 学年在乌克兰大学学习的欧亚学生数量（按原籍国，人）

国家	俄罗斯	白俄罗斯	哈萨克斯坦	塔吉克斯坦	吉尔吉斯斯坦	乌兹别克斯坦	土库曼斯坦	阿塞拜疆	亚美尼亚	格鲁吉亚	摩尔多瓦
2018/2019	627	269	68	167	15	1494	3798	5423	–	1840	643
2019/2020	588	278	87	97	14	1469	4279	4654	–	1488	296
2020/2021	1125	454	106	126	50	1489	5088	4312	–	1466	326
合计	2340	1001	261	390	79	4452	13165	14389	–	4794	1265

数据来源：乌克兰教育和科学部．https：//studyinukraine. gov. ua/navchannya – v – ukraini/universiteti/？types＝State.

附录 30　孔子学院和孔子课堂在欧亚国家的分布

国家	孔子学院	孔子课堂
俄罗斯	19 所：圣彼得堡国立大学孔子学院；远东联邦大学孔子学院；伊尔库茨克国立大学孔子学院；俄罗斯国立人文大学孔子学院；新西伯利亚国立技术大学孔子学院；喀山联邦大学孔子学院；布拉戈维申斯克国立师范大学孔子学院；布里亚特国立大学孔子学院；莫斯科国立大学孔子学院；卡尔梅克国立大学孔子学院；托木斯克国立大学孔子学院；乌拉尔联邦大学孔子学院；莫斯科国立语言大学孔子学院；梁赞国立大学孔子学院；下诺夫哥罗德国立语言大学孔子学院；伏尔加格勒国立社会师范大学孔子学院；阿穆尔国立人文师范大学孔子学院；新西伯利亚国立大学孔子学院；克拉斯诺亚尔斯克阿斯塔菲耶夫国立师范大学孔子学院	4 所：国立职业师范大学孔子课堂；圣彼得堡私立补充教育"孔子"东方语言文化学院孔子课堂；莫斯科 1948 教育中心"语言学家 – M"孔子课堂；彼尔姆市第二中学孔子课堂
哈萨克斯坦	5 所：欧亚大学孔子学院；哈萨克国立民族大学孔子学院；卡拉干达技术大学孔子学院；阿克托别州朱巴诺夫大学孔子学院；阿布莱汗国际关系与外国语大学孔子学院	—
吉尔吉斯斯坦	4 所：比什凯克国立大学孔子学院；吉尔吉斯国立民族大学孔子学院；奥什国立大学孔子学院；贾拉拉巴德国立大学孔子学院	—
乌兹别克斯坦	2 所：塔什干国立东方大学孔子学院；撒马尔罕国立外国语学院孔子学院	—
塔吉克斯坦	2 所：塔吉克斯坦民族大学孔子学院；塔吉克斯坦冶金学院孔子学院	—

国家	孔子学院	孔子课堂
格鲁吉亚	2 所：第比利斯自由大学孔子学院；阿尔特大学孔子学院	1 所：库塔伊西大学孔子课堂
阿塞拜疆	2 所：巴库国立大学孔子学院；阿塞拜疆语言大学孔子学院	—
亚美尼亚	1 所："布留索夫"国立大学孔子学院	—
白俄罗斯	6 所：白俄罗斯国立大学共和国汉学孔子学院；明斯克国立语言大学孔子学院；白俄罗斯国立技术大学科技孔子学院；戈梅利国立大学孔子学院；布列斯特国立普希金大学孔子学院；白俄罗斯国立体育大学孔子学院	2 所：维捷布斯克第 44 中学孔子课堂；巴拉诺维奇国立大学孔子课堂
摩尔多瓦	1 所：自由国际大学孔子学院	—
乌克兰	6 所：基辅国立大学孔子学院；哈尔科夫卡拉金国立大学孔子学院；南方师范大学孔子学院；基辅国立语言大学孔子学院；文尼察国立技术大学孔子学院；捷尔诺波尔国立师范大学孔子学院	2 所：扎波罗热国立大学孔子课堂；柴可夫斯基音乐学院音乐孔子课堂
土库曼斯坦	—	—

数据来源：孔子学院 ［EB/OL］，https：//ci. cn/#/site/GlobalConfucius/? key = 3.